LIBERDADE DE IMPRENSA E DIREITOS DA PERSONALIDADE

UMA ABORDAGEM INTERDISCIPLINAR

CIP-BRASIL. CATALOGAÇÃO NA PUBLICAÇÃO
SINDICATO NACIONAL DOS EDITORES DE LIVROS, RJ

S39L

Schoedl, Thales Ferri, 1978-
Liberdade de imprensa e direitos da personalidade : uma abordagem interdisciplinar / Thales Ferri Schoedl. - 1. ed. - São Paulo : Letras Jurídicas, 2019.
288 p. ; 22 cm.

ISBN 9788582481684

1. Direito constitucional - Brasil. 2. Liberdade de imprensa - Brasil. 3. Liberdade de informação. 4. Personalidade (Direito). I. Título.

19-56116

CDU: 342.732(81)

Vanessa Mafra Xavier Salgado - Bibliotecária - CRB-7/6644

25/03/2019 26/03/2019

THALES FERRI SCHOEDL

LIBERDADE DE IMPRENSA E DIREITOS DA PERSONALIDADE

UMA ABORDAGEM INTERDISCIPLINAR

De acordo com a nova Lei do Direito de Resposta

1ª Edição | São Paulo | 2019

LETRAS Jurídicas

Projeto gráfico, diagramação e capa

Rita Motta - www.editoratribo.blogspot.com

Imagem da capa

Meramente sugestiva, pois ainda não se localizou o autor da imagem, obtida na *internet*.

Revisão

Elói Alves do Nascimento

Editor

Cláudio P. Freire

1ª Edição - 2019 - São Paulo-SP

LETRAS Jurídicas

LETRAS JURÍDICAS

Largo São Francisco, 181 – 6º Andar, Salas 11/12 – Centro
CEP: 01005-010 – São Paulo/SP.
Telefone: (11) 3107-6501 | (11) 9-9352-5354
Site: www.letrasjuridicas.com.br
E-mail: vendas@letrasjuridicas.com.br

Impressão no Brasil

"Em verdade vos digo que, antes que Abraão existisse, eu sou". (Jo 8, 58)

"De todas as coisas que nos vêm por natureza, primeiro adquirimos a potência e mais tarde exteriorizamos os atos. Isso é evidente no caso dos sentidos, pois não foi por ver ou ouvir frequentemente que adquirimos a visão e a audição, mas, pelo contrário, nós as possuímos antes de usá-las, e não entramos na posse delas pelo uso. Com as virtudes dá-se exatamente o oposto: adquirimo-las pelo exercício, como também sucede com as artes". (Aristóteles. *Ética a Nicômaco*)

Dedico esta obra à minha esposa, Cristiane Vasconcellos Schoedl, que tanto amo e admiro, alicerce fundamental de minha vida.

AGRADECIMENTOS

Agradeço primeiramente a Deus, por me conceder o tempo e a inspiração necessária para a produção desta obra.

À minha esposa, por incentivar e acreditar neste trabalho, especialmente por ter enfrentado, ao meu lado, obstáculos que nos fizeram crescer e nos amar ainda mais.

Aos meus pais e irmãos, sempre presentes e apoiando todos os meus projetos.

Ao Prof. Dr. Fernando Capez, de quem tive a honra de ser aluno, agradeço por, gentilmente, ter elaborado o prefácio do presente trabalho, engrandecendo-o.

Ao Prof. Dr. Carlos Roberto Barretto, referência no estudo da liberdade de imprensa e dos direitos da personalidade, o meu sincero agradecimento pela brilhante apresentação desta obra.

Ao Prof. Dr. Vitor Frederico Kümpel, grande incentivador de minhas produções literárias, com quem estou sempre aprendendo novas lições para o Direito e para a vida.

Aos Profs. Drs. Arthur Del Guércio Neto e Lucas Barelli Del Guércio, o meu eterno agradecimento, especialmente por terem possibilitado a realização da Residência Social no Tabelionato de Notas e de Protestos de Letras e Títulos de Itaquaquecetuba, pesquisa de campo indispensável à conclusão da dissertação de Mestrado que orginou esta obra.

À querida amiga, Prof.ª Dr.ª Eliana Passarelli, sempre um norte em minha vida profissional e acadêmica.

Ao Prof. Dr. Milton Fernando Lamanauskas, por seu inestimável apoio durante minha trajetória profissional e literária.

Ao grande amigo, Prof. Dr. Thiago Lobo, cujo empenho foi fundamental para a concretização desta obra.

Ao Prof. Dr. Deraldo Dias de Moraes Neto, orientador no Mestrado da UFBA, e aos Profs. Drs. Jair Sampaio Soares Júnior e Paulo Wenderson Teixeira Moraes, membros da Banca Examinadora, cujas contribuições foram decisivas para que fosse proposta uma nova tecnologia social destinada à defesa de direitos fundamentais, buscando assim conciliar as ciências do Direito, da Gestão Social e do Jornalismo.

Aos Drs. Ronaldo Augusto Bretas Marzagão, Ovídio Rocha Barros Sandoval, Rodrigo Otávio Bretas Marzagão, Luís Felipe Bretas Marzagão e Ovídio Rocha Barros Sandoval Júnior, pelo empenho, destemor e pelos ensinamentos que tanto contribuíram e contribuem para minha jornada na advocacia.

Finalmente, ao Prof. Elói Alves, pelo excelente trabalho de revisão do texto.

NOTA DO AUTOR

Esta obra é uma adaptação de minha dissertação de Mestrado, produzida e publicada junto ao Programa de Desenvolvimento e Gestão Social da Escola de Administração da Universidade Federal da Bahia (PDGS/UFBA), cujo título originário é "Tecnologia social destinada ao exercício do direito de resposta: uma abordagem interdisciplinar do conflito entre a liberdade de imprensa e os direitos da personalidade".

Como se tratou de um Mestrado profissional e interdisciplinar, a intenção foi conferir um tratamento diverso ao problema da colisão entre direitos fundamentais, mais especificamente, ao conflito entre a liberdade de imprensa e os direitos da personalidade, aliando as ciências do Direito, da Gestão Social e do Jornalismo. Durante a pesquisa, tomou-se em consideração as pessoas que respondem a investigações e processos judiciais, e que, nessas condições, são vítimas de ofensas ou pré-condenações proferidas por veículos de comunicação, demonstrando-se que as tutelas previstas em lei (ações de reparação de danos e de direito de resposta) são ineficazes para a proteção de seus direitos da personalidade, propondo-se uma tecnologia social *on line* destinada ao exercício do direito de resposta.

Procurou-se demonstrar que o território virtual – tema inerente à Gestão Social, o qual possibilitou a intersecção entre esta ciência e o Direito –[1] pode ser utilizado para a defesa de direitos fundamentais,

[1] O território é definido por Aulete como a "área ou região ocupada por um país, província, cidade, vila", ou como o "circuito que abrange a jurisdição de

através da criação de uma tecnologia social *on line* para o exercício do direito de resposta, amparando-se nas inovações trazidas pelas mídias sociais, que deverão nortear o funcionamento da referida tecnologia, cujo *layout* é apresentado ao final da obra, apenas para conhecimento do leitor.

A construção de uma tecnologia de gestão social (TGS) é um requisito para a obtenção do título de Mestre naquele programa da UFBA, ou seja, a pesquisa deve exceder o aspecto teórico e dogmático, apresentando um potencial de modificação da realidade social,[2] daí por que se propôs uma tecnologia social *on line* destinada ao exercício do direito de resposta, ao lado das duas modalidades já contempladas pela Lei 13.188/15 (direito de resposta extrajudicial e judicial).

---

uma autoridade" (C. Aulete. *Dicionário contemporâneo da língua portuguesa.* 2ª ed. bras. rev., atual. e aumentada por Hamílcar de Garcia. Rio de Janeiro: Delta S.A., 1968, v. 5, p. 3946). Defendeu-se na dissertação que originou o presente trabalho que o território deve ser compreendido em sua acepção mais ampla, incluindo o território virtual, essencialmente dinâmico e de suma importância no mundo contemporâneo. Conforme Fischer, "para discutir a gestão de espaços territoriais e virtuais onde ocorrem ações orientadas para o desenvolvimento, recorremos aos conceitos de poderes espacialmente localizados, com sua fragmentação e reconfiguração multiescalares em cidades, regiões e outros recortes interorganizacionais. Os poderes são exercidos em diferentes escalas, na construção de utopias comprometidas com o desenvolvimento local, definindo formas inovadoras de gestão social do desenvolvimento social" (T. Fischer. *Poderes locais, desenvolvimento e gestão – introdução à uma agenda.* In: T. Fischer (org). Gestão do desenvolvimento e poderes locais: marcos teóricos e avaliação. Salvador: Casa da Qualidade, 2002, p. 12-13).

2 Entre as características apontadas por Dagnino, pode-se destacar a necessidade de que a tecnologia social seja "liberadora do potencial e da criatividade do produtor direto, não discriminatória, orientada para um mercado interno de massa e adaptada ao reduzido tamanho físico e financeiro", sendo que sua implantação, segundo o mesmo autor, deve orientar-se pelos seguintes conjuntos: a) descrição; b) conhecimento; c) sustentabilidade econômica, ambiental, cultural e política; d) alternativas tecnológicas; e) entorno sociotécnico; e f) dinâmica sociotécnica (R. Dagnino. *Tecnologia Social: contribuições conceituais e metodológicas.* Campina Grande: Eduepb; Florianópolis: Insular, 2014, p. 23-24 e 194-195).

Da dissertação original foram extraídos dois trabalhos autônomos: a) a presente obra, dedicada a estudantes e profissionais do Direito, mantendo-se sua natureza interdisciplinar envolvendo Direito, Gestão Social e Jornalismo, porém, com a exclusão dos capítulos relacionados à metodologia e à tecnologia social destinada ao exercício do direito de resposta; b) um artigo formado a partir destes capítulos, o qual deverá ser publicado em espaço dedicado a pesquisas na área de Gestão Social. Por conta dessa divisão, foram extirpadas algumas notas de rodapé originárias, as quais traziam explicações óbvias aos militantes do Direito, mas que foram necessárias para esclarecer os leitores da área de Gestão Social, onde a dissertação foi produzida e publicada; em contrapartida, foram acresentados esclarecimentos e notas relacionadas aos temas de Gestão Social, muitas vezes desconhecidos pelos estudantes de Direito.

A obra inicia-se com um estudo crítico sobre o papel da imprensa no processo penal, tendo como premissa a desmistificação da ideia de "quarto poder", notadamente por conta da vinculação das organizações de comunicação social com os grandes agentes econômicos, o que muitas vezes compromete a imparcialidade e até mesmo a veracidade da informação, tendo como resultado a substituição do suplício da Idade Média pela exploração midiática da pessoa investigada ou acusada. Em seguida, procedeu-se a um estudo dogmático dos direitos fundamentais, tratando-se das teorias que procuram solucionar a colisão entre esses direitos, tendo como ponto de partida a distinção entre regras e princípios, passando-se ao conflito específico entre a liberdade de imprensa e os direitos da personalidade, reconhecendo-se a relatividade desses direitos, como consequência da doutrina jusnaturalista que fundamenta o presente trabalho, tratando-se ainda das tutelas previstas em lei (ações preventivas, reparatórias e direito de resposta).

Em minha vivência profissional, acadêmica e até pessoal, percebi que as reclamações das vítimas se resumiam, basicamente, a dois pontos: a demora da resposta judicial e o valor irrisório das indenizações, fatores que permitiam a reiteração das ofensas produzidas por veículos de comunicação. Por tais razões é que decidi pesquisar por que a prestação jurisdicional é ineficaz para a defesa dos direitos da personalidade da vítima e propor uma tecnologia social destinada ao exercício do direito de resposta, pois não reputei suficiente realizar uma pesquisa estritamente jurídica, com viés essencialmente dogmático e sem potencial de impacto social, o que poderia ser alcançado através do Mestrado Interdisciplinar na UFBA.

A necessidade de que o Direito esteja cada vez mais sintonizado com as exigências e aflições da sociedade encontra na ciência da Gestão Social – definida por Fischer e Melo como "aquela orientada para o social (enquanto finalidade) e pelo social (enquanto processo), norteada por princípios de ética e solidariedade" –[3] uma importante aliada, especialmente através da utilização das tecnologias de gestão social (TGS), viabilizando soluções que interfiram de maneira concreta na preservação dos direitos da pessoa e da própria sociedade, daí por que entendo necessário fomentar trabalhos jurídicos de natureza interdisciplinar, contribuindo-se, por que não, para a construção de uma nova disciplina do Direito, de natureza transdisciplinar.[4]

Thales Ferri Schoedl

Verão de 2019

---

[3] T. Fischer – V. P. Melo. *Programa de Desenvolvimento e Gestão Social: uma Construção Coletiva.* In: T. Fischer (org) – S. Roesch (org.) – V. P. Melo (org.). Gestão do Desenvolvimento Territorial e Residência Social: Casos para Ensino. Salvador: EDUFBA, CIAGS/UFBA, 2006, p. 17.

[4] Sobre a distinção entre multi, inter e transdisciplinaridade, confira-se a Introdução da presente obra.

PREFÁCIO

O presente livro nos traz um tema extremamente atual e pertinente.

Em interessante trabalho, o autor Thales Ferri Schoedl nos faz refletir sobre até que ponto a liberdade de imprensa pode afetar os direitos da personalidade.

Atualmente, vemos com muita frequência os prejulgamentos e condenações que acabam sendo realizados pela opinião pública sem que o caso tenha se submetido à apreciação do Poder Judiciário.

Embora possua o direito de informar, não pode a mídia se engajar na função de condenar publicamente alguém que não tenha sido submetido à persecução penal, ou que ainda não tenha sido declarado culpado, muito menos fomentar a exposição de pessoas investigadas ou processadas, condenando-as por antecipação.

A chamada "espetacularização das desgraças" acaba produzindo danos muitas vezes irreparáveis à pessoa atingida pela matéria ofensiva.

Em contrapartida, existe outro direito fundamental, consagrado como direito de resposta. O direito de resposta é uma consequência inevitável da liberdade de imprensa, configurando uma modalidade de legítima defesa. Trata-se de um meio de defesa da honra e da verdade do indivíduo.

De leitura fácil e cativante, a obra é concisa e aborda os principais pontos acerca da temática, propiciando aos operadores do direito que desejam estar sempre atualizados profissionalmente e que buscam os temas mais modernos do mundo jurídico, bem como aos estudantes que procuram aprofundar seus conhecimentos uma ótima compreensão do assunto de maneira bastante didática.

Diante do todo conhecimento que nos proporciona, a obra está destinada ao sucesso total.

Fernando Capez

APRESENTAÇÃO

"Liberdade de imprensa e direitos da personalidade: uma abordagem interdisciplinar" tem origem na tese de dissertação de mestrado do autor junto à Escola de Administração da Universidade Federal da Bahia, de cujo trabalho, destinado ao desenvolvimento de uma tecnologia social voltada ao exercício do direito de resposta, o autor destacou a parte teórica afastando-se do tema central da tese por não guardar pertinência com o tema aqui proposto. Expandindo a pesquisa inicial logrou elaborar a presente obra, mantendo, contudo, a natureza interdisciplinar original ao entrelaçar aspectos do Direito, de Gestão Social e de Jornalismo, do que resultou excelente livro voltado àqueles que se dedicam ao estudo e à aplicação da lei em busca da sempiterna justiça.

Começa o autor pelo desenvolvimento do tema "liberdade de imprensa" apontando a origem, a natureza jurídica e o seu papel na persecução penal, passando pelo estudo dos marcos regulatórios desde a Constituição do Império (1824), os tratados e convenções internacionais até se fixar na Constituição atual (1988).

No desenvolvimento do trabalho o autor faz profunda análise da atuação da imprensa na qual procura desmistificar a ideia de "quarto poder", especialmente em face da forma como algumas empresas de mídia captam recursos para o desenvolvimento das suas atividades, a qual muitas vezes compromete a independência e impessoalidade que devem caracterizar os Poderes da República.

Em busca da demonstração do equilíbrio que deve existir entre a liberdade de imprensa e os direitos da personalidade o autor faz percuciente exame das duas garantias constitucionais para concluir que não há prevalência de uma ou outra, resolvendo-se eventuais conflitos em cada caso concreto sem que se declare a invalidade de algum desses princípios no campo abstrato.

Na abordagem da interdisciplinaridade o autor destaca as funções típicas de cada área envolvida: direito, jornalismo e gestão social, e demonstra como a intercomunicação se faz presente na busca da reparação de eventual dano causado a pessoas investigadas ou processadas.

Completa a obra detido estudo sobre o instituto do direito de resposta, com referências aos marcos regulatórios em níveis internacionais, constitucionais e legais, até a recente Lei n. 13.188/2015, com abordagem das consequências decorrentes da lentidão na entrega jurisdicional, a justificar a necessidade de criação de tecnologias sociais *on line* visando ao pleno e rápido exercício daquele direito.

Carlos Roberto Barretto

LISTA DE SIGLAS E ABREVIATURAS

ADIn – Ação Direta de Inconstitucionalidade

ADPF – Arguição de Descumprimento de Preceito Fundamental

AgRg na MC – Agravo Regimental na Medida Cautelar

Ap. – Apelação

art. – artigo

CC – Código Civil

CDC – Código de Defesa do Consumidor

CF – Constituição Federal

CP – Código Penal

CPC – Código de Processo Civil

Des. – Desembargador

DJU – Diário da Justiça da União

DOU – Diário Oficial da União

EC – Emenda Constitucional

ed. – edição

Ed. – Editora

e.g. – *exempli gratia*

Min. – Ministro

MP – Ministério Público

nº – número

org. – organizador

p. – página

p. ex. – por exemplo

PL – Projeto de Lei

Proc. – Processo

Rel. – Relator

REsp – Recurso Especial

REx – Recurso Extraordinário

RS – Residência Social

STF – Supremo Tribunal Federal

STJ – Superior Tribunal de Justiça

STM – Superior Tribunal Militar

TGS – Tecnologia de Gestão Social

TJDF – Tribunal de Justiça do Distrito Federal

TJRJ – Tribunal de Justiça do Rio de Janeiro

TJRS – Tribunal de Justiça do Rio Grande do Sul

TJSP – Tribunal de Justiça de São Paulo

TRF – Tribunal Regional Federal

trad. – tradução de

TSE – Tribunal Superior Eleitoral

TST – Tribunal Superior do Trabalho

v. – volume

v.g. – *verbi gratia*

SUMÁRIO

Capítulo IV

DIREITO DE RESPOSTA: ORIGEM, NATUREZA JURÍDICA E MARCOS REGULATÓRIOS

Capítulo V

INTRODUÇÃO: INTERDISCIPLINARIDADE E DIREITO

A colisão entre direitos fundamentais é sempre um tema de intrincada solução, trazendo repercussões que excedem o plano dogmático e interferem de maneira concreta na vida das pessoas. Exemplo clássico desse conflito é o estabelecido entre a liberdade de imprensa e os direitos da personalidade (dignidade da pessoa humana, honra, imagem, vida privada e intimidade). Há excelentes trabalhos relacionados ao tema, muitos dos quais, inclusive, serviram de referência para a elaboração desta obra, mas a intenção foi lidar com tal problemática mediante uma abordagem interdisciplinar, como já afirmado, aliando-se assim as ciências do Direito, da Gestão Social e do Jornalismo.

Verifica-se uma certa carência de estudos interdisciplinares no âmbito jurídico, daí por que optou-se por agregar à obra alguns institutos e princípios provenientes de distintas àreas do conhecimento, buscando-se assim trazer soluções mais concretas para aquele conflito; referido método de abordagem, inclusive, acabou inspirando a publicação de outros trabalhos na seara do Direito.[5]

---

[5] Neste sentido: V. F. Kümpel – T. F. Schoedl – B. A. Borgarelli. *O estranho caso do inimputável capaz – Partes I, II e III*. Disponível em http://www.migalhas.com.br/Registralhas/98,MI230397,61044-O+estranho+caso+do+inimputavel+capaz+Parte+III. Acesso em 14.10.2016 (*link* relacionado à Parte III do trabalho citado; as Partes I e II podem ser acessadas no mesmo *site*); e V. F. Kümpel – T. F. Schoedl – B. A. Borgarelli. *O caso Eliza Samudio e a revogação de certidão de óbito: uma abordagem interdisciplinar, Partes I, II e III*. Disponível

Faz-se necessário, desde logo, estabelecer algumas distinções conceituais, adotando-se as lições de Nicolescu: a) multidisciplinaridade ou pluridisciplinaridade: "estudo de um objeto de uma mesma e única disciplina por várias disciplinas ao mesmo tempo", trazendo-se algo a mais, mas a serviço de uma mesma disciplina; b) interdisciplinaridade: "transferência de métodos de uma disciplina para outra", ultrapassando a disciplina, mas sua finalidade permanece inscrita na pesquisa disciplinar;[6] c) transdisciplinaridade: "diz respeito àquilo que está ao mesmo tempo entre as disciplinas, através das disciplinas e além de qualquer disciplina",[7] indo-se exatamente contra o pensamento clássico no sentido de que entre as disciplinas existem apenas espaços vazios. O mesmo autor esclarece que "a disciplinaridade, a pluridisciplinaridade, a interdisciplinaridade e a transdisciplinaridade são as quatro flechas de um único arco: o do conhecimento".[8] Como salientam Tavares e Bezerra,

> o consenso atual de que os saberes se interpenetram e formam um todo mais abrangente, defende que não podemos compreender a totalidade como a soma de partes isoladas, mas como um sistema formado por diversas peças que se unem em relações de dependência, cuja integração é

---

em http://www.migalhas.com.br/arquivos/2016/11/art20161116-02.pdf. Acesso em 16.11.2016 (*link* relacionado à Parte III do trabalho citado; as Partes I e II podem ser acessadas no mesmo *site*).

6 Confira-se, a respeito do tema, propondo-se a observância do princípio da taxatividade penal, ainda que de forma mitigada, pelos tipos disciplinares da Lei dos Notários e Registradores: T. F. Schoedl. *Tipos disciplinares da Lei dos Notários e Registradores (art. 31, incisos I a V, da Lei 8.935/94): uma abordagem interdisciplinar sob a ótica do Direito Penal e Administrativo.* In: A. Del Guércio Neto (coord.) – L. B. Del Guércio (coord.). O Direito Notarial e Registral em Artigos, v. II. São Paulo: YK Editora, 2017, p. 441-469.

7 B. Nicolescu. *Um novo tipo de conhecimento – Transdisciplinaridade.* 1º Encontro Catalisador do CETRANS – Escola do Futuro – USP. Itatiba, São Paulo – Brasil: abril de 1999, p. 2.

8 Ibid., p. 2.

necessária e responsável por respostas mais consistentes, articuladas e organizacionais.[9]

Embora a interdisciplinaridade seja uma decorrência da "necessidade indispensável de pontes entre as diferentes disciplinas",[10] desenvovendo-se a partir da metade do século XX e buscando uma melhor compreensão do objeto de estudo, identifica-se uma certa escassez de pesquisas multi e interdisciplinares no âmbito jurídico, área do conhecimento que, reconhecidamente, não possui tradição em pesquisas, sendo que as universidades, como adverte Barral, muitas vezes se transformam num mero "programa de estudos de legislação", dissociando o Direito das Ciências Humanas,[11] formando "profissionais com conhecimento fragmentado do Direito, voltados

---

9 E. M. F. Tavares – G. C. Bezerra. *Interdisciplinaridade: uma concepção emergente no ensino superior do Direito*. In: Revista da ESMARN (Escola da Magistratura do Rio Grande do Norte), v. 3, n. 1, Set., 2006, p. 233.

10 B. Nicolescu, op. cit., p. 1.

11 W. O. Barral. *Metodologia da Pesquisa Jurídica*. 4ª ed. rev., atual. e ampl. Belo Horizonte: Del Rey Editora, 2010, p. 7-8. De acordo com o mesmo autor, "o ensino jurídico no Brasil, ao longo do regime militar, foi sendo paulatinamente caracterizado pela dissociação das ciências humanas, e transformado num programa de estudos de legislação, na formação de técnicos para a aplicação de normas do regime, a quem não interessava estudiosos do direito que aplicassem fórmulas científicas para criticar a ordem vigente. Esse tecnicismo ainda persiste em parte considerável das faculdades do país, que deveriam, sob esse prisma, ser considerados 'cursos de legislação', e não 'de Direito'" (op. cit., p. 7-8). No mesmo sentido a crítica de Falcão, segundo o qual "o estudo do direito, em suas múltiplas acepções, deve ser sempre priviliegiado, sendo inadmissível que os cursos jurídicos sejam reduzidos a cursos de lei, quando devem ser cursos de direito. Se uma corrente ou teoria jurídica prevalece em dado momento, consubstanciada em norma positivada, as outras correntes ou teorias não são expulsas do conhecimento jurídico, apenas aguardam o momento de interagir e interferir no processo legiferante que dará origem ao novo ordenamento. O estudioso do direito reconhece o processo de reelaboração constante dos interesses da sociedade" (R. Falcão. *Direito e cultura clássica: interdisciplinaridade e tradição humanística na formação jurídica*. In: Revista de Direito UPIS (Faculdades Integradas), nº 1, Brasília, jan/2003, p. 205).

para especialidades, dissociados da realidade social", como observam Zimiani e Hoeppner,[12] movidos muitas vezes por questões meramente pragmáticas e financeiras, sem uma visão global da ciência do Direito.

Ciente deste quadro, optou-se por dividir a pesquisa que originou a presente obra em duas frentes: a) a primeira, de natureza essencialmente dogmática e sociojurídica, tratou do conflito entre as normas constitucionais e legais que protegem a liberdade de imprensa e os direitos da personalidade, procurando demonstrar por que a prestação jurisdicional, via de regra, é ineficaz para a proteção destes últimos, através de um estudo interdisciplinar envolvendo Direito Constitucional, Civil, Processual Civil, Processual Penal, Filosofia do Direito e Análise Econômica do Direito; b) a segunda frente envolveu a criação de uma tecnologia social *on line* e extrajudicial destinada ao exercício do direito de resposta por pessoas ofendidas por veículos de comunicação, mediante uma abordagem interdisciplinar, aliando-se Direito, Gestão Social e Jornalismo, com o propósito de trazer soluções mais concretas à problemática enfrentada.

Utilizou-se o método dialético no desenvolvimento do trabalho, tendo como pressupostos: a) a demonstração de que a produção dos atos ilícitos mencionados revela-se uma atividade compensatória para os veículos de comunicação, por conta dos irrisórios valores geralmente fixados em ações de reparação de danos, quando comparados àqueles recebidos a título de publicidade; b) o tempo de tramitação dos processos igualmente contribui para a perpetuação dessa espécie de ato ilícito; c) a dificuldade para a obtenção do direito de resposta em sede de tutela antecipada opera em desfavor dos direitos da personalidade da vítima, pois o exercício tardio

---

12 D. T. Zimiani – M. G. Hoeppner. *Interdisciplinaridade no ensino do Direito.* In: Revista UNIPAR, v. 6, n. 2, Abr-jun., 2008, p. 104. Os mesmos autores apontam a escassez de trabalhos interdisciplinares no ensino do Direito (op. cit., p. 105).

desse direito torna-o muitas vezes sem sentido para a vítima, ou até mesmo prejudicial.

A Lei prevê três mecanismos legais destinados à proteção dos direitos da vítima: tutela preventiva (visando evitar o dano ou cessá-lo), ação de reparação de danos e o direito de resposta (CF, art. 5º, V; CC, arts. 186, 187 e 927; e Lei 13.188/15),[13] sendo que os dois últimos temas serão examinados com maior profundidade, em capítulos próprios. Foram analisadas decisões dos tribunais brasileiros relacionadas tanto às ações de reparação de danos como aos pedidos de direito de resposta, antes e depois da vigência da Lei 13.188/15.

Enquanto o Direito se ocupa das teorias, normas e institutos relacionados aos direitos fundamentais e aos citados mecanismos legais, o Jornalismo agrega princípios que normalmente escapam ao exame dos trabalhos jurídicos, como o da atualidade da notícia, o qual deve ser cotejado com o princípio - jurídico - da presunção de inocência; outro aspecto importante é delimitar até que ponto se admite uma crítica mais incisiva formulada por um veículo de comunicação, sem que haja ofensa àquela presunção que milita em favor da pessoa investigada ou processada.

Já a Gestão Social apresenta sua interface com o Direito ao destacar a importância do desenvolvimento do território, com sua ne-

---

[13] Dispõem os referidos dispositivos:
"CF, art. 5º, V: é assegurado o direito de resposta, proporcional ao agravo, além da indenização por dano material, moral ou à imagem.
CC, art. 186: Aquele que, por ação ou omissão voluntária, negligência ou imprudência, violar direito e causar dano a outrem, ainda que exclusivamente moral, comete ato ilícito.
CC, art. 187: Também comete ato ilícito o titular de um direito que, ao exercê-lo, excede manifestamente os limites impostos pelo seu fim econômico ou social, pela boa-fé ou pelos bons costumes.
CC, art. 927: Aquele que, por ato ilícito (arts. 186 e 187), causar dano a outrem, fica obrigado a repará-lo".
A respeito da Lei 13.188/15, novo marco regulatório do direito de resposta, Capítulo IV.

cessária concepção multifuncional, permitindo a utilização do território virtual para a defesa de direitos fundamentais, por intermédio da referida tecnologia social *on line*. O que se pretendeu comprovar, durante a pesquisa, foi que as chamadas tecnologias sociais, desenvolvidas pela Gestão Social, poderiam também ser aplicadas no âmbito jurídico, de modo que o gestor responsável atue como efetivo agente modificador da realidade social – utilizando-se terminologias pertencentes às duas disciplinas (Direito e Gestão Social), o responsável pela tecnologia social atuaria como um *mediador-gestor*, com o propósito de apresentar soluções mais dinâmicas ao conflito entre a liberdade de imprensa e os direitos da personalidade, viabilizando o exercício do direito de resposta num espaço virtual e centralizado.[14] Contudo, este tema específico, como já afirmado, não será esmiuçado nesta obra, pois a ele será dedicado um artigo autônomo, a ser publicado em espaço dedicado a pesquisas sobre Gestão Social.[15]

No âmbito estritamente jurídico, há três premissas necessárias para o enfrentamento do problema: a) o reconhecimento de que nenhum direito constitucional possui caráter absoluto, podendo e devendo ser objeto de ponderação de acordo com as circunstâncias do caso concreto, de tal sorte que os demais direitos previstos na Constituição mantenham a sua validade e eficácia; b) a compreensão de que a liberdade de imprensa e o direito de informar compreendem, dialeticamente, o "direito difuso à informação verdadeira",[16] pertencente a toda coletividade; c) que o direito de resposta seja reconhecido como um corolário da liberdade de imprensa e instrumento de preservação da verdade, e não como uma restrição àquele direito.

---

14 Fischer e Melo definem o próprio gestor social como "um *mediador* entre o conhecimento e a prática, posicionando-se como indivíduo em relação, estabelecendo transações entre instituições, redes e redes de redes" (op. cit., p. 20 – grifou-se).

15 Vide Nota do Autor.

16 L. G. G. C. Carvalho. *Liberdade de informação e o direito difuso à informação verdadeira*. Rio de Janeiro: Renovar, 2003.

Além disso, há duas variáveis que permearam a pesquisa que originou esta obra: tempo e valor. Os mecanismos legais, especialmente as ações reparatórias e o direito de resposta, não conferem, via de regra, uma proteção eficaz ao ofendido, seja pelos irrisórios valores das indenizações, os quais contribuem para a perpetuação do ilícito, seja pela demora com que ambas as providências jurisdicionais são concedidas - no direito de resposta, os efeitos dessa morosidade são ainda mais graves, pois muitas vezes deixam o seu exercício sem qualquer sentido para a vítima, podendo até mesmo lhe ser prejudicial, como já afirmado.

O primeiro Capítulo cuida da liberdade de imprensa, apontando sua origem, natureza jurídica, disciplina constitucional e legal. Em seguida, passa-se à análise do papel da imprensa na persecução penal, procurando desmistificar a sua ideia de "quarto poder", a partir da demonstração de sua relação econômica com patrocinadores, valendo-se ainda da literatura específica sobre Jornalismo, notadamente a respeito de seus princípios informadores, cotejando-se os princípios da atualidade da notícia e da presunção de inocência, este último inerente ao Direito.

Enquanto o primeiro Capítulo aborda os aspectos jurídicos, históricos e socioeconômicos relacionados à liberdade de imprensa, contendo também aportes da ciência do Jornalismo, o Capítulo II é essencialmente dogmático-constitucional, ingressando no problema da colisão entre os direitos fundamentais, embora tenha como ponto de partida algumas considerações sobre as concepções do Direito, das quais se ocupa sua Filosofia (Jusnaturalismo, Positivismo Jurídico e Neoconstitucionalismo), tratando da classificação dos direitos fundamentais, das diferenças entre normas, regras e princípios, e dos métodos de solução para os conflitos entre tais institutos jurídicos, conforme as teorias da ponderação e do abuso de direito.

Seguindo este enfoque dogmático e agregando também outras disciplinas jurídicas ao enfrentamento do problema, o Capítulo III é dedicado ao conflito entre a liberdade de imprensa e os direitos da personalidade, valendo-se do Direito Constitucional, Civil e Processual Civil para analisar as tutelas destinadas à defesa da pessoa contra ofensas produzidas por veículos de comunicação (tutela preventiva e reparacão de danos morais e materiais), com fundamento na Justiça Corretiva[17] e no princípio de retribuição (*Vergeltung*),[18] mediante uma análise crítica da legislação, da doutrina e da jurisprudência relacionadas ao tema. Ao final, são trazidos alguns conceitos e institutos da Análise Econômica do Direito para demonstrar que a produção de ofensas por veículos de comunicação é uma atividade compensatória no Brasil, tendo em vista os ínfimos valores geralmente fixados nas ações de reparação de danos, quando comparados à receita captada pelos veículos de comunicação com anúncios publicitários.

O quarto Capítulo trata exclusivamente do direito de resposta, apontando sua origem, características, as correntes sobre sua natureza jurídica – como inibidor ou corolário da liberdade de imprensa – e os respectivos marcos regulatórios, especialmente a recente Lei nº 13.188/15, além dos possíveis benefícios que poderão advir com o novo Código de Processo Civil, analisando-se também a literatura específica sobre o tema e a jurisprudência. Ao final do Capítulo, uma análise crítica sobre a atuação do Poder Judiciário, especialmente no que se refere à variável "tempo", apontando-se a necessidade de serem criadas tecnologias sociais extrajudiciais destinadas ao exercício do direito de resposta.

O último Capítulo, construído a partir da Residência Social realizada no Tabelionato de Notas e de Protestos de Letras e Títulos de Itaquaquecetuba, delegado ao Prof. Dr. Arthur Del Guércio Neto,

---

17 Aristóteles. *Ética a Nicômaco*. Coleção Os Pensadores IV. Rio de Janeiro: Abril Cultural, 1973, p. 323-329.

18 H. Kelsen. *O problema da Justiça*. Trad. de João Baptista Machado. 3ª ed. São Paulo: Martins Fontes, 1998, p. 31-32.

aborda os aspectos probatórios relacionados à proteção dos direitos da personalidade violados pelo abuso do direito de informar, trazendo um panorama geral sobre o sistema de apreciação das provas e seus respectivos princípios, para, em seguida, tratar de alguns meios de prova que podem ser utilizados com aquela finalidade, especialmente a ata notarial, recentemente normatizada, como meio de prova, pelo Código de Processo Civil (art. 384).

São estas questões que serão enfrentadas ao longo da obra, com uma abordagem crítica e interdisciplinar dos dispositivos legais e das decisões judiciais relacionadas ao conflito entre a liberdade de imprensa e os direitos da personalidade, valendo-se das ciências do Direito, do Jornalismo e da Gestão Social, partindo-se do pressuposto de que as tutelas legais são ineficazes para a proteção dos direitos da personalidade violados pelo abuso do direito de informar – seja no tocante à variável "valor" (ações reparatórias), seja em relação à variável "tempo" (ações reparatórias e de direito de resposta) –, mecanismos que não produzem o efeito inibitório esperado, permitindo assim a reiteração das ofensas.

Optou-se por manter os anexos contendo entrevistas semiestruturadas realizadas com vítimas de ofensas e com profissionais do Direito que, de alguma forma, atuam na defesa dos direitos da personalidade, tendo em vista a relevância das informações obtidas; a realização de entrevistas em pesquisas qualitativas,[19] aliás, está alinhada ao que propõe a chamada "Jurimetria", definida por Guedes como a "disciplina que utiliza a estatística para compreender o direito",[20]

---

19 Sobre a possibilidade de realização de entrevistas em pesquisas qualitativas, Barral ressalta que "vem crescendo nos últimos anos as pesquisas jurídicas que envolvem trabalho de campo, que podem se materializar em entrevistas, pesquisas de mercado, aplicação de questionário e estudo de caso. O pesquisador deve atentar, entretanto, para as regras e técnicas aplicáveis a cada um desses procedimentos" (op. cit., p. 63).

20 M. Guedes. *Jurimetria – a estatística do Direito.* Jornal Carta Forense. Out/2016, p. B12.

buscando-se, através de técnicas de pesquisa de campo, verificar quais são as possíveis soluções para os conflitos. As perguntas orientaram-se por dois pontos centrais: a) se os entrevistados propuseram ações de reparação de danos e pedidos de direito de resposta contra veículos de comunicação, qual foi o resultado, o tempo transcorrido e o grau de satisfação com a prestação jurisdicional; e b) se a implantação de uma tecnologia social *on line* destinada ao exercício do direito de resposta seria bem aceita por tais pessoas, funcionando como mecanismo extrajudicial para defesa de direitos.

Espera-se, por meio dessa obra, demonstrar que a prestação jurisdicional brasileira, via de regra, é ineficaz para a proteção dos direitos da personalidade violados pelo abuso do direito de informar, seja no tocante às ações de reparação de danos, seja quanto ao direito de resposta, e, mais do que isso, provocar o leitor, especialmente aquele dedicado ao estudo do Direito, para que agregue outras disciplinas ao enfrentar temas jurídicos, buscando assim propor soluções mais efetivas e concretas aos diversos conflitos que emergem da sociedade.

LIBERDADE DE IMPRENSA: ORIGEM, NATUREZA JURÍDICA E SEU PAPEL NA PERSECUÇÃO PENAL

1 Conceito e origem da liberdade de imprensa

Os direitos fundamentais previstos nas diversas cartas políticas obedecem a um processo de maturação, sendo possível identificar a existência de três estágios necessários: violação, superproteção e equilíbrio. Quando um direito é reiteradamente violado, inclusive pelo próprio poder público, a solução que geralmente se apresenta é o seu remanejamento no ordenamento jurídico, conferindo-lhe proteção constitucional, justamente com o objetivo de melhor salvaguardá-lo de condutas lesivas.

Foi exatamente o que ocorreu com a liberdade de imprensa no Brasil, direito sistematicamente violado desde a colonização portuguesa, o que se intensificou durante o triste período da ditadura militar, estando hoje expressamente consagrado pela Constituição Federal (art. 5º, IV e IX, e art. 220, §§ 1º a 6º),[21] muito embora ele seja

[21] Dispõe o art. 5º da Constituição Federal: "Todos são iguais perante a lei, sem distinção de qualquer natureza, garantindo-se aos brasileiros e aos estrangeiros residentes no País a inviolabilidade do direito à vida, à liberdade, à igualdade, à segurança e à propriedade, nos termos seguintes:
[...]
IV- é livre a manifestação do pensamento, sendo vedado o anonimato;
[...]
IX- é livre a expressão da atividade intelectual, artística, científica e de comunicação, independentemente de censura ou licença".

objeto de proteção pela norma fundamental desde a Constituição do Império (art. 179, 4º).[22]

A liberdade é definida por Montesquieu como o "direito de fazer tudo o que as leis permitem".[23] A liberdade de imprensa, por sua vez, pode ser conceituada como o direito conferido aos veículos de

---

Já o art. 220 assim dispõe:
"A manifestação do pensamento, a criação, a expressão e a informação, sob qualquer forma, processo ou veículo não sofrerão qualquer restrição, observado o disposto nesta Constituição.
§ 1º Nenhuma lei conterá dispositivo que possa constituir embaraço à plena liberdade de informação jornalística em qualquer veículo de comunicação social, observado o disposto no art. 5º, IV, V, X, XIII e XIV.
§ 2º É vedada toda e qualquer censura de natureza política, ideológica e artística.
§ 3º Compete à lei federal:
I - regular as diversões e espetáculos públicos, cabendo ao Poder Público informar sobre a natureza deles, as faixas etárias a que não se recomendem, locais e horários em que sua apresentação se mostre inadequada;
II - estabelecer os meios legais que garantam à pessoa e à família a possibilidade de se defenderem de programas ou programações de rádio e televisão que contrariem o disposto no art. 221, bem como da propaganda de produtos, práticas e serviços que possam ser nocivos à saúde e ao meio ambiente.
§ 4º A propaganda comercial de tabaco, bebidas alcoólicas, agrotóxicos, medicamentos e terapias estará sujeita a restrições legais, nos termos do inciso II do parágrafo anterior, e conterá, sempre que necessário, advertência sobre os malefícios decorrentes de seu uso.
§ 5º Os meios de comunicação social não podem, direta ou indiretamente, ser objeto de monopólio ou oligopólio.
§ 6º A publicação de veículo impresso de comunicação independe de licença de autoridade".

22 Transcreve-se o citado dispositivo:
"A inviolabilidade dos Direitos Civis, e Politicos dos Cidadãos Brazileiros, que tem por base a liberdade, a segurança individual, e a propriedade, é garantida pela Constituição do Imperio, pela maneira seguinte.
[...]
IV. Todos podem communicar os seus pensamentos, por palavras, escriptos, e publica-los pela Imprensa, sem dependencia de censura; com tanto que hajam de responder pelos abusos, que commetterem no exercicio deste Direito, nos casos, e pela fórma, que a Lei determinar".

23 Montesquieu. *O Espírito das Leis.* 1ª ed. trad. por Maria Flavia dos Reis Amambahy. Rio de Janeiro: Ideia Jurídica, 2015, p. 141.

comunicação de investigarem e noticiarem os fatos relevantes para a sociedade. Desde logo deve ser traçada a distinção entre meios e veículos de comunicação: aqueles dizem respeito às diversas modalidades de mídia (impressa, falada, televisiva e internet), enquanto estes se referem à organização específica que explora tal atividade.

A palavra "imprensa" remete à "máquina com que se imprime ou estampa",[24] e, como esclarece Carvalho, o termo deriva da máquina de imprimir caracteres de chumbo com tinta no papel, chamada de "prensa" e inventada por Johannes Gensfleisch zur Laden zum Gutenberg, conhecido como Johannes Gutenberg, no ano de 1436; todavia, o mesmo autor ressalta que os egípcios já utilizavam o jornal desde o ano de 1750 A.C.[25] Em sentido amplo, a imprensa compreende qualquer impresso (livros, revistas, jornais, panfletos, cartazes, etc.), e, em sentido estrito, somente os jornais e periódicos de grande circulação.[26] Lima aponta como importante marco relacionado ao Jornalismo a invenção da máquina rotativa nos Estados Unidos, em 1847, sendo que um ano depois, o jornal inglês *Times* criou outra máquina que imprimia 10.000 exemplares por hora.[27]

Já a origem da liberdade de imprensa é identificada em importante decisão do Parlamento inglês de 1695, que deixou de renovar o *Licensing Act*, o qual estabelecia a censura prévia.[28] Sob o aspecto dogmático-constitucional, a liberdade de imprensa foi normatizada pela primeira vez na Declaração Francesa de 1789, seguindo-se a

---

24 C. Aulete. *Dicionário contemporâneo da língua portuguesa*. 2ª ed. bras. rev., atual. e aumentada por Hamílcar de Garcia. Rio de Janeiro: Delta S.A., 1968, v. 2, p. 2131.

25 L. G. G. C. Carvalho, op. cit., p. 35.

26 Ibid., p. 50.

27 C. C. N. Lima. *Jornalistas, blogueiros, migrantes da comunicação: em busca de novos arranjos econômicos para o trabalho jornalístico com maior autonomia e liberdade de expressão.* Tese de Doutorado apresentada ao Programa de Pós-graduação em Ciências da Comunicação da Universidade de São Paulo, 2015, p. 35.

28 L. G. G. C. Carvalho, op. cit., p. 23.

Constituição dos EUA de 1787, por força da 1ª Emenda de 1791, nos seguintes termos:

> O Congresso não legislará no sentido de estabelecer uma religião, nem proibir o livre exercício de uma; nem cerceando a liberdade de expressão, ou de imprensa; ou o direito de o povo se reunir pacificamente e dirigir petições ao Governo para reparação de injustiças (EUA,1787).[29]

Consagrou-se, portanto, não apenas a liberdade de imprensa, mas também outros direitos fundamentais, quais sejam, a liberdade de crença, liberdade de expressão, direito de reunião e direito de petição.

Apesar do acerto da ponderação de Afonso da Silva, no sentido de que a liberdade de informação jornalística prevista na Constituição Federal não se restringe à liberdade de imprensa, isto é, àquela relacionada à publicação em meio impresso de comunicação,[30] será utilizada nesta obra a expressão "liberdade de imprensa" para se referir a todos os meios de comunicação (jornais, revistas, rádio, TV e *internet*).

Se a livre manifestação do pensamento é a exteriorização da liberdade de pensamento, a liberdade de imprensa, conforme lição de Hungria, nada mais é do que "o direito da livre manifestação do pensamento pela imprensa".[31] Como bem observa Godoy, a definição de Hungria é centrada no aspecto individual da liberdade de imprensa, porém, "no complexo mundo moderno, as teorias monistas sobre a liberdade de imprensa não podem ter lugar, de forma absoluta ou

---

29 Disponível em <<http://photos.state.gov/libraries/adana/30145/publications-other-lang/PORTUGUESE-CONTINENTAL.pdf>>. Acesso em 04.06.2016.

30 J. Afonso da Silva. *Curso de Direito Constitucional Positivo.* 33ª ed. rev. e atual. São Paulo: Malheiros, 2010, p. 246.

31 N. Hungria. *Comentários ao Código Penal – Arts. 137 a 154.* 3ª ed. rev. e atual. Rio de Janeiro: Edição Revista Forense, 1955, v. VI.

autônoma",[32] daí por que passou-se a conceber a liberdade de imprensa como um direito de feição coletiva, ou seja, não pertencente apenas ao proprietário de um determinado veículo de comunicação ou à pessoa que tem acesso à notícia, mas a toda coletividade, incluindo-se pessoas físicas e jurídicas. Como esclarece Godoy,

> [...] esse direito de informação ou de ser informado, então, antes concebido como um direito individual, decorrente da liberdade de manifestação e expressão do pensamento, modernamente vem sendo entendido como dotado de forte componente e interesses coletivos, a que corresponde, na realidade, um direito coletivo à informação.[33]

A liberdade de imprensa é um corolário da liberdade de expressão. Com efeito, o pensamento só adquire relevância jurídica quando exteriorizado, pois é exatamente neste momento que ele pode atingir a esfera de direitos de terceiros, mesmo porque as leis, na clássica lição de Montesquieu, "só se encarregam de castigar as ações exteriores".[34] A liberdade de expressão ou opinião, portanto, decorre da liberdade de pensamento, conferindo ao seu titular o direito de adotar a posição ideológica que bem entender.

Ressalte-se que a liberdade de imprensa compreende tanto a liberdade de informar, como a de ser informado; como ressalta Afonso da Silva, amparado nas lições de Albino Greco,

---

32 C. L. B. Godoy. *A liberdade de imprensa e os direitos da personalidade*. 3ª ed. São Paulo: Atlas, 2015, p. 53.

33 Ibid., p. 54.

34 Op. cit., p. 171. Conta Montesquieu que, "um certo Mársias sonhou que cortava o pescoço de Dionísio. Este mandou matá-lo, dizendo que não teria sonhado com isto à noite se não o tivesse pensado de dia. Tratava-se de uma grande tirania, pois, ainda que o tivesse pensado, não o tinha tentado. As leis só se encarregam de castigar as ações exteriores" (p. 171). Por essa mesma razão é que no Direito Penal a cogitação do crime é impunível, de acordo com o princípio *cogitationis poenam nemo patitur*: a conduta do agente só adquire relevância penal a partir dos atos preparatórios.

> [...] a liberdade de informação não é simplesmemte a liberdade do dono da empresa jornalística ou do jornalista. A liberdade destes é reflexa no sentido de que ela só existe e se justifica na medida dos direitos dos indivíduos a uma informação correta e imparcial. A liberdade dominante é a de ser informado, a de ter acesso às fontes de informação, a de obtê-la. O dono da empresa e o jornalista têm um direito fundamental de exercer sua atividade, sua missão, mas especialmente têm um dever. Reconhece-se-lhes o direito de informar ao público os acontecimentos e idéias, mas sobre ele incide o dever de informar à coletividade de tais acontecimentos e idéias, objetivamente, sem alterar-lhes a verdade ou esvaziar-lhes o sentido original, do contrário, se terá não informação, mas deformação.[35]

Mais adiante, demonstrar-se-á que a liberdade de imprensa, além de não ser um direito fundamental absoluto – aliás, como nenhum direito fundamental o é –, deve compreender também o "direito difuso à informação verdadeira",[36] pertencente a toda coletividade, sendo que algumas legislações já preveem o direito à notícia verdadeira,[37] mais condizente com a necessidade de preservação dos direitos da personalidade.

2 Marcos regulatórios da liberdade de imprensa

Apesar do presente trabalho assentar-se em bases jusnaturalistas, concebendo o Direito muito além das normas positivadas, faz-se necessário um estudo detalhado dos marcos regulatórios da liberdade de imprensa, analisando sua evolução constitucional e as normas legais que disciplinam a matéria, além dos tratados e convenções

---

35 Op. cit., p. 247.

36 L. G. G. C. Carvalho, op. cit.

37 Vide, a esse respeito, o Capítulo III, item nº 2.

internacionais. Idêntica metodologia será utilizada, em capítulos próprios, ao se tratar dos marcos regulatórios dos direitos da personalidade e do direito de resposta.[38]

2.1 Disciplina constitucional desde a Constituição do Império (1824)[39]

A Constituição do Império de 1824 consagrou a liberdade de imprensa em seu art. 179, inciso IV, o qual se transcreve:

> Art. 179. A inviolabilidade dos Direitos Civis, e Politicos dos Cidadãos Brazileiros, que tem por base a liberdade, a segurança individual, e a propriedade, é garantida pela Constituição do Imperio, pela maneira seguinte.
> [...]
> IV. Todos podem communicar os seus pensamentos, por palavras, escriptos, e publica-los pela Imprensa, sem dependencia de censura; com tanto que hajam de responder pelos abusos, que commetterem no exercicio deste Direito, nos casos, e pela fórma, que a Lei determinar.[40]

Referido direito fundamental foi mantido nas Constituições que se seguiram, de forma menos ou mais restritiva, conforme tenham sido fruto de regimes democráticos ou ditatoriais, pois em algumas delas havia censura prévia apenas para os espetáculos e diversões públicas, enquanto em outras tal restrição alcançava a própria

---

38 Sobre os temas mencionados, vide Capítulos III e IV, respectivamente.

39 Costuma-se designar como "Constituição" a norma fundamental promulgada pelo Congresso Nacional, ou seja, objeto de uma reforma constituinte e consequente votação, e como "Carta", aquela outorgada, isto é, imposta pelo poder dominante, não sendo objeto de votação. Na sequência desta obra, será utilizada apenas a expressão "Constituição", muito embora a Carta de 1937 ("Polaca de Vargas") tenha sido outorgada, assim como a Emenda Constitucional nº 1 de 1969.

40 Disponível em <<http://www.planalto.gov.br/ccivil_03/Constituicao/Constituicao24.htm>>. Acesso em 20.05.2016.

imprensa:[41] CF/1891, art. 72, § 12; CF/1934, art. 113, nº 9; CF/1937, art. 122, nº 15; CF/1946, art. 141, § 5º; CF/1967, arts. 150, § 8º, e 166, § 2º; CF; EC nº 1/69, arts. 153, § 8º, e 174, § 2º.[42]

2.2 Tratados e Convenções Internacionais

Após trazer o conceito de liberdade em seu art 4º, a Declaração Universal dos Direitos do Homem e do Cidadão, de 1789, cuida da liberdade de opinião e de imprensa nos arts. 10 e 11:[43]

---

41 Neste sentido as Constituições de 1937, 1967 e a Emenda Constitucional nº 1/69; a respeito dessa última, assim dispunham os seus arts. 153, parágrafo 8º, e 174, parágrafo 2º:
"Art. 153.
[...]
§ 8º. É livre a manifestação de pensamento, de convicção política ou filosófica, bem como a prestação de informação independentemente de censura, salvo quanto a diversões e espetáculos públicos, respondendo cada um, nos têrmos da lei, pelos abusos que cometer. É assegurado o direito de resposta. A publicação de livros, jornais e periódicos não depende de licença da autoridade. Não serão, porém, toleradas a propaganda de guerra, de subversão da ordem ou de preconceitos de religião, de raça ou de classe, e as publicações e exteriorizações contrárias à moral e aos bons costumes.
[...]
Art. 174
[...]
§ 2º. Sem prejuízo da liberdade de pensamento e de informação, a lei poderá estabelecer outras condições para a organização e o funcionamento das emprêsas jornalísticas ou de televisão e de radiodifusão, no interêsse do regime democrático e do combate à subversão e à corrupção".

42 Textos disponíveis em <<http://www4.planalto.gov.br/legislacao/legislacao-historica/constituicoes-anteriores-1#content>>. Acesso em 20.05.2016.

43 Dispõe o art. 4º da Declaração Universal dos Direitos do Homem e do Cidadão, de 1789: "A liberdade consiste em poder fazer tudo aquilo que não prejudique outrem: assim, o exercício dos direitos naturais de cada homem não tem por limites senão os que asseguram aos outros membros da sociedade o gozo dos mesmos direitos. Estes limites apenas podem ser determinados pela Lei". Disponível em <<http://pfdc.pgr.mpf.mp.br/atuacao-e-conteudos-de-apoio/legislacao/direitos-humanos/declar_dir_homem_cidadao.pdf>>. Acesso em 12.05.2016.

> Artigo 10 - Ninguém pode ser inquietado pelas suas opiniões, incluindo opiniões religiosas, contanto que a manifestação delas não perturbe a ordem pública estabelecida pela Lei.
> Artigo 11 - A livre comunicação dos pensamentos e das opiniões é um dos mais preciosos direitos do Homem; todo o cidadão pode, portanto, falar, escrever, imprimir livremente, respondendo, todavia, pelos abusos desta liberdade nos termos previstos na Lei.

A liberdade de imprensa também encontra-se prevista no art. 19 da Declaração Universal dos Direitos Humanos, de 10 de dezembro de 1948, segundo o qual "todo ser humano tem direito à liberdade de opinião e expressão; este direito inclui a liberdade de, sem interferência, ter opiniões e de procurar, receber e transmitir informações e idéias por quaisquer meios e independentemente de fronteiras".[44] Já o art. 13, nº 1, 2 e 3, da Convenção Americana sobre Direitos Humanos (Pacto de San Jose da Costa Rica, de 22 de novembro de 1969), aprovado pelo Decreto 678/92, assim disciplina as liberdades de manifestação do pensamento e de imprensa:

> 1. Toda pessoa tem direito à liberdade de pensamento e de expressão. Esse direito compreende a liberdade de buscar, receber e difundir informações e idéias de toda natureza, sem consideração de fronteiras, verbalmente ou por escrito, ou em forma impressa ou artística, ou por qualquer outro processo de sua escolha.
> 2. O exercício do direito previsto no inciso precedente não pode estar sujeito a censura prévia, mas a responsabilidades ulteriores, que devem ser expressamente fixadas pela lei e ser necessárias para assegurar:
> a. o respeito aos direitos ou à reputação das demais pessoas; ou
> b. a proteção da segurança nacional, da ordem pública, ou da saúde ou da moral públicas.
> 3. Não se pode restringir o direito de expressão por vias ou

[44] Disponível em <<http://unesdoc.unesco.org/images/0013/001394/139423por.pdf>>. Acesso em 08.05.2016.

> meios indiretos, tais como o abuso de controles oficiais ou particulares de papel de imprensa, de freqüências radioelétricas ou de equipamentos e aparelhos usados na difusão de informação, nem por quaisquer outros meios destinados a obstar a comunicação e a circulação de idéias e opiniões (DECRETO 678/92).[45]

2.3 Liberdade de imprensa na Constituição Federal de 1988

A Constituição Federal de 1988 trata das chamadas liberdades do pensamento em diversos dispositivos, mas sem apresentar uma ordem lógica. Para facilitar a compreensão, faz-se necessária uma sistematização desses direitos, dividindo-os em dois grandes grupos:

a) Pensamento não-comunicado: é o pensamento íntimo, ou seja, não exteriorizado, compreendendo a liberdade de consciência em sentido estrito, que diz respeito à convicção filosófica e política do indivíduo, e a liberdade de crença, referente à sua orientação religiosa, incluindo-se também o ateísmo (CF, art. 5º, VI, 1ª parte); tais esferas são invioláveis;

b) Pensamento comunicado: refere-se à liberdade de exteriorização do pensamento, também chamada de liberdade de manifestação do pensamento *lato sensu*, compreendendo:

   i. Liberdade de palavra ou de opinião, também chamada de liberdade de manifestação do pensamento *stricto sensu*, prevista no art. 5º, inciso IV: "é livre a manifestação do pensamento, sendo vedado o anonimato";

   ii. Liberdade de culto: assegura ao indivíduo exteriorizar a sua liberdade de crença (CF, art. 5º, VI, 2ª parte);

   iii. Objeção, escusa ou imperativo de consciência: é a possibilidade de se invocar convicção filosófica, religiosa ou política como escusa para o descumprimento de

---

[45] Disponível em <<https://www.cidh.oas.org/basicos/portugues/c.convencao_americana.htm>>. Acesso em 08.05.2016.

obrigação legal a todos imposta (CF, art. 5º, VIII): "ninguém será privado de direitos por motivo de crença religiosa ou de convicção filosófica ou política, salvo se as invocar para eximir-se de obrigação legal a todos imposta e recusar-se a cumprir prestação alternativa, fixada em lei"; exemplificando, o indivíduo que recusa o serviço militar deve prestar outro serviço público, pois, caso contrário, sujeitar-se-á à perda dos direitos políticos (CF, art. 15, IV);

iv. Liberdade de expressão de atividade intelectual, científica, artística e de comunicação, prevista no art. 5º, inciso IX: "é livre a expressão da atividade intelectual, artística, científica e de comunicação, independentemente de censura ou licença"; é exatamente neste grupo que se insere a liberdade de imprensa.

De acordo com Afonso da Silva, a liberdade de imprensa repousa nos seguintes princípios, extraídos do art. 5º, incisos IV, V, IX, XII e XIV, e dos arts. 220 a 224, todos da Constituição Federal:[46]

a) Não-restrição, observado o disposto na referida Carta;
b) Vedação de dispositivo legal que possa constituir embaraço à plena liberdade de informação jornalística;
c) Vedação da censura, mecanismo que pode ser definido com a "verificação de compatibilidade entre um pensamento que se quer exprimir e o ordenamento jurídico vigente";[47]
d) Publicação de veículo impresso de comunicação, independentemente de licença da autoridade;

---

[46] Op. cit., p. 243-244.

[47] T. F. Schoedl. *A compensatória produção de danos morais por veículos de comunicação.* In: A. C. Pagliarini (org.) – Z. T. Tolentino (org.). Direitos Fundamentais e Relações Jurídicas. Rio de Janeiro: LMJ Mundo Jurídico, 2015, p. 227. Sobre a possibilidade do controle jurisdicional sobre o exercício da liberdade de imprensa, o qual não importa em censura, vide Capítulos III e IV.

e) Serviço de radiodifusão sonora e de imagens depende de autorização, licença ou concessão do Congresso Nacional;
f) Não-monopólio dos meios de comunicação social: ao vedar o monopólio da informação, a Constituição Federal tem por escopo proteger a sociedade contra os perigos do chamado "discurso único" –[48] o qual, em verdade, constitui desinformação, e não informação –, apesar de Carvalho sabiamente advertir que "a garantia da pluralidade da informação dependa muito mais da conjuntura econômica do que do texto constitucional".[49]

3 Disciplina legal: a declaração de inconstitucionalidade da antiga Lei de Imprensa pelo Supremo Tribunal Federal (Lei 5.250/67 – ADPF nº 130/DF)

O Partido Democrático Trabalhista (PDT) ajuizou ação de descumprimento de preceito fundamental perante o Supremo Tribunal Federal (ADPF nº 130-DF), requerendo a declaração de inconstitucionalidade da antiga Lei de Imprensa (Lei 5.250/67), por incompatibilidade vertical com as normas constitucionais que tratam da liberdade de imprensa (CF, arts. 5º, IV, V, IX, X, XIII e XIV, e 220 a 223). Por maioria de votos, o Supremo Tribunal Federal, em acórdão relatado pelo então ministro Ayres Britto, declarou a inconstitucionalidade "em bloco" da Lei 5.250/67, entendendo que a liberdade de imprensa, por "manter com a democracia a mais entranhada relação de mútua dependência ou retroalimentação", deve ser plena, e, portanto, "autorregulável", sendo que qualquer normatização deve ser interpretada como uma restrição incompatível com este direito

---

[48] Confira-se, a esse respeito, o item nº 11.

[49] Op. cit., p. 88.

fundamental.[50] Destacam-se os seguintes trechos da ementa do julgamento:

> [...] primeiramente, assegura-se o gozo dos sobredireitos de personalidade em que se traduz a "livre" e "plena" manifestação do pensamento, da criação e da informação. Somente depois é que se passa a cobrar do titular de tais situações jurídicas ativas um eventual desrespeito a direitos constitucionais alheios, ainda que também densificadores da personalidade humana.
> [...]
> 9. AUTORREGULAÇÃO E REGULAÇÃO SOCIAL DA ATIVIDADE DE IMPRENSA. É da lógica encampada pela nossa Constituição de 1988 a autorregulação da imprensa como mecanismo de permanente ajuste de limites da sua liberdade ao sentir-pensar da sociedade civil. Os padrões de seletividade do próprio corpo social operam como antídoto que o tempo não cessa de aprimorar contra os abusos e desvios jornalísticos. Do dever de irrestrito apego à completude e fidedignidade das informações comunicadas ao público decorre a permanente conciliação entre liberdade e responsabilidade da imprensa. Repita-se: não é jamais pelo temor do abuso que se vai proibir o uso de uma liberdade de informação a que o próprio Texto Magno do País apôs o rótulo de "plena" (§ 1 do art. 220). 10. NÃO RECEPÇÃO EM BLOCO DA LEI 5.250 PELA NOVA ORDEM CONSTITUCIONAL. 10.1. Óbice lógico à confecção de uma lei de imprensa que se orne de compleição estatutária ou orgânica. A própria Constituição, quando o quis, convocou o legislador de segundo escalão para o aporte regratório da parte restante de seus dispositivos (art. 29, art. 93 e § 5º do art. 128). São irregulamentáveis os bens de personalidade que se põem como o próprio conteúdo ou substrato da liberdade de informação jornalística, por se tratar de bens jurídicos que têm na própria interdição da prévia interferência do Estado o seu modo

50 STF, ADPF nº 130/DF, Tribunal Pleno, j. 30.04.2009. Também para Carvalho, qualquer limite à liberdade de imprensa deve decorrer da própria Constituição Federal, não podendo a lei fazê-lo (op. cit., p. 51).

> natural, cabal e ininterrupto de incidir. Vontade normativa que, em tema elementarmente de imprensa, surge e se exaure no próprio texto da Lei Suprema.

Observa-se que a decisão do Supremo Tribunal Federal, ao reconhecer a superioridade de um direito fundamental sobre outro no plano abstrato – no caso, da liberdade de imprensa sobre os direitos da personalidade –, contraria a melhor doutrina, que possui como premissa a relatividade de todos os direitos fundamentais, como decorrência do Jusnaturalismo,[51] os quais podem ser objeto de ponderação apenas no plano concreto, através do chamado "sopesamento".[52] O objetivo deste "sopesamento", segundo Alexy, é exatamente "definir qual dos interesses, que abstratamente estão no mesmo nível, tem maior peso no caso concreto".[53]

O próprio Bobbio, embora seguidor do Positivismo Jurídico, ao tratar exatamente do conflito entre a liberdade de expressão e os direitos da personalidade, assim leciona:

> Na maioria das situações em que está em causa um direito do homem, ao contrário, ocorre que dois direitos igualmente

---

[51] J. J. Rousseau. *Do Contrato Social.* Coleção Os Pensadores. Trad. de Lourdes Santos Machado. Introdução e notas de Lourival Gomes Machado. 2ª ed. São Paulo: Abril Cultural, 1978, p. 69.

[52] Confira-se, a respeito: J. J. Canotilho. *Direito Constitucional.* 5ª ed. Coimbra: Livraria Almedina, 1991, p. 196; R. Alexy. *Teoria dos Direitos Fundamentais.* Trad. de Virgílio Afonso da Silva. São Paulo: Malheiros, 2008, p. 93-95; e R. Dworkin. *Levando os direitos a sério.* 3ª ed. trad. Nelson Boeira. São Paulo: Editora WMF Martins Fontes, 2010, p. 39-43.
De acordo com Canotilho, "o princípio da unidade hierárquico-normativa significa que todas as normas contidas numa constituição formal têm igual dignidade (não há normas só formais, nem hierarquia de supra-infraordenação dentro da lei constitucional" (op. cit., p. 197). No mesmo sentido: L. G. G. C. Carvalho, op. cit., p. 5-6. Sobre este tema, vide ainda o Capítulo II, item nº 5.1, e a respeito do conflito específico entre a liberdade de imprensa e os direitos da personalidade, confira-se: C. L. B. Godoy, op. cit.

[53] Op. cit., p. 95.

> fundamentais se enfrentem, e não se pode proteger incondicionalmente um deles sem tornar o outro inoperante. Basta pensar, para ficarmos num exemplo, no direito à liberdade de expressão, por um lado, e no direito de não ser enganado, excitado, escandalizado, injuriado, difamado, vilipendiado, por outro. Nesses casos, que são a maioria, deve-se falar de direitos fundamentais não absolutos, mas relativos, no sentido de que a tutela deles encontra, em certo ponto, um limite insuperável na tutela de um direito igualmente fundamental, mas concorrente. E, dado que é sempre uma questão de opinião estabelecer qual o ponto em que um termina e o outro começa, a delimitação do âmbito de um direito fundamental do homem é extremamente variável e não pode ser estabelecida de uma vez por todas.[54]

O mesmo equívoco, observado na decisão do Supremo Tribunal Federal, foi cometido pelo art. 26 do Projeto de Lei 3.232/92, já arquivado, que estabelecia uma superioridade da liberdade de imprensa sobre os direitos da personalidade no plano abstrato, de manifesta inconstitucionalidade: "Os conflitos entre a liberdade de informação e os direitos de personalidade, entre eles os relativos à intimidade, à privacidade, à honra e à imagem, serão resolvidos em favor do interesse público".[55]

Discorda-se, portanto, do entendimento no sentido de que qualquer regulação da liberdade de imprensa importa em ofensa à Constituição Federal, sob o argumento de que este direito fundamental não poderia ser cerceado; cerceamento haveria, sim, aos direitos da personalidade, caso a liberdade de imprensa fosse concebida como um direito absoluto e "autorregulável". A não-restrição, um

---

54 N. Bobbio. *A era dos direitos.* Nova ed. trad. de Carlos Nelson Coutinho. Rio de Janeiro: Elsevier, 2004, p. 41.

55 Disponível em <<http://www.camara.gov.br/proposicoesWeb/fichadetramitacao?idProposicao=19319>>. Acesso em 09.05.2016.

dos pilares da liberdade de imprensa,[56] tem significado diverso de regulação, na medida em que esta, não necessariamente, será inibidora daquele direito.

4 Natureza jurídica da imprensa: desmistificando a ideia de "quarto poder"

É evidente que a liberdade de imprensa é um dos pilares do Estado Democrático de Direito. Como salienta Godoy, "a função jornalística, não se pode negar, cumpre mais que uma finalidade informativa. Forma, a rigor, a consciência de uma comunidade".[57] Eis a razão por que se costuma rotular a imprensa como o "quarto poder".[58]

Embora estabelecido de forma embrionária por Locke, o princípio da separação dos Poderes encontra fundamento na teoria de Montesquieu,[59] consagrada pelo art. 2º, *caput*, da Constituição Federal: "São Poderes da União, independentes e harmônicos entre si, o Legislativo, o Executivo e o Judiciário". Referida teoria passou por uma evolução, passando-se a conceber um mecanismo de separação de funções e de controle recíproco entre os três Poderes estatais, o denominado sistema de "freios e contrapesos" (*checks and balances*). Conforme ensinamento de Lenza,

> [...] a teoria da tripartição de Poderes, exposta por Montesquieu, foi adotada por grande parte dos Estados modernos,

---

56 Vide item anterior.

57 Op. cit., p. 1.

58 Sobre a imprensa como "quarto poder" e a posterior corrosão dessa qualificação, por conta da globalização e do avanço da sociedade em rede, confira-se: C. C. N. Lima, op. cit., p. 101-102. Confira-se ainda o longa "O Quarto Poder" (1997) – *Mad City*, conforme o título original –, revelando, com detalhes, as técnicas empregadas pelos veículos de comunicação para deturpar a informação. Disponível em <<https://www.youtube.com/watch?v=Jk0RrSJbSJI>>. Acesso em 2.06.2017.

59 Op. cit., p. 141-163.

> só que de maneira abrandada. Isso porque, diante das realidades sociais e históricas, passou-se a permitir maior interpenetração entre os Poderes, atenuando a teoria que pregava uma separação pura e absoluta dos mesmos.[60]

Apesar da liberdade de imprensa ser essencial ao Estado Democrático de Direito,[61] a Constituição Federal, obviamente, não incluiu a imprensa entre os Poderes do Estado, e nem poderia, pois "se trata de atividade privada exercida mediante concessão do Congresso Nacional",[62] nos termos do art. 223, *caput*, da Constituição Federal: "Compete ao Poder Executivo outorgar e renovar concessão, permissão e autorização para o serviço de radiodifusão sonora e de sons e imagens, observado o princípio da complementaridade dos sistemas privado, público e estatal".[63]

Albuquerque aponta três concepções da expressão "quarto poder":[64] a) como *Fourth State*, segundo a tradição liberal britânica (século XIX), atuando como um contrapoder titularizado pelo cidadão,

---

60 P. Lenza. *Direito Constitucional Esquematizado.* 16ª ed. rev., atual. e ampl. São Paulo: Saraiva, 2012, p. 482.

61 Vide próximo item, sobre a relação entre imprensa e democracia.

62 T. F. Schoedl, op. cit., p. 229.

63 Os parágrafos do referido dispositivo constitucional assim dispõem:
§ 1º O Congresso Nacional apreciará o ato no prazo do art. 64, § 2º e § 4º, a contar do recebimento da mensagem.
§ 2º A não renovação da concessão ou permissão dependerá de aprovação de, no mínimo, dois quintos do Congresso Nacional, em votação nominal.
§ 3º O ato de outorga ou renovação somente produzirá efeitos legais após deliberação do Congresso Nacional, na forma dos parágrafos anteriores.
§ 4º O cancelamento da concessão ou permissão, antes de vencido o prazo, depende de decisão judicial.
§ 5º O prazo da concessão ou permissão será de dez anos para as emissoras de rádio e de quinze para as de televisão".

64 A. Albuquerque. *As Três Faces do Quarto Poder*. 2009. Disponível em <<http://www.academia.edu/25956715/As_Três_Faces_Do_Quarto_PODER1>>. Acesso em 1.06.2017.

no sentido de promover um controle externo do governo;[65] b) como *Fourth Branch*, cuja origem é a separação de poderes aperfeiçoada pelo modelo norte-americano, funcionando a imprensa como um instrumento auxiliar, inerente ao próprio sistema *checks and balances*, porém, de caráter extraoficial; c) como um Poder Moderador, conceito, segundo o autor, apropriado pelo Brasil, pelo qual a imprensa atua como um "superpoder" em defesa do interesse público, situando-se acima dos três Poderes tradicionais.

Apesar dessas concepções trazidas pelo referido autor, certo é que a qualificação da imprensa como "quarto poder" tem sentido metafórico e não jurídico;[66] ainda assim, tal ideia deve ser desmistificada, exatamente porque o direito de informar encontra-se intimamente ligado aos interesses dos patrocinadores que anunciam seus produtos e serviços nos espaços ou tempos destinados à publicidade, o que muitas vezes compromete a veracidade das notícias, como será demonstrado mais adiante.[67]

---

65 Segundo o autor, "este papel se desdobra na concepção da imprensa como um cão de guarda (*watchdog*) em defesa dos interesses dos cidadãos [...] A expressão *Fourth Estate* acabou por se popularizar e passou a ser aplicada à descrição da imprensa em situações inteiramente distintas daquela que lhe serviu de nascedouro, de tal forma que a referência aos três outros "Estados" perdeu a sua razão de ser. De fato, ela é muitas vezes usada como um mero equivalente para "imprensa". O que se manteve inalterado foi a referência, explícita ou não, ao ideal liberal do papel da imprensa como devendo servir de guardião dos interesses dos cidadãos contra os abusos do poder, sejam eles realizados por parte do governo ou não. Para cumprir esta missão, a imprensa deveria adotar uma postura independente em relação aos grupos dominantes" (op. cit.).

66 Em sentido contrário leciona Carlyle: "Burke disse que há Três Estados no Parlamento, mas lá longe, na Galeria dos Repórteres, senta-se um Quarto Estado [*Fourth Estate*] muito mais importante do que todos eles. Não se trata de uma figura de linguagem ou de um dito espirituoso; trata-se de um fato literal (...). A impressão que se segue à escrita, eu sempre digo, é equivalente à democracia. Todo aquele pode falar, falando agora para toda a nação, se torna um poder, um ramo do governo, com um peso inalienável na feitura das leis, em todos os atos de autoridade. Não importa mais qual a sua graduação ele tem, que rendimentos ou galhardões: o requisito fundamental é que ele tenha uma língua que os outros ouvirão; isto e mais nada é o requisito" (1866, *apud* Albuquerque, op. cit. – *sic*).

67 Vide item nº 11.

A desmistificação da imprensa como "quarto poder" é, em verdade, um pressuposto que norteia o presente trabalho e todas as questões mais específicas nele enfrentadas. Por se tratar de uma atividade empresarial, o exercício do direito de informar muitas vezes corporifica investigações e afirmações que não obedecem aos princípios da imparcialidade e da presunção de inocência (CF, art. 5º, LVII),[68] atendendo-se apenas os interesses de outras organizações que gastam altas cifras com anúncios publicitários de seus produtos e serviços.

Dessa obscura relação jurídico-econômica é que muitas vezes resultam atos ilícitos cometidos por veículos de comunicação, mais preocupados em fomentar o escândalo e obter lucro fácil do que em divulgar informações verídicas sobre um fato determinado, a despeito do direito à informação verdadeira possuir natureza difusa, e, como tal, pertencer a toda coletividade,[69] inclusive aos próprios atores sociais que orquestram as ofensas.

5 Imprensa e Democracia

A democracia é definida por Bobbio como a "forma de governo na qual o poder político é exercido pelo povo",[70] contrapondo-se à monarquia e à aristocracia, nas quais o poder soberano é exercitado por uma pessoa ou pequeno grupo, respectivamente. Remonta

---

68 O art. 5º, inciso LVII, da Constituição Federal assim dispõe: "ninguém será considerado culpado até o trânsito em julgado de sentença penal condenatória".

69 L. G. G. C. Carvalho, op. cit., p. 105. Segundo Carvalho, "a informação jornalística é destinada a todas as pessoas que se disponham a recebê-la, sem que se possa individualizar e dividir qual informação será difundida para este indivíduo e qual para aquele. Todos são igualmente titulares desse direito de receber informação e é inegável que todos os titulares estão ligados pela circunstância de fato de serem leitores do mesmo jornal, ouvintes do mesmo radio ou espectadores da mesma emissora de televisão" (p. 150).

70 N. Bobbio. *Estado, governo, sociedade; para uma teoria geral da política.* 9ª ed. Trad. de Marco Aurélio Nogueira. São Paulo: Paz e Terra, 2001, p. 135.

à Grécia antiga a origem da democracia, na sua modalidade direta ou clássica, pela qual os próprios cidadãos deliberavam sobre as matérias de interesse do povo, sem intermediação de representantes eleitos. Como observa Acquaviva,

> [...] o ateniense, em especial, via na participação da vida pública o supremo bem a ser almejado por um homem. A cidadania era grande objetivo do ateniense, pois, além de lhe assegurar a participação efetiva na vida pública, lhe garantia os direitos subjetivos. Já se disse que a maioria dos ideais políticos modernos – justiça, liberdade, governo constitucional – surgiram na antiga Grécia. Foram os gregos os primeiros a lançar as sementes da idéia democrática, sementes que foram conservadas pelos filósofos da Idade Média e que frutificaram na modernidade.[71]

Contudo, a modalidade mais usual da democracia é a indireta ou representativa, por meio da qual o povo elege representantes para deliberarem e votarem as matérias que dizem respeito à vida política de uma determinada população, justamente por conta da possibilidade de ser aplicada a grandes territórios, ao contrário do que se observa na democracia direta, cuja aplicabilidade se restringe a pequenas cidades.[72] Wolff, após distinguir a democracia praticada

---

71 M. C. Acquaviva. *Teoria Geral do Estado*. São Paulo: Saraiva, 1994, p. 112.

72 De acordo com Bonavides, "se o povo pudesse fazer corretamente por si mesmo tudo quanto gravita na competência de seu poder soberano, não haveria objeção que antepor-lhe. Mas como isso não acontece, porquanto fica sempre uma parte da ação fora de seu alcance, reserve-se esta – manda Montesquieu – aos ministros da vontade popular, aos magistrados que o sufrágio fêz depositários da confiança democrática.
Excelente para escolher, admirável para verificar capacidades e aferir merecimentos, quase inigualável no instinto de seleção, instruindo-se na praça pública com mais largueza e proveito que o monarca nos palácios, êsse mesmo povo é, todavia, segundo Montesquieu, reconhecidamente incapaz de governar, gerir um assunto, conhecer os lugares, as ocasiões, os momentos propícios" (P. Bonavides. *Teoria do Estado*. São Paulo: Saraiva, 1967, p. 114).

na Grécia antiga das democracias construídas a partir das revoluções inglesa, francesa e americana, leciona que

> [...] nos regimes modernos, de fato, o primeiro princípio, o da soberania popular, se exerce e se realiza por meio de representantes (os deputados, os senadores, talvez os ministros) – o que é uma idéia perfeitamente estranha aos gregos e totalmente estranha à tradição democrática.[73]

Sopesando-se as duas modalidades de democracia, conclui-se que, se por um lado, a democracia direta possui o inconveniente de não ser tecnicamente aplicável a vastos territórios com populações esparsas, por outro, a democracia indireta ou representativa acaba esgotando-se nas eleições periódicas (democracia formal), deixando o cidadão afastado das decisões políticas tomadas por seus representantes, acarretando assim uma evidente crise de legitimidade, daí por que Wolff, citando as lições de B. Manin, reconhece "o regime de representação destinava-se justamente, no espírito de seus fundadores, a afastar os membros da própria comunidade das decisões políticas e a reservá-las para alguns cidadãos particularmente selecionados".[74]

Tal conjuntura contribuiu para uma certa despolitização dos cidadãos, constituindo um território fértil para que muitos detentores de mandatos eletivos e seus comparsas – não há outra palavra para qualificá-los – pratiquem desmandos de toda ordem, com danos irreparáveis ao erário e a toda população, como verificou-se no Brasil nos últimos anos.

Apesar da constatação de que a democracia é a forma de governo menos má,[75] é inegável que a mesma encontra-se em crise, tanto

---

73 F. Wolff. *A invenção da política*. In: A. Novaes (org.). A crise do Estado-nação. Rio de Janeiro: Civilização Brasileira, 2003, p. 35.

74 Ibid., p. 35.

75 Pesquisa realizada pelo Datafolha apontou que 66% dos eleitores consideram a democracia a melhor forma de governo, enquanto a pesquisa do Ibope acusou

em nível nacional como mundial, pois há uma evidente falta de representatividade dos interesses do povo nos Poderes Executivo e Legislativo.

Não seria temerário afirmar que, no Brasil atual, grande parcela da população não se sente representada por seus governantes e parlamentares, pois, tais mandatários, via de regra, agem colocando seus próprios interesses em primeiro lugar, ao invés do interesse público, contrariando todos os princípios norteadores da Administração Pública;[76] como já advertia Bobbio, "tanto quanto o governo exclusivo dos ricos, também o governo exclusivo dos pobres é sempre um governo em favor de uma única parte e portanto, segundo a definição do bom governo à base do critério do bem comum, é um governo corrupto".[77]

O patrimonialismo, infelizmente, muitas vezes acaba prevalecendo nos níveis federal, estadual e municipal – a começar pelas licitações fraudulentas e indicações de cargos na Administração como modalidade de barganha com o Poder Legislativo –, sendo plenamente perceptível, inclusive ao leigo, que uma parcela considerável dos agentes políticos não faz nenhuma distinção entre o público e o privado. Isso certamente explica porque, nas últimas eleições municipais e gerais (2016 e 2018), o cidadão escolheu muitos candidatos de carreiras distintas, o que revela um evidente e justificável repúdio à classe política, além de um novo movimento em prol da politização do indivíduo, notadamente em razão do impacto das mídias sociais, as quais, decisivamente, fizeram com que os meios de comunicação tradicionais perdessem a sua majestade.

Dessarte, aquele quadro ainda revela que a democracia representativa, cuja tendência é um esgotamento no ato de votar, em

---

46%, conforme matéria publicada no Jornal Folha de São Paulo (*Democracia e Verdade*, Opinião, p. A2, 13.02.2014).

76 A respeito desses princípios, confira-se: T. F. Schoedl. *2243 Questões para Concursos Públicos*. São Paulo: YK Editora, 2015, p. 113-116.

77 Op. cit., 2001, p. 142.

verdade é apenas uma ilusão de democracia, uma vez que ela não é complementada por atos políticos posteriores, especialmente no sentido de acompanhar e fiscalizar as decisões dos representantes eleitos. Segundo Wolff,

> [...] a democracia 'representativa' provoca uma ilusão constitutiva, absolutamente inversa àquela do 'tudo é político': que toda a política se esgote no ato de escolher de vez em quando representantes, cujo trabalho profissional consiste em governar – em outras palavras, em decidir no nosso lugar, o que permite a todos os outros esquecer a política. Eis a dupla causa do esquecimento: o fim dos sonhos de um lado, o começo do sono, de outro. A política é esquecida quando se pára de sonhar para começar a dormir.[78]

É inegável, pois, que a democracia encontra-se em íntima relação com a liberdade de imprensa: se aquela permite ao povo exercitar a sua liberdade para votar e escolher os seus governantes, esta possibilita que os veículos de comunicação fiscalizem a atuação desses mandatários, levando à população os fatos de relevância política, daí por que Carvalho afirma que a imprensa é o "termômetro da democracia", pois, "quanto mais livre um povo, mais livre a sua imprensa; quanto mais educado e evoluído, mais responsável e socialmente útil é a sua imprensa".[79]

Para possibilitar essa fiscalização dos Poderes da República pelos veículos de comunicação, o Estado deve intervir o menos possível no exercício da liberdade de imprensa. A censura, via de regra, é sempre uma faceta dos Estados ditatoriais – ou, pelo menos, mais intervencionistas –, enquanto nos Estados neoliberais costuma-se encontrar uma imprensa mais livre; todavia, este modelo de Estado

[78] F. WOLFF. *Esquecimento da política ou desejo de outras políticas?* In: NOVAES, Adauto (org.). O esquecimento da política. Rio de Janeiro: Agir, 2006, p. 66.

[79] Op. cit., p. 3.

permite que a imprensa seja comandada pelos grandes detentores do poder econômico, os quais elegem minuciosamente as notícias que serão publicadas – e como o serão –, configurando-se, também aqui, uma modalidade de censura (não estatal),[80] tema que será enfrentado mais adiante.[81]

Considerando que democracia e liberdade de imprensa encontram-se em estreita conexão, a consequência é que a influência no exercício dessa última – seja pelo Estado, seja pelos agentes econômicos – afeta sua credibilidade, reputação e confiabilidade, princípios básicos do Jornalismo,[82] produzindo uma crise na própria liberdade de imprensa, muito embora a população ainda inclua as organizações de comunicação social entre as instituições com maior credibilidade, atrás apenas do Exército, da Ordem dos Advogados do Brasil, da Igreja Católica e do Poder Judiciário.[83]

6 Princípios norteadores do Jornalismo

A melhor compreensão do conflito entre a liberdade de imprensa e os direitos da personalidade exige uma abordagem inter-

---

80 De acordo com Violin, "o neoliberalismo-gerencial vem sendo responsável pela expansão do não-Estado, do Estado à margem, do Estado comprimido, com a desconstrução do Estado ampliado, democrático, social, e do seu aparelho, a Administração Pública" (T. C. Violin. *Uma Análise Crítica do Ideário do "Terceiro Setor" no Contexto Neoliberal e as Parcerias com a Administração Pública.* In: Revista IOB de Direito Administrativo. São Paulo: IOB Thomson, ano 3, nº 27, Março de 2008, p. 62-64), o que certamente permite o desvirtuamento do exercício da liberdade de imprensa, justamente por conta do menor controle que deveria ser realizado pelo Estado, através da via judicial.

81 Sobre a delicada relação entre a imprensa e os poderes econômicos, vide item nº 11.

82 A respeito do tema, vide próximo item.

83 Conforme pesquisa divulgada pelo Datafolha em 08.07.2016. Diponível em <<http://www.brasil247.com/pt/247/brasil/188177/Forças-Armadas-e-OAB--são-instituições-mais-confiáveis-diz-Datafolha.htm>>. Acesso em 16.04.2016.

disciplinar que envolva as ciências do Direito e do Jornalismo, examinando-se os princípios que norteiam – ou deveriam nortear – o direito de informar.[84] Após o exame desses princípios, será possível tratar com maior cuidado do papel da imprensa no processo penal, das pré-condenações, dos princípios da presunção de inocência e da atualidade da notícia, além da relação entre a imprensa e os poderes econômicos.

O Jornalismo, segundo Precht, consiste na "apuração rigorosa dos fatos e na intenção, por parte do repórter, de reconstituir um acontecimento, enxergando-o dentro do contexto do qual faz parte".[85] À semelhança do que ocorre nas investigações e processos administrativos e judiciais, a atividade jornalística tem por escopo reconstruir um fato ocorrido no passado, mas a diferença é que naqueles procedimentos esta reconstituição visa afirmar a culpabilidade (processo penal)[86] ou a responsabilidade de uma das partes (demais processos), enquanto no Jornalismo o que se busca é informar o público acerca dos fatos relevantes para a sociedade.

Por conta desses objetivos, o Jornalismo, segundo Christofoletti e Laux, deve ser norteado pelos seguintes princípios: credibilidade,

---

84 Sobre o conceito de princípio, e a diferença entre normas, regras, princípios e postulados, confira-se o Capítulo II, item nº 5.

85 A. L. F. Precht. *Para conhecer o mundo além das notícias: um breve estudo sobre o jornalismo investigativo no Brasil.* Monografia de conclusão do curso de Graduação apresentada à Faculdade de Biblioteconomia e Comunicação da Universidade Federal do Rio Grande do Sul, 2013, p. 12.

86 Neste sentido leciona Frederico Marques: "A investigação tem de ser orientada por métodos eficientes para a reconstrução do fato delituoso. Ela coloca, diante de quem a dirige, a tarefa de elucidar um acontecimento pretérito, a fim de estabelecer e determinar de como surgiu e se formou tal acontecimento. É à criminalística que incumbe fornecer os elementos para uma investigaçãoo segura na reconstrução de todos os elementos e circunstâncias do fato delituoso" (J. F. Marques. *Elementos de Direito Processual Penal.* 1ª ed. 2ª tiragem. Campinas: Bookseller, 1998, v. 2, p. 257).

confiabilidade e reputação.[87] Trata-se, pois, de uma importante trindade – o sustentáculo da atividade jornalística, por assim dizer –, justamente porque tais princípios encontram-se em relação de estreita conexão: a credibilidade é construída com a veracidade das notícias divulgadas pelo veículo de comunicação, constituindo assim o seu maior patrimônio,[88] e a partir do momento em que a sociedade passa a depositar a sua confiança neste veículo é que consolida-se a sua reputação.

Em contrapartida, uma vez rompida esta relação de confiança em razão de algum fato que desabone o veículo de comunicação, a consequência fatal será a perda de sua credibilidade, de modo que ele deixará de contar com a audiência necessária para atrair investimentos de patrocinadores, o que fatalmente importará no encerramento de suas atividades, daí por que a informação verdadeira, mais do que um direito difuso da população,[89] deve inspirar o próprio exercício da liberdade de imprensa.

7 O PAPEL DA IMPRENSA NA PERSECUÇÃO PENAL: A SUBSTITUIÇÃO DO SUPLÍCIO PELA EXPLORAÇÃO MIDIÁTICA DO INVESTIGADO OU ACUSADO

Nos Estados Democráticos de Direito, as tarefas de acusar, defender e julgar são divididas entre diversos atores sociais, conforme previamente estabelecido na Constituição e nas leis.

A acusação, via de regra, fica a cargo Ministério Público, por meio da ação penal pública, admitindo-se, por exceção, o exercício

---

87 R. Christofoletti – A. P. F. Laux. *Confiabilidade, credibilidade e reputação: no jornalismo e na blogsfera.* In: Intercom – Revista Brasileira de Ciências da Comunicação. São Paulo, v. 31, n. 1, p. 29-49, jan./jun., 2008.

88 Bucci, 2000, *apud* R. Christofoletti – A. P. F. Laux, op. cit, p. 33.

89 L. G. G. C. Carvalho, op. cit.

da ação penal privada pelo próprio ofendido (CF, art. 5º, LIX; CP, art. 100, *caput*; CPP, arts. 29 e 30).[90] Não existe mais a possibilidade de qualquer um do povo sustentar acusação contra um criminoso, incluindo-se a própria imprensa, que, embora possua o direito de informar, inclusive de maneira crítica, não pode se arvorar na função de condenar, publicamente, alguém que não tenha sido submetido à persecução penal, ou que ainda não tenha sido formalmente declarado culpado.

Mas, para se entender o papel da imprensa na persecução penal, é necessário fazer uma retrospectiva sobre o suplício, demonstrando-se assim a necessidade que algumas pessoas sentem de se satisfazer com o sofrimento alheio, sentimento persistente no mundo contemporâneo, no qual os diversos meios de comunicação acabam fomentando a exposição de pessoas investigadas ou processadas, condenando-as muitas vezes por antecipação.

Em Foulcault, é possível observar uma narrativa sobre a evolução do processo penal, inicialmente caracterizado pelas execuções em praças públicas, as quais, gradativamente, foram sendo substituídas pelas prisões, não mais se permitindo o deleite do público com a execução das penas, evoluindo-se em busca do ideal de ressocialização do condenado.[91] Constatou-se, no final do século XVIII e início

---

90 Transcrevem-se os dispositivos citados:
CF, art. 5º, LIX: "será admitida ação privada nos crimes de ação pública, se esta não for intentada no prazo legal".
CP, art. 100, *caput*: "A ação penal é pública, salvo quando a lei expressamente a declara privativa do ofendido".
CPP, art. 29: "Será admitida ação privada nos crimes de ação pública, se esta não for intentada no prazo pegal, cabendo ao Ministério Público aditar a queixa, repudiá-la e oferecer denúncia substitutiva, intervir em todos os termos do processo, fornecer elementos de prova, interpor recurso e, a todo tempo, no caso de negligência do querelante, retomar a ação como parte principal".
CPP, art. 30: "Ao ofendido ou a quem tenha qualidade para representá-lo caberá intentar a ação privada".

91 M. Foucault. *Vigiar e Punir: nascimento da prisão.* Trad. de Raquel Ramalhete. 14ª ed. Petrópolis: Vozes, 1996, p. 11-16. Logo na introdução da referida obra,

do século XIX, o "desaparecimento do corpo como alvo principal da repressão penal" e a "supressão do espetáculo público" (FOUCAULT, 1996, p. 14). Como leciona Foucault,

> [...] a punição pouco a pouco deixou de ser uma cena. E tudo o que pudesse implicar de espetáculo desde então terá um cunho negativo; e como as funções da cerimônia penal deixavam pouco a pouco de ser compreendidas, ficava a suspeita de que tal rito que dava um "fecho" ao crime mantinha com ele afinidades espúrias; igualando-o, ou mesmo, ultrapassando-o em selvageria, acostumando os espectadores a uma ferocidade de que todos queriam vê-los afastados, mostrando-lhes a freqüência dos crimes, fazendo o carrasco se parecer um criminoso, os juízes aos assassinos, invertendo no último momento os papéis, fazendo do suplicado um objeto de piedade e de admiração.[92]

Trazendo a questão para os tempos atuais, Carnelutti sabiamente identifica nos rotineiros programas sensacionalistas de televisão – que, aliás, costumam infestar os finais de tarde – uma verdadeira substituição do suplício, no que se refere à necessidade de satisfazer parte da população com a desgraça alheia, chegando a afirmar que "as notícias do judiciário e a crônica policial estão servindo de divertimento para quebrar a monotonia do cotidiano das pessoas".[93]

O próprio Foucault reconhece um "fundo suplicante nos modernos mecanismos de justiça criminal",[94] o que Elói Alves denomina de "espetacularização das desgraças".[95] Em verdade, é possível

---

Foucault descreve, detalhadamente, o suplício de Damiens, condenado por parricídio, execução realizada na porta principal da Igreja de Paris, no século XVIII.

92 Ibid., p. 14.

93 F. Carnelutti. *As Misérias do Processo Penal*. Campinas: Servanda Editora, 2010, p. 10-11 e 68.

94 Op. cit., p. 20.

95 E. Alves. *O Olhar de Lanceta: Ensaios críticos sobre literatura e sociedade*. São Paulo: APMC, 2015, p. 47. Carvalho, por sua vez, observa que "a contemporaneidade

afirmar que este movimento revela um nítido confronto entre o espetáculo e a realidade, produzindo danos muitas vezes irreparáveis à pessoa atingida pela matéria ofensiva. Para Carnellutti,

> [...] um pouco em todos os tempos, mas no tempo moderno sempre mais, o processo penal interessa à opinião pública. Os jornais ocupam boa parte das suas páginas para a crônica dos delitos e dos processos. Quem as lê, aliás, tem a impressão de que tenhamos muito mais delitos que não boas ações neste mundo. A eles é que os delitos assemelham-se às papoulas que, quando se tem uma em um campo, todos desta se apercebem; e as boas ações se escondem, como as violetas entre as ervas do prado. Se dos delitos e dos processos penais os jornais se ocupam com tanta assiduidade, é que as pessoas por estes se interessam muito; sobre os processos penais assim ditos célebres a curiosidade do público se projeta avidamente. E é também esta uma forma de diversão: foge-se da própria vida ocupando-se da dos outros; e a ocupação não é nunca tão intensa como quando a vida dos outros assume o aspecto do drama. O problema é que assistem ao processo do mesmo modo com que deliciam o espetáculo cinematográfico, que, de resto, simula com muita freqüência, assim, o delito como o relativo processo. Assim como a atitude do público voltado aos protagonistas do drama penal é a mesma que tinha, uma vez, a multidão para com os gladiadores que combatiam no circo, e tem ainda, em alguns países do mundo, para a corrida de touros, o processo penal não é, infelizmente, mais que uma escola de incivilização.[96]

---

tem reservado ao assunto outro enfoque. Modernamente não se discute, somente, a invasão do Estado nas liberdades individuais, mas, principalmente, o conflito entre essas liberdades, a intromissão de uma liberdade no direito de outrem.

O tema da liberdade de imprensa é um rico palco em que tais direitos e liberdades se digladiam eternamente. No passado, era o Estado impondo o silêncio aos órgãos da imprensa, a custa de processos monstruosos de censura. Hoje, é uma imprensa poderosa a devassar intimidades e a formar a opinião pública, com o risco de conduzi-la, de influenciá-la para este ou aquele pensar" (op. cit., p. 22). É o que faz, por exemplo, a Rede Globo de Televisão, com abjeta e reprovável "maestria", muito embora as últimas eleições tenham lhe dado um recado certeiro e preciso.

[96] Op. cit., p. 10-11.

O Brasil, como era de se esperar, seguiu a mesma lógica, inclusive o cenário é ainda mais grave em comparação ao dos países desenvolvidos, pois, nestes, especialmente nos EUA, os valores das indenizações e a velocidade da tramitação dos processos judiciais, via de regra, ainda produzem algum efeito inibitório sobre o veículo ofensor, que certamente medita muitas vezes antes de publicar notícias falsas ou deturpadas sobre fatos que são objeto de procedimentos investigatórios ou judiciais; aqui, ao contrário, fomenta-se apenas a corrida pelo "furo jornalístico", pouco importando os direitos da personalidade do ofendido e a possibilidade do mesmo propor ações judiciais, pois estas são julgadas depois de anos ou até décadas, geralmente fixando-se valores irrisórios a título de indenização, quando comparados aos lucros auferidos através da falsidade da notícia.[97]

Ao tratar, especificamente, da qualidade da televisão no Brasil, Suiama observa que, "como um pesadelo, o circo de horrores se perpetua por todos os canais da TV aberta. E, na busca por pontos no Ibope, parece haver um especial prazer das emissoras em explicitar a miséria humana, em todas as suas manifestações".[98] Mais adiante, o mesmo autor traz alguns exemplos que elucidam a péssima qualidade da televisão brasileira, incluindo os suspeitos por crimes, "prontamente condenados e submetidos à execração pública por apresentadores oportunistas".[99]

Mas o que se percebe é que, no Brasil, a exploração do investigado ou acusado exorbitou os programas sensacionalistas de televisão, alcançando também a chamada "imprensa séria", inclusive a escrita, tudo isso porque a execração pública daquelas pessoas conta com a

---

97 Confira-se o Capítulo III, item nº 4, onde se cuida do chamado "dano eficiente".

98 S. G. Suiama. *A voz do povo e o dono da voz: o direito de resposta coletiva nos meios de comunicação social.* In: Boletim Científico da Escola Superior do Ministério Público da União. Brasília: ESMPU, v. 11, n. 37. Ed. esp, 2011, p. 107.

99 Ibid., p. 108.

aprovação moral de grande parte da população, sedenta pela tragédia alheia, além de revelar-se uma atividade altamente lucrativa para os veículos de comunicação, ainda que condenados judicialmente.[100]

Houve, portanto, uma evidente substituição do suplício da Idade Média pela condenação moral do investigado ou acusado nos meios de comunicação, pois, embora já não se tenha o corpo marcado pelo castigo, como descreve Foucault, tais pessoas passaram a receber da imprensa e da sociedade o rótulo de culpados ("castigo da alma"),[101] quase sempre irreversível – ainda que elas obtenham, posteriormente, a condenação de seus algozes em ações de indenização e de direito de resposta, tais reparações, via de regra, somente ocorrerão depois de um longo período e terão ínfima publicidade, quando comparadas ao vulto das ofensas, configurando-se assim um quadro de desproteção dos direitos da personalidade.

Na esmagadora maioria das vezes, o acusado ou investigado é deixado à própria sorte, salvo quando conta com algum apoio de órgão de classe ou instituição a que pertence, por meio de notas de repúdio, ainda assim, com mínimo efeito em comparação às ofensas veiculadas pela imprensa. Este quadro certamente coincide com a sábia e oportuna constatação de Kelsen:

> Um Zola, que se revolta contra a injustiça feita a um Dreyfus, é um fenômeno muito mais raro do que um Michael Kohlhaas, que luta pelo seu próprio direito. A maioria dos homens deixa a desaprovação do tratamento injusto dos outros a esses outros.[102]

Há, portanto, além do aspecto econômico, uma justificativa psicológica que sustenta as ofensas proferidas pelos veículos de

---

[100] Confira-se, sobre este tema específico, o Capítulo III, itens nº 4 e 5.

[101] Op. cit., p. 41-45.

[102] H. Kelsen. *O problema da Justiça*. Trad. de João Baptista Machado. 3ª ed. São Paulo: Martins Fontes, 1998, p. 95.

comunicação, qual seja, o desejo que grande parte da população possui de satisfazer-se com a desgraça alheia, especialmente no Brasil, país marcado por uma acentuada desigualdade social e que muitas vezes acaba despertando esse tipo de sentimento, tema que se passa a examinar.

8 A SATISFAÇÃO HUMANA COM O SOFRIMENTO ALHEIO COMO FUNDAMENTO DAS PRÉ-CONDENAÇÕES PROFERIDAS POR VEÍCULOS DE COMUNICAÇÃO

O projeto de poder estabelecido no Brasil nos últimos anos é caracterizado pela manifesta falta de preocupação em formar cidadãos com potencial para produzir inovações nos diversos campos do conhecimento, preferindo-se que eles se mantenham inertes, apáticos, em estado mórbido, sem pensamento crítico e satisfeitos em receber migalhas de um Estado anacrônico, paternalista e dito social de Direito.

Esta involução acabou sendo determinante para a construção de uma sociedade onde predomina o sentimento de ódio e inveja pelo semelhante, formada por um número considerável de pessoas que apenas esperam favores do Estado, justamente porque não contam com incentivos para a implantação de projetos e atividades que levem o País ao crescimento.[103]

O desprezo e a indiferença de algumas pessoas pela vida dos seus semelhantes são perceptíveis desde as ocorrências mais cotidianas – como a redução de velocidade do automóvel para verificar se alguém sobreviveu ou não a um determinado acidente, ocasionando intenso tráfego tão somente por conta dessa curiosidade mórbida

---

[103] Salvo, obviamente, quando grandes agentes econômicos beneficiam-se de licitações e contratos administrativos celebrados ao arrepio das leis e da Constituição, aliados muitas vezes a empréstimos obscenos concedidos pelo BNDES.

– até a situação do grande público que se diverte com programas de televisão sensacionalistas, os quais costumam infestar os finais de tarde com um enredo recorrente: o drama de pessoas submetidas à persecução criminal.

Ao se referir à sociedade atual, Elói Alves reconhece a existência de "um sentimento generalizado que reflete a indiferença ante o que não é estritamente seu", sugerindo não ser um exagero afirmar que a sociedade está "irremediavelmente enferma".[104] Freud, por sua vez, adverte que

> [...] a existência da inclinação para a agressão, que podemos detectar em nós mesmos e supor com justiça que ela está presente nos outros, constitui o fator que perturba nossos relacionamentos com o nosso próximo e força a civilização a um tão elevado dispêndio (de energia). Em conseqüência dessa mútua hostilidade primária dos seres humanos, a sociedade civilizada se vê permanentemente ameaçada de desintegração [...] Mas o natural instinto agressivo do homem, a hostilidade de cada um contra todos e a de todos contra um, se opõe a esse programa de civilização.[105]

Referido autor e psicanalista vê a inclinação para a agressão como grande impedimento para a civilização,[106] devendo a expressão "agressão" ser tomada aqui em seu sentido mais amplo, compreendendo também a ofensa moral. A imprensa, por sua vez, costuma se aproveitar dessa incivilidade, fomentando as execrações públicas de pessoas investigadas ou processadas, valendo-se daquela necessidade de divertimento com a tragédia alheia, criando-se assim um

---

104 Op. cit., p. 34.

105 S. Freud. *O mal estar na civilização.* Edição Standard Brasileira das obras psicológicas completas de Sygmund Freud. Volume XXI (1927-1931): O futuro de uma ilusão, o mal estar na civilização e outros trabalhos. Rio de Janeiro: Imago, 1969, p. 134 e 145.

106 Ibid., p. 139.

círculo vicioso de desumanização. Este processo conduz a uma certa despersonificação dos investigados e processados, quando são alvos de cobertura jornalística, "considerados como pessoas fictícias, não como seres humanos partícipes de uma triste realidade", como bem observado por Carnelutti.[107]

Ao invés de servir como instrumento da democracia, a imprensa acaba prestando um desserviço ao noticiar informações inverídicas sobre fatos objeto de procedimentos investigatórios ou judiciais, o que é ainda mais grave nos delitos com vítimas efetivas – v.g., roubo, estupro, homicídio, etc. –, nos quais as estruturas familiares de ambas as partes já encontram-se profundamente comprometidas, de modo que o sensacionalismo apenas contribui para um processo de degradação psicológica de todos os envolvidos na tragédia, apesar de render muitos pontos nos índices de audiência e gerar lucro fácil e compensatório.[108]

A imprensa deveria, ao contrário, utilizar o seu poder de informação para esclarecer a população sobre o funcionamento das instituições (Polícias, Ministério Público, Poder Judiciário, entre outras) e as fases de cada procedimento, contribuindo, efetivamente, para o desenvolvimento de uma sociedade mais justa e democrática – na lição de Carnelutti, a persecução penal deveria ser motivo de reflexão, e não de diversão,[109] e como adverte Carvalho, "o que pode ser

---

[107] F. Carnelutti, op. cit., p. 14.

[108] Sobre os irrisórios valores fixados nas ações reparatórias contra veículos de comunicação, vide Capítulo III, itens nº 4 e 5.

[109] Op. cit., p. 12. Eis a lição do autor: "Minhas palavras, até aqui, não têm outra conotação senão a de fazer com que o Processo Penal deixe de ser um motivo de diversão, para se tornar um motivo de reflexão. O velho argumento de que as reflexões, envolvendo o processo, devem reunir somente homens de ciência, e que as pessoas comuns, nesse sentido, em nada podem contribuir, não me convence. É certo que os juristas o estudam, mas também é certo que deveriam estudá-lo mais, porque assim o seu frágil mecanismo, como o dos demais processos, seria aperfeiçoado. O problema do Processo Penal, acredito, é um problema que pode ser resolvido como os da mecânica, com os juristas estudando-o, aperfeiçoando

divertido ou engraçado para os olhos de alguém pode ser cruel ou inconveniente para o outro. Há sempre uma linha tênue que separa risos e lágrimas".[110]

Importante papel neste cenário tem sido exercido pelas chamadas mídias sociais, as quais, num "movimento contra-hegemônico",[111] costumam levar ao conhecimento do público as notícias que foram omitidas ou deturpadas pelos meios de comunicação tradicionais, notadamente através de *blogs*, *sites* e redes sociais,[112] inclusive foram determinantes nas últimas eleições, fazendo com que os meios de comunicação tradicionais perdessem seu reinado, como afirmado alhures.

9 Pré-condenações proferidas por veículos de comunicação e o princípio da presunção de inocência (CF, art. 5º, LVII)

Apesar do exercício da liberdade de imprensa não se sujeitar aos mesmos princípios aplicáveis ao processo, a divulgação de notícias encontra limites tanto nos direitos da personalidade da pessoa

as suas engrenagens, como fazem os engenheiros. Tanto os juristas, como as pessoas comuns, que se interessam cada dia mais pelo Processo Penal, precisam ser conscientizados da necessidade do seu aperfeiçoamento para não o confundirem com um espetáculo qualquer ao qual vão assistir em busca de emoções. Poucos aspectos da vida social têm tanta relevância para a civilidade de um povo quanto este" (p. 12). Mais adiante, conclui que o Processo Penal é "a mais elevada experiência de civilidade para qualquer ser humano" (p. 26).

110 Op. cit., p. 140.

111 P. R. Gajanigo – R. F. Souza. *Manifestações sociais e novas mídias: a construção de uma cultura contra-hegemônica (2014).* Disponível em <<http://www.scielo.br/scielo.php?script=sci_arttext&pid=S0103-49792014000300009&lng=pt&nrm=iso>>. Acesso em 02.06.2016.

112 A análise mais detalhada deste tema foi objeto da adaptação mencionada no início do presente trabalho, sendo ela desenvolvida no último Capítulo da dissertação de Mestrado, e que passará a constituir um artigo autônomo, mais voltado à área de Gestão Social. No entanto, algumas considerações sobre o importante papel das mídias sociais serão apresentadas no item nº 11.

atingida como na presunção de inocência,[113] estabelecida no art. 5º, inciso LVII, da Constituição Federal: "Ninguém será considerado culpado até o trânsito em julgado da sentença penal condenatória".

Referido princípio não proíbe apenas que o nome de uma pessoa investigada ou processada seja previamente inscrito no rol dos culpados; mais do que isso, funciona como mecanismo de proteção de sua dignidade, valor que não é anulado em razão da instauração daqueles procedimentos, muito embora se admita a prisão provisória (temporária ou preventiva), desde que revestida de propósito acautelatório, e não de antecipação de pena –[114] daí o equívoco da recente decisão do Supremo Tribunal Federal, permitindo a execução provisória da pena privativa de liberdade apenas com base no critério temporal (condenação em segunda instância),[115] independentemente da comprovação dos requisitos da prisão preventiva (CPP, art. 312).

De acordo com Foucault, no ano de 1777, em *Vues sur la justice criminelle*, Le Trasne pediu que todos os acusados fossem considerados inocentes até eventual condenação.[116] Ao comentar o princípio da presunção de inocência, estabelecido no art. 27 da Constituição

---

[113] Também chamada de presunção de não-culpabilidade.

[114] D. E. Jesus. *Princípio da Presunção de Inocência.* In: Revista Magister de Direito Penal e Processual Penal, n. 25, ago-set/2008, p. 37. Ainda assim, a segregação antecipada de uma pessoa investigada ou processada – ou até mesmo condenada sem trânsito em julgado – deve ser exceção, e não a regra. No mesmo sentido: C. A. G. Guimarães – Q. J. C. N. Silva. *O princípio da presunção de inocência como pressuposto básico de vigência do Estado Democrático de Direito.* In: P. R. B. Ramos (org.) – E. M. B. Ramos (org.) – A. R. S. Freire (org.). O Direito no século XXI: estudos em homenagem ao ministro Edson Vidigal. Florianópolis: Editora Obra Jurídica, 2008, p. 96-108, p. 98-99.
Sempre que póssivel, deve-se optar pelas medidas cautelares alternativas à prisão, nos termos do art. 282, parágrafos 4º e 6º, do Código de Processo Penal (redação da Lei 12.403/11), que inovou ao adotar o princípio da subsidiariedade da prisão preventiva.

[115] Confira-se, a respeito: STF, Julgamento conjunto das ADCs 43 e 44/DF.

[116] Op. cit., p. 81.

italiana de 1947,[117] Carnelutti reconhece ser ele fruto de uma ilusão idealista das revoluções, afirmando que:

> [...] quando um homem está sob a suspeita da comissão de um delito, já se encontra atirado às feras; *ad bestias*, como era dito antigamente dos condenados que a elas eram atirados como alimento. A fera, a indomável e insaciável fera, é a multidão. O artigo da Constituição que nos traz a ilusão de garantir a incolumidade do acusado é, praticamente, inconciliável com um outro que sanciona a liberdade de imprensa. Tão logo surge o suspeito, o acusado e a sua família são inquiridos, requeridos, examinados e colocados em uma berlinda em sua própria casa, no seu trabalho, diante de todos. Assim se reduz a pó o indivíduo que, recordemos, é o único valor que deve ser protegido pelo direito na civilização.[118]

Quando se ingressa na liberdade de imprensa, obviamente que tal princípio não impede a crítica mais incisiva, dirigida a pessoas que supostamente praticaram crimes ou outra espécie de ato ilícito, não se exigindo o trânsito em julgado da decisão condenatória para legitimá-la, sob pena de configurar-se inaceitável censura, em total descompasso com a Constituição Federal e com o dinamismo que norteia tal atividade.[119] Todavia, o exercício do direito de informar, em tal hipótese, especialmente quando ainda não proferida uma decisão condenatória, deve ser realizado com moderação, sob pena de configurar abuso, justificando tanto o pleito indenizatório como o direito de resposta.

---

[117] Transcreve-se o referido dispositivo da Constituição italiana de 1947 (em vigor desde o dia 1º de janeiro de 1948), o qual também consagra os princípios da personalidade e da humanidade da pena: "La responsabilita' penale e' personale. L'imputato non e' considerato colpevole sino alla condanna definitiva. Le pene non possono consistere in trattamenti contrari al senso di umanita' e devono tendere alla rieducazione del condannato. Non e' ammessa la pena di morte, se non nei casi previsti dalle leggi militari di guerra". Disponível em <<http://www.normattiva.it/uri-res/N2Ls?urn:nir:stato:costituzione>>. Acesso em 13.04.2016.

[118] Op. cit., p. 69-70.

[119] Confira-se o item nº 10, sobre o princípio jornalístico da atualidade da notícia.

Exige-se, portanto, uma certa sensibilidade para que o aplicador da lei saiba distinguir em que casos a veiculação da matéria atenta contra o princípio da presunção de inocência, autorizando a reparação de danos e o direito de resposta, e em quais hipóteses ela corporifica uma crítica aceitável e amparada pelo direito de informar, inviabilizando aqueles pedidos, o que somente poderá ser avaliado no caso concreto.

9.1 Alguns exemplos de pré-condenações proferidas ao longo da História

Seja antes, seja depois da normatização do princípio da presunção de inocência, não faltaram exemplos de pré-condenações proferidas pela imprensa e pela população em geral ao longo da história, destacando-se, entre tantos outros:

a) O julgamento de Sócrates: por pregar a honestidade, a probidade e a temperança, o saudoso filósofo acabou colhendo hostilidades e acusações infundadas, sendo condenado à morte em 399 A.C.;[120]

b) A prisão e crucificação de Jesus Cristo, narrada no Novo Testamento, como consequência de sua pregação fundamentada no amor ensinado por Deus (a "boa nova"), interpretada como blasfêmia pelos líderes judaicos (Mt 26-27; Mc 14-15; Jo 18-19);[121] e

c) A condenação do oficial judeu Affaire Dreyfus (França, 1894), por alta traição, baseada em documentos falsos, sendo posteriormente absolvido e reabilitado, no mês de julho

---

[120] U. Padovani – L. Castagnola. *História da Filosofia*. 25ª ed. São Paulo: Melhoramentos, 2000, p. 111.

[121] *A Bíblia Sagrada – Harpa Sagrada*. Barueri, SP: Sociedade Bíblica do Brasil, Rio de Janeiro: Casa Publicadora das Assembléias de Deus, 2009.

de 1906, após cumprir pena de prisão perpétua na Ilha do Diabo, na Costa da Guiana Francesa.[122]

No Brasil, podem ser citados alguns casos emblemáticos de pessoas investigadas ou processadas que foram sumariamente rotuladas por grande parte da imprensa – para não se dizer por toda a imprensa – como culpadas, com ampla aceitação dessa informação massificada e repetitiva pela maioria da população. Foi assim com os casos "Irmãos Naves", "Bar Bodega" e "Escola Base", sobre os quais se passa a discorrer, brevemente.

O "caso dos Irmãos Naves" ocorreu na cidade de Araguari, em Minas Gerais (1937), logo após a implantação do "Estado Novo" ditatorial de Getúlio Vargas, quando os irmãos Joaquim Rosa Naves e Sebastião José Naves foram presos e acusados de crime de latrocínio praticado no dia 29 de novembro, contra Benedito Pereira Caetano, que havia desaparecido há cerca de dois meses, ocasião em que trazia consigo cerca de 90 contos de réis,[123] sendo que ambos foram apontados como autores pela população e pelo tenente responsável pela investigação ("Chico Vieira"),[124] a quem coube torturá-los para que confessassem o delito.[125]

Apesar das provas no sentido de que as confissões foram obtidas após dias de intensas torturas, os irmãos Naves, mesmo depois de absolvidos duas vezes pelo Tribunal do Júri, tiveram seus

---

[122] Disponível em <<https://pt.wikipedia.org/wiki/Caso_Dreyfus>>. Acesso em 24.05.2016.

[123] Aproximadamente R$ 270.000,00, nos dias atuais, segundo o *site wikipedia*. Disponivel em <<https://pt.wikipedia.org/wiki/Irmãos_Naves>>. Acesso em 24.05.2016.

[124] Uma das determinações provenientes do "Estado Novo", de Getúlio Vargas, foi substituir os delegados de polícia por militares, cabendo assim aos oficiais presidir as investigações relacionadas a crimes comuns.

[125] Conforme o longa denominado "O caso dos Irmãos Naves" (1967), de Luís Sérgio Person. Disponível em <<https://www.youtube.com/watch?v=aMrZu0P9ikc>>. Acesso em 24.05.2016.

julgamentos anulados por questões probatórias, sendo condenados pelo Tribunal de Justiça de Minas Gerais a uma pena de 25 anos e 6 meses de reclusão,[126] tudo isso sem o corpo da vítima ter sido localizado.[127]

Em 1949, a pena foi reduzida para 16 anos, em sede de revisão criminal, concedendo-se aos condenados o livramento condicional após 8 anos e 3 meses de cumprimento de pena, mas Joaquim, já enfermo por conta das sucessivas torturas, acabou falecendo no ano de 1948, num asilo.

Anos depois, em 1952, a "vítima" Benedito reapareceu na fazenda de seu pai, em Nova Ponte. Os irmãos Naves foram formalmente inocentados em 1953 e Sebastião morreu em 1964, após receber indenização do Estado por conta do erro judiciário.

Já o "caso do Bar Bodega" verificou-se na capital paulista, em 1996, quando um grupo de nove jovens foi preso e acusado pela prática de dois latrocínios e diversos roubos no mencionado estabelecimento, localizado em bairro nobre (Moema). A imprensa, quase de

[126] Situação não admitida pela Constituição Federal de 1988, que consagra o princípio da soberania dos veredictos (art. 5º, XXXVIII, "c"), o qual somente pode ser excepcionado na hipótese de revisão criminal em favor do acusado (CPP, art. 621, I a III), ou seja, não se admite a anulação de mais de um julgamento pelo Tribunal do Júri por questões probatórias (CPP, art. 593, § 3º).

[127] Apesar do Código de Processo Penal adotar o princípio do livre convencimento motivado para a apreciação das provas, sem estabelecer uma hierarquia entre os diversos meios de prova previstos na legislação – ao contrário do que se observa no sistema da prova legal ou tarifada –, é de todo recomendável que os crimes que deixam vestígios, chamados de não-transeuntes, tenham sua materialidade devidamente comprovada por provas diretas – no caso do latrocínio, através do exame de corpo de delito (laudo necroscópico) – e não por outras provas, como a testemunhal, exatamente para se evitarem situações esdrúxulas e de manifesta injustiça, como a do "caso dos Irmãos Naves". Confira-se, a respeito do tema: V. F. Kümpel – T. F. Schoedl – B. A. Borgarelli. *O caso Eliza Samúdio e a revogação de certidão de óbito: uma abordagem interdisciplinar – Parte I*. Disponível em <<http://www.migalhas.com.br/Registralhas/98,MI247511,31047-O+caso+Eliza+Samudio+e+a+revogacao+de+certidao+de+obito+Uma+abordagem>>. Acesso em 18.04.2017.

forma unânime - mesmo porque um dos proprietários do bar era um famoso "ator global" -, logo cuidou de rotular os investigados como a escória do mundo, de modo que a sociedade "exigia" que se encontrassem os culpados.[128]

Importante destacar a atuação do promotor de justiça Eduardo Araújo da Silva, o qual promoveu uma investigação paralela à da Polícia Civil, com apoio do serviço reservado da Polícia Militar, apurando-se que as confissões dos acusados haviam sido obtidas mediante tortura, razão pela qual foi requerida a liberdade, providência deferida pelo juiz de direito Francisco Galvão Bruno.

Por fim, o "caso da Escola Base" também ocorreu na cidade de São Paulo, em 1994, quando os diretores da referida instituição de ensino, incluindo um casal, foram investigados e presos preventivamente pela prática de atos libidinosos contra os respectivos alunos (supostas orgias), com base nas declarações de duas crianças de quatro anos que ali estudavam. Provou-se, posteriormente, que a notícia, amplamente divulgada e explorada por diversos veículos de comunicação, não correspondia à realidade, conforme entrevistas realizadas por assistentes sociais e psicólogas com as supostas vítimas.[129]

Mesmo com a investigação sendo arquivada, os diretores da escola tiveram suas vidas destruídas - a imprensa chegou a rotular a mencionada instituição de ensino como "a escolinha do sexo" -, os quais, inclusive, deixaram de exercer a função de educadores, graças à fúria da grande maioria da imprensa, que apressadamente cuidou de tachá-los como pedófilos.

---

128 J. P. Lanyi. *Armazém Literário - Bar Bodega: história de uma cobertura criminosa.* Disponível em http://observatoriodaimprensa.com.br/armazem literario/historia_de_uma_cobertura_criminosa/. Acesso em 24.05.2016.

129 Informações extraídas do REsp nº 1215294/SP, interposto junto ao Superior Tribunal de Justiça, de relatoria do Ministro Ricardo Villas Bôas Cueva, da Terceira Turma, julgado no dia 17 de dezembro de 2013. Disponível em <<https://ww2.stj.jus.br/processo/pesquisa/?tipoPesquisa=tipoPesquisaNumeroRegistro&termo=201001775170&totalRegistrosPorPagina=40&aplicacao=processos.ea>>. Acesso em 24.05.2016.

Após este trágico evento, segundo Janio de Freitas, colunista do Jornal Folha de São Paulo, disseminou-se nas redações a chamada "onda de lição da Escola Base", tendo como premissas "não mais encampar acusações morais sem a segurança necessária, comprovar a seriedade do informante e a qualidade da informação",[130] ensinamentos que, infelizmente, parecem ter caído no esquecimento.[131]

A problemática relacionada aos valores fixados em ações reparatórias promovidas pelas vítimas de ofensas proferidas por veículos de comunicação será examinada em momento oportuno,[132] mas, por ora, é necessário frisar que, mesmo absolvidas, tais pessoas ainda ostentam o rótulo moral de condenadas perante a sociedade, na medida em que esta, majoritariamente, é influenciada pela informação deturpada, massificada e repetitiva.

É possível assim afirmar que o princípio da presunção de inocência, fora dos domínios de uma investigação ou processo, acaba sendo revestido de uma considerável carga de utopia, mesmo porque mitigado pelo princípio da atualidade da notícia, examinado no próximo item.

Evidentemente que os crimes, por natureza, geram intensa repercussão social, sendo esperado que os meios de comunicação dediquem parte de seu tempo ou espaço para cobrir os fatos relacionados a investigações e processos, a chamada crônica policial. Godoy, amparado nas lições de Dotti, ressalta o "caráter publicista" do processo penal,[133] expressão tomada aqui em sentido amplo para abranger todos os procedimentos relacionados à persecução penal (inquéritos, procedimentos investigatórios criminais e processos ju-

---

130 *A lição da escola*. Jornal Folha de São Paulo, 10.04.2016, Poder, p. A11.

131 Voltar-se-á ao exame do "caso da Escola Base" no Capítulo III, item nº 5.1, que trata da indevida intromissão do STJ e do STF nas ações indenizatórias.

132 Confira-se, a respeito, o Capítulo III, itens nº 4 e 5.

133 Op. cit., p. 81-82.

diciais); contudo, o direito constitucional de informar não é ilimitado, devendo respeitar os direitos da personalidade do indivíduo, os quais, como já afirmado, não são simplesmente anulados em razão da episódica condição de investigado ou processado.

Por tal motivo é que o Superior Tribunal de Justiça, em processo relacionado à "Chacina da Candelária", reconheceu o chamado "direito ao esquecimento" ao condenado que já cumpriu integralmente a sua pena, ou ao réu que foi absolvido, buscando assim facilitar a reintegração social dessas pessoas.[134] Destacam-se os seguintes trechos da ementa do acórdão:

> 11. É evidente o legítimo interesse público em que seja dada publicidade da resposta estatal ao fenômeno criminal. Não obstante, é imperioso também ressaltar que o interesse público – além de ser conceito de significação fluida – não coincide com o interesse do público, que é guiado, no mais das vezes, por sentimento de execração pública, praceamento da pessoa humana, condenação sumária e vingança continuada.
> [...]
> 15. Ao crime, por si só, subjaz um natural interesse público, caso contrário nem seria crime, e eventuais violações de direito resolver-se-iam nos domínios da responsabilidade civil. E esse interesse público, que é, em alguma medida, satisfeito pela publicidade do processo penal, finca raízes essencialmente na fiscalização social da resposta estatal que será dada ao fato. Se é assim, o interesse público que orbita o fenômeno criminal tende a desaparecer na medida em que também se esgota a resposta penal conferida ao fato criminoso, a qual, certamente, encontra seu último suspiro, com a extinção da pena ou com a absolvição, ambas consumadas irreversivelmente. E é nesse interregno temporal que se perfaz também a vida útil da informação criminal, ou seja, enquanto durar a causa que a legitimava. Após essa vida útil da informação seu uso só pode ambicionar, ou um interesse histórico, ou uma pretensão subalterna, estigmatizante, tendente a perpetuar no tempo as misérias humanas.

[134] REsp 1334097/RJ, Rel. Min. Luis Felipe Salomão, Quarta Turma, j. 28.05.2013.

16. Com efeito, o reconhecimento do direito ao esquecimento dos condenados que cumpriram integralmente a pena e, sobretudo, dos que foram absolvidos em processo criminal, além de sinalizar uma evolução cultural da sociedade, confere concretude a um ordenamento jurídico que, entre a memória – que é a conexão do presente com o passado – e a esperança – que é o vínculo do futuro com o presente –, fez clara opção pela segunda. E é por essa ótica que o direito ao esquecimento revela sua maior nobreza, pois afirma-se, na verdade, como um **direito à esperança,** em absoluta sintonia com a presunção legal e constitucional de regenerabilidade da pessoa humana.

Importante consignar que o reconhecimento do direito ao esquecimento não exige que a notícia sobre fatos pretéritos seja injuriosa ou apresente informações distorcidas, conferindo-se a tutela judicial ainda que a reportagem seja imparcial e não contenha nenhuma informação falsa sobre os fatos, pois o seu pressuposto é a inoportunidade de abordar temas do passado, visando tão somente denegrir a reputação da pessoa que encontra-se em processo de reintegração social. Como observa Rosenvald,

> [...] o tão badalado "direito ao esquecimento" surgiu na discussão sobre a possibilidade de impedir a divulgação de informações que, apesar de verídicas, não sejam contemporâneas e causem a pessoa transtornos das mais diversas ordens. É o direito de não ser lembrado eternamente pelo equívoco pretérito ou por situações constrangedoras ou vexatórias, ao ponto de a pessoa desejar que o evento seja esquecido ou que, ao menos, o assunto não seja reavivado por qualquer membro da sociedade. No momento, o principal desafio é o de encontrarmos parâmetros objetivos de adequação entre a tutela da intimidade e a liberdade de informação. Afinal, o direito ao esquecimento não atribui a ninguém o direito potestativo de apagar fatos ou de reescrever a história (ainda que seja a própria história). O que ele contempla é a possibilidade de se discutir os limites da utilização concedida aos fatos pretéritos, notadamente, o modo e a finalidade com que

> são lembrados. É uma garantia contra o que a doutrina tem chamado de "superinformacionismo".[135]

O mesmo autor cita importante normativa que regula o direito a ser esquecido (*right do be forgotten*): o Regulamento 2016/679, da União Europeia, publicado no dia 4 de maio de 2016, relacionado à proteção das pessoas quanto aos seus dados pessoais. Também aqui, há um evidente conflito entre a liberdade de imprensa e os direitos da personalidade, cabendo ao aplicador da lei ponderar, diante das circunstâncias do caso concreto, qual interesse deverá prevalecer, sem que o outro seja anulado.[136]

10 Diferença entre a verdade dos juristas e a dos jornalistas: o princípio da atualidade da notícia (SANKIEVICZ, 2011)

Obviamente que o dinamismo das informações é incompatível com uma investigação profunda e minuciosa acerca de todos os fatos que chegam ao conhecimento dos jornalistas e demais profissionais que exercem atividades de comunicação social. Não se pode exigir destes profissionais as mesmas cautelas impostas aos responsáveis pela persecução penal (policiais, delegados, promotores, procuradores e juízes), mesmo porque eles não dispõem dos mesmos mecanismos de investigação, razão pela qual existe uma sensível diferença entre a verdade dos juristas e a dos jornalistas, esta última fundamentada no princípio da atualidade da notícia, referido por Sankievicz:

---

135 N. Rosenvald. *Do direito ao esquecimento ao direito a ser esquecido.* Disponível em <<http://www.cartaforense.com.br/conteudo/artigos/do-direito-ao-esquecimento-ao-direito-a-ser-esquecido/17397>>. Acesso em 19.05.2017.

136 Sobre a teoria da ponderação, confira-se o Capítulo II, item nº 3.5.1.

> Juristas e jornalistas são profissionais treinados para buscar a verdade, mas eles fazem isso de maneira bastante distinta. Juizes e advogados estão acostumados a procurar a verdade nas salas dos tribunais, onde provas que não obedecem ao devido processo legal devem ser descartadas e a apuração da verdade pode levar anos para ser obtida. Para jornalistas, ao invés, o princípio da atualidade da notícia é da maior importância e mesmo a divulgação de informações que seriam descartadas em juízo pode ser fundamental para a garantia de um público bem informado. Uma das maiores razões para a constituição da liberdade de imprensa, aliás, é justamente a possibilidade de produção de informações atuais sobre o governo e o mundo.[137]

Na mesma esteira, Godoy, embora sem se referir ao princípio da atualidade da notícia, ressalta que

> o jornalista, no desempenho da atividade de imprensa, deve ser reto e veraz, cuidando para que a divulgação, cuja iniciativa lhe será afeta, seja de fatos de procedência apurada, tudo de modo a garantir a preservação do caráter institucional de que se reveste seu mister.
> É o dever de verdade inerente ao exercício da liberdade de imprensa. Ele, todavia, também consoante já frisado, não pode e não deve ser levado a extremos, por exemplo, para se exigir do jornalista o mesmo grau de investigação que é próprio da autoridade policial ou judicial. Faltam-lhe meios para tanto.[138]

Mas o princípio da atualidade da notícia muitas vezes acaba sendo desvirtuado, servindo tão somente para justificar a corrida desmedida e irresponsável pelo "furo jornalístico", o que se mostra ainda mais nocivo no dinâmico e globalizado mundo contemporâneo,

---

[137] A. Sankievicz. *Concretização do Direito Fundamental à Resposta: quando é devido o direito de resposta?* In: Revista de Direito Público (DPU). Ano VIII, n. 38, Mar-abr, 2011, p. 38.

[138] Op. cit., p. 84.

produzindo assim outro importante fenômeno, porém reprovável, que pode ser chamado de *efeito cascata da notícia inverídica*.

Em artigo publicado na coluna *Ombudsman*, do Jornal Folha de São Paulo, Vera Guimarães Martins trouxe notícia veiculada no Jornal Nacional do dia 5 de setembro de 2015, dando conta da instauração de inquérito no Supremo Tribunal Federal pelo falecido ministro Teori Zavascki, contra os então ministros Edinho Silva e Aloizio Mercadante, e o senador Aloysio Nunes Ferreira.[139]

Após o "furo global", a notícia foi repetida pelo Jornal O Estado de São Paulo (06.09.2015) e pela própria Folha de São Paulo (07.09.2015), além do Jornal O Globo. Somente no dia 8 foi apurada a falsidade parcial da notícia, pois o referido procedimento investigatório somente havia sido deflagrado contra o ministro petista Edinho Silva, sendo que os fatos relacionados às demais autoridades haviam sido distribuídos ao ministro Celso de Mello, por falta de conexão com a Operação Lava Jato, sem instauração de inquérito. Sobre o assunto, a articulista ressaltou que

> [...] um erro coletivo como esse só evidencia como os controles de apuração são frágeis. É fácil entender a replicação de conteúdo errado em redes sociais, onde bastam o descompromisso e um clique para passar a história à frente. Nos veículos noticiosos, o primeiro mandamento é tentar confirmar a informação com mais de uma fonte antes de publicá-la. Se isso não for possível, a notícia será reproduzida e atribuída a quem a divulgou. O lado bizarro desse caso é que todos os veículos fizeram confirmações próprias – e todas estavam erradas.[140]

---

139 *Coluna Ombudsman: bem-vindo ao festival de barrigadas.* Jornal Folha de São Paulo, 13.09.2015, Poder, p. A8.

140 Faz-se mister ressaltar que se a propalação ou divulgação disser respeito à falsa imputação de crime, o agente deverá responder pelo crime do art. 138, parágrafo 1º, do Código Penal, desde que atue com dolo direto, ou seja, quando sabe que a notícia é falsa. Transcreve-se o artigo citado:
"Art. 138. Caluniar alguém, imputando-lhe falsamente fato definido como crime:
Pena – detenção de 6 (seis) meses a 2 (dois) anos, e multa.

Portanto, essa diferenciação entre a verdade dos juristas e a dos jornalistas, fundamentada no princípio da atualidade da notícia, não constitui um "abre-te-sésamo" para a formulação de juízos precipitados de condenação contra pessoas que ainda não foram julgadas pelos órgãos competentes – seja na esfera administrativa, seja na judicial –, podendo a notícia muitas vezes configurar um ato ilícito ou distorção que autorize a reparação de danos e o direito de resposta.

Percebe-se que os responsáveis pela veiculação de notícias inverídicas muitas vezes procuram abrigo no princípio da atualidade da notícia, produzindo situações de manifesta injustiça contra pessoas investigadas ou processadas, olvidando-se da célebre e sempre atual lição de Aristóteles, precursor da teoria da Justiça ética: "O homem deve se tornar justo através de atos justos e não se refugiando na teoria".[141]

Em suma, o princípio da atualidade da notícia não pode se sobrepor ao da presunção de inocência, ao dever da verdade que integra a liberdade de imprensa[142] e aos direitos da personalidade, cabendo ao aplicador da lei agir com a sensibilidade necessária para examinar se a matéria jornalística, objeto de reclamação por uma suposta vítima, apenas busca refúgio naquele princípio para violar os direitos da pessoa que é alvo da matéria.

11 A delicada relação entre a imprensa e os poderes econômicos

A desmistificação da ideia de imprensa como "quarto poder" repousa na forma pela qual os diversos veículos de comunicação

---

§ 1º. Na mesma pena incorre quem, sabendo falsa a imputação, a propala ou divulga".

141 Aristóteles. *Ética a Nicômaco*. Coleção Os Pensadores IV. Rio de Janeiro: Abril Cultural, 1973, p. 270-271.

142 C. L. B. Godoy, op. cit., p. 84. A respeito do "direito difuso à informação verdadeira", referido por Carvalho (op. cit.), confira-se o Capítulo III, item nº 2.

captam recursos para o desempenho de suas atividades. Se um jornal, emissora de TV, de rádio, ou até mesmo um *blog* ou *site*, depende do capital investido por seus patrocinadores, os quais anunciam seus produtos e serviços nos espaços ou tempos destinados à publicidade, obviamente que tais veículos muitas vezes não podem agir de acordo com o princípio da impessoalidade, que norteia, ao menos em tese, a atuação dos três Poderes da República (CF, art. 37, *caput*).[143]

Como oberva Carvalho, a imprensa, a partir do século XVIII, passou a ser também uma potência econômica, uma "empresa lucrativa e livre de freios", fundada também no individualismo, embora tenha passado por uma certa releitura com o desenvolvimento do Estado Social de Direito, com uma função social mais bem marcada.[144] Esta "socialização da imprensa" é que, segundo o mesmo autor, "vai importar em que o jornal publique o fato como fato e a opinião como opinião, preservando sempre a verdade, direito difuso da sociedade".[145]

Não obstante, existe ainda uma clara vinculação entre os veículos de comunicação e seus patrocinadores, tornando o exercício do direito de informar uma atividade altamente lucrativa e muitas vezes comprometedora da veracidade da notícia, fenômeno denominado por Lima de "mercantilização da mídia".[146]

Tal vinculação, como adverte Carvalho, compromete o próprio princípio do não-monopólio da informação, acima examinado,[147] na

---

143 O art. 37, *caput*, da Constituição Federal assim dispõe: "A administração pública direta e indireta de qualquer dos Poderes da União, dos Estados, do Distrito Federal e dos Municípios obedecerá aos princípios de legalidade, impessoalidade, moralidade, publicidade e eficiência" [...].

144 Op. cit., p. 4-6.

145 Ibid., p. 6. Assim já advertia João Mellão Neto: "Informação é informação; opinião é opinião. Misturar as duas coisas é antiprofissional. Distorcer a primeira para valorizar a segunda, então, é imoral" (Jornal O Estado de São Paulo, 22.04.2011, p. A2).

146 Op. cit., p. 58.

147 Vide item nº 2.3.

medida em que esta poderá ser "filtrada, selecionada, ou até mesmo distorcida para atender a interesses de classes, grupos ou segmentos sociais".[148] A violação do princípio do não-monopólio fica ainda mais evidente quando se consideram as fusões entre grandes organizações de comunicação e também entre estas e seus próprios patrocinadores. Segundo Lima,

> [...] hoje a comunicação está concentrada nas mãos de poucos grupos empresariais e transnacionais, megagrupos midiáticos que priorizam estratégias mercadológicas e que, como qualquer empresa capitalista, visam ao lucro; além disso, controlam a produção e a difusão das informações e do entretenimento. No Brasil não é diferente: as empresas de comunicação e/ou entretenimento estão nas mãos de poucos grupos familiares, que monopolizam a informação no país. É a mercantilização da mídia.[149]

Exemplo claro desta relação entre imprensa e poderes econômicos pode ser observado nos anúncios de incorporadoras imobiliárias nos grandes jornais e revistas impressas, que geralmente ocupam uma página inteira. No Jornal O Estado de São Paulo, por exemplo, tais anúncios custam entre R$ 73.620,00 e R$249.444,00, podendo chegar a R$ 498.888,00 quando ocupam uma página inteira.[150] Apesar da estagnação dos preços dos imóveis e até mesmo uma sensível queda ser um processo que se desenvolve desde 2014, obviamente que o referido veículo de comunicação omite tais dados, justamente para não desagradar aos seus patrocinadores, o que, evidentemente, compromete a qualidade da informação.

---

[148] Op. cit., p. 92.

[149] Op. cit., p. 58.

[150] Disponível em <<http://publicidade.estadao.com.br/wp-content/uploads/sites/2/2016/03/Estadão-Tabela-de-Preços-2016.pdf. Acesso em 13.04.2016>>. Sobre a desproporção entre estes valores e aqueles fixados em ações de reparação de danos, vide Capítulo III, itens nº 4 e 5.

Milton Santos, ao tratar dessa peculiar relação entre a imprensa e os poderes econômicos, assim leciona:

> [...] tirania do dinheiro e tirania da informação são os pilares da produção da história atual do capitalismo globalizado [...] A associação entre a tirania do dinheiro e a tirania da informação conduz, desse modo, à aceleração dos processos hegemônicos, legitimados pelo 'pensamento único', enquanto os demais processos acabam por ser deglutidos ou se adaptam passiva ou ativamente, tornando-se hegemonizados.[151]

Mais adiante, o mesmo autor, referindo-se à violência da informação, sabiamente constata: "O que é transmitido à maioria da humanidade é, de fato, uma informação manipulada que, em lugar de esclarecer, confunde",[152] fenômeno que tem sido decisivo para construir uma sociedade em que as pessoas são cada vez mais conformadas com o atual estado de coisas.

Já no documentário "Encontro com Milton Santos: o mundo global do lado de cá", de Silvio Tendler,[153] Milton Santos ingressa na problemática da distribuição de bens de consumo, tratando da fome, da inacessibilidade à água (KIOTO, 2003) e dos chamados "muros

---

151 M. Santos. *Por uma outra globalização: do pensamento único à consciência universal.* 24ª ed. Rio de Janeiro, São Paulo: Editora Record, 2015, p. 35. Referindo-se à reconfiguração do próprio Estado no início do século XXI, por força da globalização, Balthazar já alertava que ele vinha "sofrendo um processo complexo e paradoxal de esvaziamento e fortalecimento. É um duplo paradoxo: o processo global, que deveria esvaziar o Estado, tem fortalecido o sentido de Nação e, via de conseqüência, acaba por reforçar a estrutura estatal. Por outro lado, este mesmo Estado sofre a pressão do mercado, representado pelos grandes grupos econômicos, para retirar-se de cena, transformando o espaço público em um espaço empresarial" (U. C. Balthazar. *O Estado Mínimo no contexto da Globalização: a fragmentação dos direitos do cidadão contribuinte.* In: Revista da Faculdade de Direito de Campos. Ano 2, nº 2 e ano 3, nº 3, 2001-2002, p. 299).

152 Op. cit., p. 39.

153 S. Tendler. *Documentário "Encontro com Milton Santos: o mundo global do lado de cá".* Disponível em <<https://www.youtube.com/watch?v=-UUB5DW_mnM>>. Acesso em 08.07.2015.

capitalistas", que proíbem ou proibiram apenas a circulação livre de indivíduos, mas não de mercadorias (Berlim, México, etc.), excluindo aqueles do "banquete da globalização".

Segundo o autor, não se debate mais a civilização em si mesma, mas tão somente os aspectos econômicos, sendo que a imprensa também não cumpre o seu papel, mesmo porque está vinculada a grandes empresas e interesses econômicos, daí por que as notícias são sempre repetitivas,[154] com o reprovável objetivo de manter o telespectador ou leitor em estado mórbido, sem estímulo para promover iniciativas que contribuam para o desenvolvimento social.

Neste mesmo sentido, após reconhecer a influência dos poderes econômicos que estão por trás dos veículos de comunicação, Suiama faz as seguintes indagações:

> Quem, no mundo contemporâneo, possui verdadeiramente a liberdade de exprimir suas ideias e convicções? Acaso aqueles que não compartilham do pensamento único veiculado *ad nauseam* pelos veículos de comunicação de massa têm, realmente, o direito de expor suas teses? Qual o espaço reservado pelos canais de TV às organizações não-governamentais, aos intelectuais e às mais diferentes formas de expressão da cultura popular?
>
> Trata-se aqui, mais uma vez, de reconhecer o óbvio: apenas os grandes grupos econômicos beneficiados com as concessões (públicas, nunca é demais lembrar) de rádio e televisão podem influir no processo de formação das ideias e costumes sociais. As demais organizações sociais estão excluídas deste processo.[155]

Como consequência, constata-se uma imprensa que, mediante a massificação da informação deturpada, enxerga o telespectador ou

---

[154] Ibid.

[155] S. G. Suiama. *A voz do povo e o dono da voz: o direito de resposta coletiva nos meios de comunicação social.* In: Boletim Científico da Escola Superior do Ministério Público da União. Brasília: ESMPU, v. 11, n. 37. Ed. esp, 2011, p. 110-111.

leitor como mero consumidor, e não como cidadão,[156] não possuindo nenhum interesse, salvo algumas exceções, em enriquecer culturalmente as pessoas e proporcionar-lhes uma visão crítica de mundo (*mídia como máquina de alienação social*).

A divulgação de notícias no mundo contemporâneo, ditada pelos grandes veículos de comunicação, embora dinâmica, é exaustivamente repetitiva, justamente para evitar a formação de cidadãos críticos, visando assim subverter o público, tratando-se de uma das características da "globalização como fábula", referida por Milton Santos, o qual traz exatamente o exemplo da "aldeia global [sem nenhum trocadilho] para fazer crer que a difusão instantânea de notícias realmente informa as pessoas",[157] mesmo porque "informação" e "conhecimento" são termos que não se confundem.

A grande imprensa, pode-se concluir, vale-se da chamada "psicologia de grupo", referida por Freud, o qual parte da premissa de que não é possível haver uma dicotomia entre psicologia individual e social, já que todas as relações que o indivíduo estabelece (familiar, profissional, etc.) são classificadas como fenômenos sociais.[158] Segundo o autor,

> [...] um grupo é extremamente crédulo e aberto à influência; não possui faculdade crítica e o improvável não existe para ele. Pensa por imagens, que se chamam umas às outras por

---

[156] Neste mesmo sentido a lição de Milton Santos: "Consumismo e competitividade levam ao emagrecimento moral e intelectual da pessoa, à redução da personalidade e da visão do mundo, convidando, também, a esquecer a oposição fundamental entre a figura do consumidor e a figura do cidadão. É certo que no Brasil tal oposição é menos sentida, porque em nosso país jamais houve a figura do cidadão" (2015, p. 49).

[157] Op. cit., p. 18.

[158] *Psicologia de grupo e a análise do ego.* Edição Standard Brasileira das obras psicológicas completas de Sygmund Freud. Volume XVIII (1920-1922): Além do princípio de prazer, psicologia de grupo e outros trabalhos. Rio de Janeiro: Imago, 1969, p. 91-92.

> associação (tal como surgem nos indivíduos em estado de imaginação livre), e cuja concordância com a realidade jamais é conferida por qualquer órgão razoável. Os sentimentos de um grupo são sempre muito simples e muito exagerados, de maneira que não conhece a dúvida nem a incerteza. Ele vai diretamente a extremos; se uma suspeita é expressa, ela instantaneamente se modifica numa certeza incontrovertível; um traço de antipatia se transforma em ódio furioso. Inclinado como é a todos os extremos, um grupo só pode ser excitado por um estímulo excessivo. Quem quer que deseje produzir efeito sobre, não necessita de nenhuma ordem lógica em seus argumentos; deve pintar nas cores mais fortes, deve exagerar e repetir a mesma coisa diversas vezes.[159]

Massificação da informação, elevado aporte de capital, satisfação da necessidade do ser humano pela desgraça alheia e uma tutela jurisdicional ineficaz: eis os componentes de um coquetel altamente nocivo aos direitos da personalidade; como já alertava Bobbio, "a luta pelos direitos teve como primeiro adversário o poder religioso; depois, o poder político; e, por fim, o poder econômico".[160]

A influência do poder econômico na imprensa tradicional, com a consequente deformação da notícia, tende a diminuir com as mídias sociais, as quais cumprem uma importante função de democratizar a informação, criando espaços de notícias e discussões que não atendem apenas aos interesses de poderosos agentes econômicos, divulgando as notícias normalmente acobertadas pela grande imprensa, especialmente na área política.

As mídias sociais já conquistaram, inclusive, o poder de interferir nas pautas jornalísticas dos próprios meios de comunicação tradicionais – chegando até mesmo a serem determinantes no resultado

---

[159] Ibid., p. 101-102.

[160] Op. cit., 2004, p. 209.

das últimas eleições presidenciais –,[161] o que certamente representa uma grande conquista. Neste sentido a lição de Lima, ao tratar da grande influência dos *blogs* na comunicação social e do movimento de migração dos jornalistas para as novas mídias, na busca de maior liberdade de expressão:

> [...] embora tenhamos os principais meios de comunicação dominados por grupos hegemônicos na área de mídias, é possível romper barreiras e exercer um jornalismo comprometido com a notícia com valor social, de interesse público, produzida com o compromisso de um Brasil mais democrático e igualitário.[162]

Em razão dessa divisão, observa-se-se um interessante fenômeno no tocante às denominadas "*fake news*" – que nada mais significam do que "notícias falsas" –, pois,

> atualmente vêm sendo travados intensos debates entre os meios de comunicação tradicionais (imprensa escrita, falada e televisiva) e as mídias sociais – estas representando o chamado "movimento contra-hegemônico" (GAJANIGO; SOUZA, 2014) –, ambos intitulando-se guardiões da verdade jornalística.[163]

O mais curioso é acompanhar os meios de comunicação tradicionais, com desmedida hipocrisia, advertirem o leitor ou ouvinte sobre os cuidados com as *fake news* provenientes das mídias sociais, como se eles mesmos não fomentassem tal prática espúria.

---

161 Aliás, há pouco tempo seria impensável, ou até mesmo um suicídio político, um candidato à presidência da República não participar de um debate na televisão, focando sua campanha somente nas redes sociais.

162 Op. cit., p. 19.

163 T. F. Schoedl. *O problema do prazo para o exercício do direito de resposta judicial*. Disponível em <<http://www.cartaforense.com.br/conteudo/artigos/o-problema-do-prazo-para-o-exercicio-do-direito-de-resposta-judicial/18106>>. Acesso em 3.01.2019.

Restringindo-se aos meios tradicionais, não seria exagero afirmar que a vedação constitucional da censura acabou produzindo uma outra espécie de censura, ou seja, aquela orquestrada pelos próprios veículos de comunicação, que selecionam apenas os fatos que lhe interessam e a forma como serão noticiados, agindo de acordo com seus próprios interesses e os de seus patrocinadores. Mais do que isso, os Estados, ditos "Democráticos de Direito", acabaram fomentando esta nova forma de censura, comprometendo a própria democracia, que já encontra-se desgastada em diversos países, entre eles o Brasil. Sobre este desvirtuamento do sistema democrático, Elói Alves assim discorre:

> Há ainda, nesse contexto, a censura velada imposta por governos que se vestem como democráticos, os quais usam o seu enorme poder econômico para impor um silêncio sutil aos seus críticos através do financiamento estatal. No Brasil muitos artistas que se tornaram expoentes da crítica ao regime militar, tornaram-se cidadãos mudos a troco de financiamento governamental para seus projetos ou mesmo se tornaram bonecos da propaganda oficial, deixando claro que, mais que sua biografia ou uma postura crítica, importavam-lhes agora apenas o dinheiro que recebiam em troca da bajulação ou do silêncio. Além destes, boa parte dos que possuem os instrumentos de comunicação foram cooptados e curvaram-se ante Mamon, o deus do dinheiro, o governo arrecadador e usurpador de impostos, cuja fortuna forma-se sempre do suor e do sangue de um povo fraco e iludido.[164]

Este processo cultural mencionado pelo autor revela uma verdadeira venda de ideologia, produzindo um efeito extremamente nocivo à sociedade, pois a imprensa, que deveria ser um instrumento da democracia e uma aliada da população, acaba laborando em

164 Op. cit., p. 25-26.

sentido contrário, num "processo de conformação da opinião", ao qual se refere Milton Santos.[165]

Interessante é que o próprio Foucault, ao discorrer sobre a evolução do processo penal e o suposto refinamento da cobertura dos crimes no final do século XVIII e início do século XIX, afirmando que os jornais trariam "à luz nas colunas dos crimes e ocorrências diárias a mornidão sem epopeia dos delitos e punições",[166] talvez não imaginasse como seria o desenvolvimento da relação entre a imprensa e os poderes econômicos, pois estes passaram a dar sustentabilidade econômica à execração pública de pessoas investigadas ou processadas, num constante movimento de espetacularização da persecução penal.

Já as mídias sociais, em princípio, caminham no sentido contrário, ou seja, no de trazer à tona as informações que foram omitidas ou deturpadas pelos veículos de comunicação tradicionais, conferindo, ainda que indiretamente, maior proteção aos direitos da personalidade.

12 O JORNALISMO INVESTIGATIVO E SUA CONVIVÊNCIA COM OS ÓRGÃOS DE PERSECUÇÃO PENAL

Embora a Constituição Federal assegure à Polícia Civil, Polícia Federal e ao Ministério Público a função de investigar,[167] e à Polícia Militar a tarefa de investigar os crimes militares (CF, arts. 129, III, VI e VIII, 144, §§ 1º e 4º), não se exclui a possibilidade de investigação

---

165 Op. cit., p. 60.

166 Op. cit., p. 61.

167 No sentido da legitimidade do poder investigatório do Ministério Público, confira-se: T. F. SCHOEDL. *PEC 37/2011: a blindagem do "sistema penal subterrâneo"*. Disponível em <<http://www.cartaforense.com.br/m/conteudo/artigos/pec-372011-a-blindagem-do-sistema-penal-subterraneo/11332>>. Acesso em 19.05.2017.

por jornalistas; aliás, não se exclui tal possibilidade de nenhuma pessoa, mas para estas – assim como para os jornalistas – não existe, obviamente, a obrigatoriedade de tal mister, e muito menos a sujeição a medidas de natureza administrativa ou penal nos casos de omissão.

O Jornalismo Investigativo, de acordo com Sequeira, tem por objetivo "transmitir uma informação que grupos de poder querem omitir ou sonegar da sociedade, explicando-a na sua complexidade, sem simplificações reducionistas e sem tentar neutralizar seu impacto".[168]

Segundo o mesmo autor, o Jornalismo Investigativo não se confunde com o "Jornalismo sobre investigações", que consiste na mera reprodução, pelos meios de comunicação, de documentos, depoimentos, laudos, enfim, de qualquer tipo de prova, ou ainda de petições e arrazoados provenientes de quaisquer dos responsáveis pela persecução penal –[169] neste caso, ao contrário daquele, não houve nenhuma atividade de investigação realizada pelo próprio jornalista, mas sim por aqueles agentes públicos.

O exercício desse mister requer cautelas ainda maiores do que as exigidas no Jornalismo comum, justamente porque o profissional, como já afirmado, não conta com os mesmos instrumentos de apuração inerentes às atividades de persecução penal, devendo ainda respeitar os direitos da personalidade da pessoa atingida pela investigação.[170]

Além disso, deve ser observado o princípio da presunção de inocência, deixando-se a tarefa de julgar para o Poder Judiciário, instituição constitucionalmente competente para tanto, muito embora se admita a crítica mais aguda e até agressiva dirigida ao acusado de um fato criminoso ou simplesmente ilícito.

---

[168] SEQUEIRA, 2005, *apud* A. L. F. PRECHT, op. cit., p. 18.

[169] Ibid., p. 20.

[170] Vide iem nº 10.

Em suma, o Jornalismo Investigativo pode e deve ser realizado pelo profissional em concorrência com os atores sociais responsáveis pela persecução penal, mas o importante é que o profissional de comunicação tenha em mente que:

a) A tarefa de investigar, e, notadamente, alguns atos específicos de invasão da esfera de privacidade do investigado – p.ex., a interceptação telefônica – somente podem ser praticados pelas Polícias e pelo Ministério Público, e em muitos casos dependem de ordem judicial, como no exemplo citado (CF, art. 5º, XII);[171]
b) A função de acusar compete, via de regra, ao Ministério Público, admitindo-se, todavia, uma crítica mais incisiva contra a pessoa investigada ou processada, desde que não contenha juízos ou expressões de natureza condenatória, v.g., qualificar alguém como "corrupto" é diferente de "investigado ou processado por corrupção"; chamar de "assassino" tem conteúdo totalmente distinto de "acusado de homicídio"; da mesma forma, "ladrão" e "processado por roubo", e assim por diante;
c) A função de julgar compete exclusivamente ao Poder Judiciário e eventuais pré-condenações noticiadas por veículos de comunicação, além de ofenderem o princípio da presunção de inocência, autorizam a reparação de danos em favor da vítima que foi objeto da reportagem, bem como o direito de resposta.

São estes os balizamentos que devem nortear o Jornalismo Investigativo, possibilitando assim a convivência harmônica com os procedimentos deflagrados pelos órgãos responsáveis pela persecução penal.

---

[171] Transcreve-se o citado dispositivo constitucional: "é inviolável o sigilo da correspondência e das comunicações telegráficas, de dados e das comunicações telefônicas, salvo, no último caso, por ordem judicial, nas hipóteses e na forma que a lei estabelecer para fins de investigação criminal ou instrução processual penal".

CAPÍTULO II

COLISÃO ENTRE DIREITOS FUNDAMENTAIS

1 A FORMAÇÃO ESCALONADA DO ORDENAMENTO JURÍDICO (KELSEN, 2006)

Apesar do presente trabalho assentar-se em bases jusnaturalistas, concebendo o Direito muito além das normas jurídicas (Direito posto ou positivado),[172] fundamentado também em princípios que nem sempre encontram-se expressos na legislação, reconhece-se a importância de Kelsen ao conferir cientificidade ao estudo do Direito, preservando-o da influência de ideologias.

O mesmo autor também discorreu, com distinção, a respeito da formação escalonada do ordenamento jurídico e o consequente fundamento de validade das normas jurídicas.[173] Oportuna ainda é a distinção de Kelsen sobre as teorias Natural e Pura do Direito:

> A teoria do direito natural é uma teoria jurídica dualista, pois, segundo ela, ao lado do direito positivo há um direito natural. A Teoria Pura do Direito, porém, é uma teoria jurídica monista. Segundo ela, só existe um direito: o direito positivo. A norma fundamental definida pela Teoria Pura do Direito não é um direito diferente do direito positivo: ela apenas é o

[172] Dworkin chama as normas que integram o Direito posto de "direitos jurídicos", e as não-positivadas de "direitos morais" (op. cit., p. 230-234).

[173] H. KELSEN. *Teoria Pura do Direito: Introdução à Problemática Científica do Direito.* Trad. de J. Cretella Jr. e Agnes Cretella. 4ª ed. rev. da tradução. São Paulo: Editora Revista dos Tribunais, 2006, p. 94 e 102-112.

> seu fundamento de validade, a condição lógico-transcendental da sua validade e, como tal, não tem nenhum caráter ético-político, mas apenas um caráter teórico-gnosiológico.[174]

O próprio Bobbio, que inicialmente aderiu ao Positivismo Jurídico, passou a conceber uma teoria do Direito mais centrada na sua função, e não à sua estrutura lógica (função promocional do Direito), mas ainda assim admite a importância da teoria kelseniana: "A guinada que a teoria pura do direito representou para o desenvolvimento da jurisprudência teórica é, em suma, uma daquelas guinadas para além das quais é possível avançar, mas não é lícito retroceder",[175] daí por que o mesmo autor adverte que, no Estado contemporâneo, após Kelsen, a teoria geral do Direito obedeceu muito mais a sugestões estruturalistas do que funcionalistas, dando maior importância ao tema "do que o Direito é feito", em oposição à questão "para que serve o Direito".[176]

Nestes termos, a Constituição deve funcionar como fundamento de validade e eficácia de todas as normas jurídicas, especialmente aquelas que veiculam direitos fundamentais, como as dedicadas à liberdade de imprensa e aos direitos da personalidade (CF, art. 1º, III; art. 5º, IV, V, IX e X; e art. 220, §§ 1º a 6º). Segundo Kelsen, a estrutura escalonada do ordenamento jurídico inicia-se com a Constituição – que não possui fundamento em nenhuma ordem superior (metafísica ou natural) –, seguindo-se as leis, regulamentos, sentenças e atos administrativos, e negócios jurídicos;[177] na lição do autor,

---

174 H. KELSEN. *O problema da Justiça.* Trad. de João Baptista Machado. 3ª ed. São Paulo: Martins Fontes, 1998, p. 117.

175 N. BOBBIO. *Da estrutura à função: novos estudos de teoria do direito.* Trad. de Daniela Beccaccia Versiani; rev. técnica de Orlando Seixas Bechara, Renata Nagamine. Barueri, SP: Manole, 2007, p. 210.

176 Ibid., p. 53.

177 Op. cit., 2006, p. 102-112.

> [...] uma pluralidade de normas forma uma unidade, um sistema, um ordenamento, quando sua validade pode ser atribuída a uma única norma, como fundamento último dessa validade. Essa norma fundamental, como fonte comum, constitui a unidade na pluralidade de todas as normas que integram um ordenamento.[178]

Deve ser reconhecida à Constituição Federal não apenas a necessidade de ordenar o Estado e fundamentar as normas infraconstitucionais, mas também a sua própria força normativa para interferir de maneira concreta na realidade social.[179] Essa nova "roupagem" do Direito Constitucional é fruto do Neoconstitucionalismo – também chamado de Pós-positivismo ou Constitucionalismo pós-moderno –,[180] o qual, segundo Agra, possui as seguintes características: "a) positivação e concretização de um catálogo de direitos constitucionais; b) onipresença dos princípios e regras; c) inovações hermenêuticas; d) densificação da força normativa do Estado; e) desenvolvimento da justiça distributiva".[181]

O grande perigo do Neoconstitucionalismo reside na mencionada "inovação hermenêutica", pois, quando mal aplicada, constitui um verdadeiro "abre-te-sésamo" para o chamado "ativismo judicial", produzindo acentuada insegurança jurídica, justamente por permitir que o Poder Judiciário, de forma pragmática, atue como legislador, ao invés de apenas julgar conforme as leis e a Constituição. Conforme Schoedl e Lamanauskas, a interpretação constitucional não deveria ser utilizada para modificar o conteúdo da própria Constituição,

> mas muitas vezes é o que se observa nas decisões do Supremo Tribunal Federal, que, sob o pretexto de julgar de acordo com princípios, acaba por legislar, em flagrante ofensa ao princípio

---

[178] Ibid., p. 94.

[179] K. Hesse. *A força normativa da Constituição.* Trad. de Gilmar Ferreira Mendes. Porto Alegre: Sergio Antonio Fabris Editor, 1991, p. 9-15.

[180] P. Lenza, op. cit., p. 61.

[181] 2008, *apud* P. Lenza, op. cit., p. 62.

> da separação de Poderes (CF, art. 2º). A este fenômeno se dá o nome de 'ativismo judicial', na medida em que a interpretação da Constituição ou das leis extrapola o direito positivado.[182]

Dessarte, Hesse, após criticar a forma como o Positivismo Jurídico isola a norma da realidade, ressalta que

> [...] a norma constitucional não tem existência autônoma em face da realidade. A sua essência reside na sua vigência, ou seja, a situação por ela regulada pretende ser concretizada na realidade. Essa pretensão de eficácia (*Geltungsanspruch*) não pode ser separada das condições históricas de sua realização, que estão, de diferentes formas, numa relação de interdependência, criando regras próprias que não podem ser desconsideradas. Devem ser contempladas aqui as condições naturais, técnicas, econômicas e sociais. A pretensão de eficácia das normas jurídicas somente será realizada se levar em conta essas condições.[183]

O mesmo autor, acertadamente – e ao contrário do que se verifica na Constituição Federal Brasileira de 1988 –, preconiza uma breve descrição dos direitos fundamentais nas Constituições, criticando a constitucionalização de qualquer valor e as sucessivas reformas do texto, comprometendo a sua força normativa e eficácia.[184]

2 Conceito, classificação e características dos direitos fundamentais

Alexy propõe uma teoria geral dos direitos fundamentais para dar respostas racionalmente fundamentadas às questões relacionadas

---

[182] T. F. Schoedl – M. F. Lamanauskas, *Direito Constitucional.* In: A. G. A. Pedroso. Questões Comentadas do Exame Oral – Concursos de Cartórios. São Paulo: YK Editora, 2017, p. 287.

[183] Op. cit., p. 13-15.

[184] Ibid., p. 21-22.

a esses direitos.[185] O mesmo autor apresenta uma definição provisória e dogmática dos direitos fundamentais, referindo-se às disposições da Constituição alemã de 1949 (arts. 1º a 19, e arts. 20, § 4º, 33, 38, 101, 103 e 104),[186] as quais, basicamente, equivalem àquelas previstas no art. 5º, *caput*, e incisos I a LXXVIII, da Constituição Federal brasileira de 1988, muito embora este rol seja exemplificativo (*numerus apertus*), como deixa claro o parágrafo 2º, do próprio art. 5º: "Os direitos e garantias expressos nesta Constituição não excluem outros decorrentes do regime e dos princípios por ela adotados, ou dos tratados internacionais em que a República Federativa do Brasil seja parte".

Bobbio, que assim como Kelsen é um dos precursores do Positivismo Jurídico, embora tenha se distanciado dessa corrente ao demonstrar maior interesse pela função do Direito[187] – à qual Kelsen

---

185 Op. cit., p. 28.

186 Ibid., p. 68. Para consultar a Constituição alemã de 1949 traduzida, confira-se: <<https://www.btg-bestellservice.de/pdf/80208000.pdf>>. Acesso em 04.06.2016. A liberdade de imprensa e a proteção da honra é tratada em seu art. 5º:
"[Liberdade de opinião, de arte e ciência]
(1) Todos têm o direito de expressar e divulgar livremente o seu pensamento por via oral, por escrito e por imagem, bem como de informar-se, sem impedimentos, em fontes de acesso geral. A liberdade de imprensa e a liberdade de informar através da radiodifusão e do filme ficam garantidas. Não será exercida censura.
(2) Estes direitos têm por limites as disposições das leis gerais, os regulamentos legais para a proteção da juventude e o direito da honra pessoal".

187 Para Losano, Bobbio se aproximou do Positivismo Jurídico de Kelsen, mas foi além, embora este tenha sido para ele um ponto de referência também na fase pós-positivista (op. cit., 2007, p. XX-XXI). Ainda segundo Losano, "nos anos do pós-guerra, ao positivismo jurídico, acusado de conivência com as ditaduras, fora contraposto o jusnaturalismo. Na literatura jurídica daqueles anos, os temas mais freqüentes eram sem dúvida a crise do positivismo jurídico e o renascimento do jusnaturalismo. Também em Bobbio o tema do positivismo jurídico está sempre ligado ao tema do jusnaturalismo, porém numa tensão que não se resolve em favor de nenhum dos dois, mas que permanece presente na sua consciência – como na de muitos outros juristas daqueles anos – como uma laceração: por um lado, o positivismo jurídico enquanto expressão da exigência de austeridade científica e, por outro, o jusnaturalismo enquanto exigência da

não dava tanta importância, justamente para manter a pureza de sua teoria –,[188] estabelece a seguinte classificação dos direitos fundamentais:

a) Direitos de primeira dimensão:[189] são aqueles ligados ao ideal de liberdade, como o direito à vida e os direitos políticos, as chamadas liberdades clássicas ("não agir do Estado");

b) Direitos de segunda dimensão: são aqueles relacionados ao ideal de igualdade, compreendendo os chamados direitos sociais inerentes ao "Welfare State" ("Estado do Bem Estar"), exigindo uma "ação positiva do Estado", ao contrário dos primeiros, que proclamam uma "abstenção estatal";[190]

c) Direitos de terceira dimensão: são aqueles ligados ao ideal de solidariedade e fraternidade, titularizados pela coletividade, ou seja, de caráter metaindividual, como o direito a um meio ambiente equilibrado e não poluído, direitos do consumidor e o direito à probidade na Administração Pública;

d) Direitos de quarta dimensão: são aqueles ligados ao patrimônio genético; Paulo Bonavides, por sua vez, inclui os direitos à democracia direta, ao pluralismo e à informação.[191]

São apontadas as seguintes características dos direitos fundamentais, decorrentes do Jusnaturalismo: universalidade, relatividade,

---

liberdade moral. Do confronto entre ambos exsurgem mais claras as características de um e de outro: '*contraria juxta se posita magis elucescunt*' (os contrários colocados um ao lado do outro ressaltam mais)" (p. XXXIII-XXXIV).

188 Op. cit., 2004, p. 5-6.

189 Costuma-se utilizar a expressão "dimensão", no lugar de "geração", a fim de traduzir a ideia de complentaridade entre esses direitos, e não de substituição ao longo do tempo, ponderação com a qual se concorda. Confira-se, a respeito do tema: T. F. Schoedl – M. F. Lamanauskas, op. cit., p. 289-290.

190 Ibid., p. 290.

191 1997, *Apud* P. Lenza, op. cit., p. 960. Como advertem Schoedl e Lamanauskas, "há muita divergência doutrinária quanto à existência de uma quinta dimensão. São poucos os autores que assim entendem, incluindo o direito à paz nessa dimensão, em face das guerras e ataques terroristas vivenciados nas últimas décadas. Porém, são minoria" (op. cit., p. 290).

irrenunciabilidade, imprescritibilidade e inalienabilidade.[192] Bobbio, no entanto, fiel ao Positivismo Jurídico – ou parcialmente fiel –, entende que os direitos são construídos ao longo do tempo, não reconhecendo os chamados direitos naturais, razão pela qual apresenta severas críticas àquelas características:

> Falar de direitos naturais ou fundamentais, inalienáveis ou invioláveis, é uma das fórmulas de uma linguagem persuasiva, que podem ter uma função prática num documento público, a de dar maior força à exigência, mas não têm nenhum valor teórico, sendo portanto completamente irrelevantes numa discussão de teoria do direito.[193]

Não há confundir-se direitos e garantias fundamentais; na lição de José Afonso da Silva, "os direitos são bens e vantagens conferidos pela norma, enquanto as garantias são meios destinados a fazer valer esses direitos".[194] Exemplificando, a Constituição Federal assegura o *direito* à liberdade e o *habeas corpus* como sua *garantia* nos casos de violação (CF, art. 5º, *caput* e LXVIII),[195] ou, levando-se em conta a problemática aqui enfrentada, a mesma Constituição considera inviolável a intimidade, a vida privada, a honra e a imagem das pessoas, assegurando a reparação do dano material, moral e à imagem, além do direito de resposta, quando verificada a ofensa (art. 5º, V e X).

---

[192] T. F. Schoedl, op. cit., 2015b, p. 67.

[193] Op. cit., 2004, p. 6.

[194] Op. cit., p. 412.

[195] Transcrevem-se os dispositivos citados da Constituição Federal:
"Art. 5º. Todos são iguais perante a lei, sem distinção de qualquer natureza, garantindo-se aos brasileiros e aos estrangeiros residentes no País a inviolabilidade do direito à vida, à liberdade, à igualdade, à segurança e à propriedade, nos termos seguintes:
[...]
LXVIII - conceder-se-á *habeas corpus* sempre que alguém sofrer ou se achar ameaçado de sofrer violência ou coação em sua liberdade de locomoção, por ilegalidade ou abuso de poder".

Concebe-se, portanto, a proteção dos direitos da personalidade como um *direito* constitucional, ligado à dignidade da pessoa humana (CF, art. 1º, III), enquanto a reparação do dano material, moral e à imagem, além do direito de resposta, como *garantias* conferidas àqueles direitos.

3 Premissa nº 1: a relatividade dos direitos fundamentais (doutrina jusnaturalista)

Para possibilitar uma solução mais efetiva em defesa dos direitos da personalidade do ofendido, é necessário um afastamento do Positivismo Jurídico, e, especialmente, da Teoria Pura do Direito, preconizada por Kelsen, caracterizada por uma "tendência antiideológica" e "libertada de todo juízo de valor ético-político",[196] pois referida teoria dificulta uma compreensão interdisciplinar do problema.[197] Como adverte Bittar, "bastar-se com o *ius positum* é

---

[196] Op. cit., 2006, p. 78 e 93. Como leciona o autor, "a Teoria Pura do Direito é uma teoria do direito positivo. Tão somente do direito positivo e não de determinada ordem jurídica. É teoria geral e não interpretação especial, nacional ou internacional, de normas jurídicas.
Como teoria, ela reconhecerá, única e exclusivamente, seu objeto. Tentará responder à pergunta 'o que é' e 'como é' o direito e não à pergunta de 'como seria' ou 'deveria ser' elaborado. É ciência do direito e não política do direito" (p. 52).
Defendendo a natureza estrutural e despolitizada da teoria do Direito kelseniana, Bobbio sabiamente adverte que "hoje podemos olhar com uma certa intolerância para o furor antiideológico de Kelsen e dos kelsenianos. Contudo, não devemos esquecer que a busca do objetivo ou dos objetivos do direito era a brecha pela qual as mais contrastantes ideologias entravam na teoria do direito. Circunscrever a tarefa de uma teoria do direito à análise estrutural era um modo de salvaguardar a pesquisa teórica da intrusão dos juízos de valor e de evitar a confusão entre o direito positivo – o único objeto possível de uma teoria científica do direito – e o direito ideal" (op. cit., 2007, p. 55).

[197] Aparentemente, Kelsen seria contra uma abordagem interdisciplinar de um problema jurídico, agregando-se o Direito a outra ciência, como decorrência da pureza de sua teoria; conforme o autor, "hoje em dia não existe quase nenhuma ciência especial, em cujos limites o cultor do direito se ache incompetente. Sim,

deixar de admitir o enriquecimento das instituições jurídicas pela axiologia de difícil determinação que reside na semântica profunda do termo justiça".[198]

Opta-se, assim, por uma filiação ao Jusnaturalismo, que concebe um direito natural ao lado do direito posto e acima do soberano,[199] preconizando ainda que as relações de equidade são anteriores ao direito positivado por meio de normas jurídicas.[200]

Ressalte-se, todavia, que, tanto positivistas como jusnaturalistas admitem a relativização dos direitos fundamentais quando verificado o conflito ou colisão,[201] apesar dos primeiros reconhecerem que alguns desses direitos são absolutos, não concorrendo com os demais, v.g., o direito de não ser torturado.[202]

Os constitucionalistas Canotilho e Alexy revelam claramente suas inclinações à doutrina Jusnaturalista – e ao próprio Neoconstitucionalismo –, pois, enquanto o primeiro afirma que "o direito constitucional não se esgota na positividade das normas da constituição", propondo o chamado "constitucionalismo adequado",[203] o segundo menciona a indispensável necessidade de um "catálogo *aberto* de direitos fundamentais".[204]

Tais premissas serão de extrema importância ao cuidar-se, mais adiante, da possibilidade de concessão do direito de resposta em

---

ele acha que pode melhorar sua visão do conhecimento, justamente conseguindo pedir emprestado a outras disciplinas. Com isso, naturalmente, a verdadeira ciência do direito se perde" (op. cit., 2006, p. 53).

198 E. C. B. Bittar. *Teorias sobre a justiça: apontamentos para a História da Filosofia do Direito.* São Paulo: Juarez de Oliveira, 2000, p. 5.

199 J. J. Rousseau, op. cit., p. 69.

200 Montesquieu, op. cit., 34. De acordo com Montesquieu, "dizer que não há nada de justo ou injusto além daquilo que as leis positivas ordenam ou proíbem é dizer que antes de se traçar o círculo todos os raios não são iguais" (2015, p. 34).

201 Confira-se, neste sentido: N. Bobbio, op. cit., p. 2004, p. 20-21.

202 Ibid., p. 41.

203 J. J. G. Canotilho, op. cit., p. 3 e 174.

204 R. Alexy, op. cit., p. 26 (grifou-se).

sede de tutela antecipada, pelo procedimento comum – ou seja, não regido pela nova Lei 13.188/15 –, permitindo-se romper o obstáculo legal da reversibilidade da medida (CPC, art. 300, § 3º),[205] justamente por se tratar de um direito natural, cujo exercício deve ser facilitado pelo aplicador da lei, sem apego excessivo a regras procedimentais que muitas vezes terminam por acarretar a sua total ineficácia.

4 A Constituição como um "catálogo aberto de direitos fundamentais" (ALEXY, 2008) e o "constitucionalismo adequado" (CANOTILHO, 1991)

Canotilho destaca que o sistema jurídico do Estado de Direito Democrático português é de tipo aberto, representado pela "disponibilidade e 'capacidade de aprendizagem' das normas constitucionais para captarem a mudança da realidade e estarem abertas às concepções cambiantes da 'verdade' e da 'justiça'".[206] O mesmo autor adverte sobre os perigos de um sistema constitucional fundamentado apenas em regras ou somente em princípios: o primeiro produz um legalismo exagerado, enquanto o segundo pode gerar insegurança jurídica, configurando, na lição de Ávila, o chamado "Estado Principiológico", inibidor da efetividade do ordenamento jurídico.[207]

O que se exige, portanto, é um sistema jurídico equilibrado, encontrando fundamento tanto no direito posto, que compreende as regras e princípios veiculados por normas jurídicas,[208] como em princípios implícitos; como ressaltado por Lôbo,

---

205 Sobre o tema, confira-se o Capítulo IV, item nº 5.7.

206 Op. cit., p. 171.

207 H. Ávila. *Teoria dos Princípios: da definição à aplicação dos princípios jurídicos.* 12ª ed. ampl. São Paulo: Malheiros, 2011, p. 23.

208 Confira-se a distinção entre normas, regras e princípios no item seguinte.

> [...] um dos maiores avanços do direito brasileiro, principalmente após a Constituição de 1988, é a consagração da força normativa dos princípios constitucionais explícitos e implícitos, superando o efeito simbólico que a doutrina tradicional a eles destinava. A eficácia meramente simbólica frustrava as forças sociais que pugnavam por sua inserção constitucional e contemplava a resistente concepção do individualismo e do liberalismo jurídicos, que repugnam a intervenção dos poderes públicos nas relações privadas – especialmente as de natureza econômica –, inclusive do Poder Judiciário. Sem a mediação concretizadora do Poder Judiciário, os princípios não se realizam nem adquirem a plenitude de sua força normativa.[209]

Tamanha é a importância da atuação dos princípios que, como se demonstrará mais adiante, eles podem, inclusive, controlar ou até impedir a aplicação das regras jurídicas.[210] Este fenômeno é possível, inclusive, no tocante às normas penais incriminadoras, as quais, embora sujeitas ao princípio da legalidade – ou, mais precisamente, da reserva legal –[211] e terem por escopo a proteção de bens jurídicos, permitem o reconhecimento da atipicidade do fato quando verificado, no caso concreto, que a conduta do agente, embora formalmente típica, não ofende determinados princípios implícitos no texto constitucional, o que constitui a essência do chamado controle material da tipicidade.[212]

---

209 P. Lôbo. *Direito Civil: Famílias.* 3ª ed. São Paulo: Saraiva, 2010, p. 50.

210 Sobre o tema, vide item nº 5.2.

211 Conforme Schoedl, "o princípio da legalidade tem maior abrangência, preceituando que qualquer norma que imponha comportamentos deva provir de uma das espécies normativas previstas no art. 59, 'caput', da Constituição Federal. Já o princípio da reserva legal é mais restrito, exigindo lei formal para o tratamento de determinadas matérias previstas na Constituição Federal, compreendendo apenas a lei ordinária e a lei complementar" (op. cit., 2015b, p. 69).

212 A respeito desse tema específico, confira-se: C. V. Mañas. *A concepção material do tipo penal.* Revista da Procuradoria Geral do Estado de São Paulo. São Paulo, n. 30, dez. 1988, p.147-151; F. Capez. *Curso de Direito Penal – Parte Geral: arts.*

Mas esta atuação dos princípios, como controladores ou impeditivos das regras jurídicas – seja no âmbito penal, seja em qualquer ramo do Direito –, deve ser exercitada com cautela, justamente para não produzir insegurança acerca da aplicação de qualquer regra jurídica, o que é tão nocivo quanto um Estado engessado pelo Direito positivado.

5 Colisão ou conflito entre direitos fundamentais: diferença entre normas, regras e princípios

O conflito ou colisão entre direitos fundamentais pode emergir de duas formas, conduzindo a soluções distintas, pois tais direitos ora são veiculados por meio de regras, ora por meio de princípios. Passa-se assim a diferenciar cada um desses institutos jurídicos.

Alexy considera que a distinção entre regras e princípios é a base da teoria jurídica dos direitos fundamentais e "uma chave para a solução de problemas centrais da dogmática dos direitos fundamentais", notadamente acerca das restrições e colisões.[213] De início, o autor ressalta que tanto as regras como os princípios são espécies do gênero "normas jurídicas", na medida em que ambos dizem o que "deve ser";[214] em seguida, assim distingue os princípios das regras:

> O ponto decisivo na distinção entre regras e princípios é que princípios são normas que ordenam que algo seja realizado na maior medida possível dentro das possibilidades jurídicas e fáticas existentes. Princípios são, por conseguinte,

---

1º a 120. 14ª ed. São Paulo: Saraiva, 2010, v. 1, p. 29-41; T. F. Schoedl. *Controle de constitucionalidade dos tipos penais sob o aspecto material.* In: P. Aragão (coord.); J. M. Tayah (coord.); L. D. Romano (coord.). Reflexiones sobre Derecho Latinoamericano: Estudios en Homenaje al Profesor Ignacio Tedesco. Buenos Aires, São Paulo e Rio de Janeiro: Livre Expressão, 2013, v. 11, p. 507-520.

213 Op. cit., p. 85.

214 Ibid., p. 87.

> mandamentos de otimização, que são caracterizados por poderem ser satisfeitos em graus variados e pelo fato de que a medida devida de sua satisfação não depende somente das possibilidades fáticas, mas também das possibilidades jurídicas. O âmbito das possibilidades jurídicas é determinado pelos princípios e regras colidentes.
> Já as regras são normas que são sempre satisfeitas ou não satisfeitas. Se uma regra vale, então, deve se fazer exatamente aquilo que ela exige; nem mais, nem menos. Regras contêm, portanto, determinação no âmbito daquilo que é fática e juridicamente possível. Isso significa que a distinção entre regras e princípios é uma distinção qualitativa, e não uma distinção de grau. Toda norma é uma regra ou um princípio.[215]

Outra importante distinção entre regras e princípios é traçada por Dworkin:

> A diferença entre princípios jurídicos e regras jurídicas é de natureza lógica. Os dois conjuntos de padrões apontam para decisões particulares acerca da obrigação jurídica em circunstâncias específicas, mas distinguem-se quanto à natureza da orientação que oferecem. As regras são aplicáveis à maneira do tudo-ou-nada. Dado os fatos que uma regra estipula, então ou a regra é válida, e neste caso a resposta que ela fornece deve ser aceita, ou não é válida, e neste caso em nada contribui para a decisão [...] Um princípio como 'Nenhum homem pode beneficiar-se de seus próprios delitos' não pretende [nem mesmo] estabelecer condições que tornem sua aplicação necessária. Ao contrário, enuncia uma razão que conduz o argumento em uma certa direção, mas [ainda assim] necessita uma decisão particular.[216]

---

215 Ibid., p. 90-91. Neste mesmo sentido, Marinela define os princípios como os "alicerces, os fundamentos da ciência", servindo de parâmetros para a interpretação das regras jurídicas (*apud* V. I. Carlin (org.). *Grandes Temas de Direito Administrativo: Homenagem ao Professor Paulo Henrique Blasi.* Campinas: Millenium e Conceito, 2009, p. 898).

216 Op. cit., p. 39-41.

Ainda segundo Dworkin, os princípios não se confundem com as políticas, embora ambos sejam padrões diversos das regras: as políticas compreendem um tipo de padrão que fixa um objetivo a ser alcançado, normalmente uma melhoria no âmbito econômico, político ou social, enquanto os princípios são padrões a serem observados como "exigência de justiça ou equidade ou alguma outra dimensão da moralidade".[217]

De acordo com Hart, as regras podem ser:[218] a) primárias, quando concedem ou impõem obrigações, v.g., quando o art. 927 do Código Civil assegura a reparação por dano material e moral, ou quando o art. 157 do Código Penal estabelece a pena de 4 a 8 anos de reclusão e multa, para o crime de roubo; e b) secundárias, quando determinam como e por quem as regras primárias devem ser promulgadas, modificadas ou revogadas, ou ainda, declaradas inconstitucionais ou ilegais, e.g., regras sobre o processo legislativo (CF, arts. 59 e segs.) ou sobre a validade do negócio jurídico (CC, art. 104, I a III).[219]

Vê-se, portanto, que os princípios possuem maior grau de abstração do que as regras, e exatamente por tal razão são qualificados como "mandamentos de otimização" das próprias regras. Alexy aponta as seguintes características dos princípios: alto grau de generalidade, maior número de casos de aplicação e importância para o Direito, ressaltando ainda que os princípios também são razões para a aplicação das regras.[220] Bandeira de Mello, por sua vez, destaca que:

---

217 Ibid., p. 36.

218 Hart, 1967, *apud* R. Dworkin, op. cit., p. 31

219 Segundo Bobbio, "Hart explica a estrutura partindo da função (no sentido de que o direito tem determinada função porque tem determinada estrutura), e não vice-versa, enquanto a teoria geral do direito, nas suas expressões mais comuns, a começar por Kelsen, fez o inverso, isto é, explicou a função (manutenção da ordem) a partir da estrutura (o direito como ordenamento de força)" (op. cit., 2007, p. 112).

220 Op. cit., p. 86-89. Schoedl, amparado nas lições de Carlin, leciona que "os princípios diferem das regras, pois emboras ambos sejam veiculados por meio de

> [...] violar um princípio é muito mais grave que transgredir uma norma. A desatenção ao princípio implica ofensa não apenas a um específico mandamento obrigatório, mas a todo o sistema de comandos. É a mais grave forma de ilegalidade ou de inconstitucionalidade, conforme o escalão do princípio violado, porque representa insurgência contra todo o sistema, subversão de seus valores fundamentais, contumélia irremissível a seu arcabouço lógico e corrosão de sua estrutura mestra.[221]

Com efeito, se os princípios possuem alta carga de generalidade e atuam como mandamentos de otimização das próprias regras – quer controlando-as, quer legitimando sua aplicação –, a consequência lógica é que a violação de um princípio constitui ofensa muito mais grave ao ordenamento jurídico e ao próprio ideal de Justiça.

No que se refere à Constituição Federal Brasileira, Afonso da Silva classifica seus princípios fundamentais em seis espécies:[222]

a) Princípios relacionados à existência, forma, estrutura e tipo de Estado: República Federativa do Brasi, soberania e Estado Democrático de Direito (CF, art. 1º);
b) Princípios relativos à forma de governo e à organização dos poderes: República e separação de Poderes (CF, arts. 1º e 2º);
c) Princípios relacionados à organização da sociedade: livre organização social, convivência justa e solidariedade (CF, art. 3º, I);
d) Princípios relativos ao regime político: cidadania, dignidade da pessoa humana, pluralismo, soberania popular, representação política e participação popular direta (CF, 1º, parágrafo único);

---

normas jurídicas, aqueles funcionam como fundamentos das regras ('ratio'), consagrando valores hierarquicamente superiores, ao passo que estas apenas permitem ou proíbem determinadas condutas" (op. cit., 2015b, p. 113).

221 C. A. Bandeira de Mello. *Ato Administrativo e Direitos do Administrado.* RT: São Paulo, 1981, p. 88. Ao que parece, Bandeira de Mello, ao contrário de Alexy, concebe a regra como sinônimo de norma.

222 Op. cit., p. 94-95.

e) Princípios relativos à prestação política do Estado: independência e desenvolvimento nacional, justiça social e não-discriminação (CF, art. 3º, II, III e IV);

f) Princípios relacionados à comunidade internacional: independência nacional, respeito aos direitos fundamentais da pessoa humana, autodeterminação dos povos, não-intervenção, igualdade dos Estados, solução pacífica dos conflitos e defesa da paz, repúdio ao terrorismo e ao racismo, cooperação entre os povos e integração da América Latina (CF, art. 4º).[223]

---

[223] Transcrevem-se os dispositivos constitucionais referidos pelo autor:
"Art. 1º A República Federativa do Brasil, formada pela união indissolúvel dos Estados e Municípios e do Distrito Federal, constitui-se em Estado Democrático de Direito e tem como fundamentos:
I - a soberania;
II - a cidadania
III - a dignidade da pessoa humana;
IV - os valores sociais do trabalho e da livre iniciativa;
V - o pluralismo político.
Parágrafo único. Todo o poder emana do povo, que o exerce por meio de representantes eleitos ou diretamente, nos termos desta Constituição.
Art. 2º São Poderes da União, independentes e harmônicos entre si, o Legislativo, o Executivo e o Judiciário.
Art. 3º Constituem objetivos fundamentais da República Federativa do Brasil:
I - construir uma sociedade livre, justa e solidária;
II - garantir o desenvolvimento nacional;
III - erradicar a pobreza e a marginalização e reduzir as desigualdades sociais e regionais;
IV - promover o bem de todos, sem preconceitos de origem, raça, sexo, cor, idade e quaisquer outras formas de discriminação.
Art. 4º A República Federativa do Brasil rege-se nas suas relações internacionais pelos seguintes princípios:
I - independência nacional;
II - prevalência dos direitos humanos;
III - autodeterminação dos povos;
IV - não-intervenção;
V - igualdade entre os Estados;
VI - defesa da paz;
VII - solução pacífica dos conflitos;
VIII - repúdio ao terrorismo e ao racismo;
IX - cooperação entre os povos para o progresso da humanidade;

5.1 Conflito entre regras e conflito entre princípios: a teoria da ponderação

Estabelecida a distinção entre regras e princípios, faz-se necessário apontar os critérios para a solução dos conflitos que eventualmente possam surgir entre normas que, aparentemente, são excludentes de outras normas, como se observa, por exemplo, no conflito entre a liberdade de imprensa e os direitos da personalidade.

Nos casos de conflito ou colisão entre regras jurídicas, vale a chamada "lógica do tudo-ou-nada", apresentada por Dworkin, pois, na medida em que elas veiculam disposições que obrigam a um fazer ou não fazer, perante o particular ou o Estado, duas delas que venham a se contrapor não podem ter eficácia simultânea;[224] neste caso, ou uma regra constitui exceção da outra, ou uma delas deve ser declarada inválida, conforme os critérios hierárquico, cronológico e da especialidade,[225] informadores do conflito aparente de regras (antinomia).[226]

Pelo critério hierárquico, a regra de hierarquia superior prevalece sobre a inferior, e.g., a Constituição Federal prevalece sobre uma lei ordinária ou regulamento; pelo cronológico, a lei posterior prevalece sobre a anterior (*lex posterior derogat priori*); e pelo critério da especialidade, a lei especial prevalece sobre a geral (*lex specialies derogat generali*).[227] Destaque-se, neste sentido, a lição de Dworkin:

X - concessão de asilo político.
Parágrafo único. A República Federativa do Brasil buscará a integração econômica, política, social e cultural dos povos da América Latina, visando à formação de uma comunidade latino-americana de nações".

224 Op. cit., p. 39.

225 R. ALEXY, op. cit., p. 92-93.

226 Costuma-se empregar o termo conflito aparente de *normas*, mas, em verdade, o mais técnico, segundo a doutrina constitucionalista ora examinada, seria conflito aparente de *regras*.

227 De acordo com Schoedl, apoiado nas lições de Gonçalves, "se a antinomia for solucionada pela aplicação de um dos três critérios, diz-se que o conflito é de 1º grau; sendo necessária a conjugação de dois ou três critérios, o conflito será

> Se duas regras entram em conflito, uma delas não pode ser válida. A decisão de ver qual delas é válida e qual deve ser abandonada ou formulada, deve ser tomada recorrendo-se a considerações que estão além das próprias regras. Um sistema jurídico pode regular esse conflito através de outras regras, que dão precedência à regra promulgada pela autoridade de grau superior, à regra promulgada mais recentemente, à regra mais específica ou outra coisa desse gênero. Um sistema jurídico também pode preferir a regra que é sustentada pelos princípios mais importantes.[228]

Já na colisão entre princípios, cada um deles pode ser ponderado de acordo com as circunstâncias do caso concreto, daí por que, segundo Canotilho, "a convivência dos princípios é conflitual (*ZAGREBELSKY*); a convivência das regras é antinómica. Os princípios coexistem, as regras antinómicas excluem-se".[229] Neste caso, não há necessidade de que um dos princípios seja declarado inválido ou que constitua uma cláusula de exceção, como se observa na colisão entre regras;[230] conforme Alexy,

> [...] o que ocorre é que um dos princípios tem precedência em face do outro sob determinadas condições. Sob outras condições a questão da precedência pode ser resolvida de forma oposta. Isso é o que se quer dizer quando se afirma que, nos casos concretos, os princípios têm pesos diferentes

---

de 2º grau; assim, havendo uma norma especial-anterior em conflito com outra geral-posterior, prevalece o critério da especialidade; no conflito entre uma norma superior-anterior e outra inferior-posterior, aplica-se o critério hierárquico" (op. cit., 2015b, p. 521).

A antinomia pode ser definida como a "aparente possibilidade de aplicação de duas ou mais normas jurídicas para o mesmo fato", não se confundindo com a anomia, ou seja, "a ausência de norma jurídica que regule um determinado fato (lacuna), pressuposto lógico e necessário para a aplicação da analogia, dos costumes e dos princípios gerais do direito" (T. F. Schoedl, op. cit., 2015b, p. 520).

228 Op. cit., p. 43.

229 Op. cit., p. 174.

230 R. Alexy, op. cit., p. 93.

> e que os princípios com maior peso têm precedência. Conflitos entre regras ocorrem na dimensão da validade, enquanto as colisões entre princípios – visto que só princípios válidos podem colidir – ocorrem, para além dessa dimensão, na dimensão do peso.[231]

A eleição do princípio preponderante nas hipóteses de conflito, portanto, é realizada de acordo com as circunstâncias específicas de cada caso, e não no plano abstrato; essa máxima vale, inclusive, para o princípio da dignidade da pessoa humana, o qual não constitui exceção.[232] Exemplo: quando o Supremo Tribunal Federal analisou a questão do aborto de feto anencéfalo (ADPF 54/DF), prevaleceu a dignidade da mãe em detrimento da vida do feto, mas isso não significa que, em outro conflito semelhante, decidir-se-á da mesma forma.

Para Alexy, embora os dois conflitos tenham em comum a circunstância de que a aplicação isolada de apenas uma das normas levaria a um resultado inconciliável, no conflito entre princípios admite-se o chamado sopesamento, cujo objetivo é "definir qual dos interesses – que abstratamente estão no mesmo nível – tem maior peso no caso concreto".[233] Trata-se da chamada teoria da ponderação, sobre a qual discorre Canotilho, com base no Direito português:

> O facto de a constituição constituir um sistema aberto de princípios insinua já que podem existir fenómenos de tensão entre os vários princípios estruturantes ou entre os restantes princípios constitucionais gerais e especiais. Considerar a constituição como uma ordem ou sistema de ordenação totalmente fechado e harmonizante significaria esquecer, desde logo, que ela é, muitas vezes, o resultado de um compromisso entre vários actores sociais, transportadores de ideias, aspirações e interesses substancialmente diferenciados e até

---

[231] Ibid., p. 93-94.

[232] Ibid., p. 97. Em sentido contrário: C. L. B. Godoy, op. cit., p. 60.

[233] Op. cit., p. 91-95.

> antagónicos ou contraditórios [...] A pretensão de validade absoluta de certos princípios com sacrifício de outros originaria a criação de princípios reciprocamente incompatíveis, com a consequente destruição da tendencial unidade axiológico-normativa da lei fundamental. Daí o reconhecimento de momentos de tensão ou antagonismo entre os vários princípios e a necessidade, atrás exposta, de aceitar que os princípios não obdecem, em caso de conflito, a uma 'lógica do tudo ou nada', antes podem ser objeto de ponderação e concordância prática, consoante o seu 'peso' e as 'circunstâncias do caso' [...] as regras contêm fixações normativas definitivas, sendo insustentável a validade simultânea de regras contraditórias.[234]

Como esclarece Carvalho, o método da ponderação, embora tenha sido desenvolvido por autores como Canotilho, Alexy e Dworkin, tem origem na chamada "teoria dos limites imanentes dos direitos fundamentais", estabelecida pela Corte Constitucional espanhola (Sentença nº 11/1981), com apoio na jurisprudência do Tribunal Constitucional alemão, quando foram fixadas as medidas em que um direito fundamental poderia ceder a outro, de acordo com o caso concreto.[235] Segundo o mesmo autor, antes da ponderação deve-se verificar os limites de cada direito fundamental relacionado à controvérsia;

---

234 Op. cit., p. 195-196. Carlin, por sua vez, adverte que "a antinomia entre princípios é equacionada considerando-se, dentro de um juízo técnico de ponderação e sopesamento, a necessidade de preponderância de um sobre o outro, porquanto eles permitem o balanceamento de valores (natureza política, econômica, jurídica, ética, social e ideológica), consoante a relevância dos interesses em colisão. Não há, portanto, exclusão de qualquer princípio, mas sim interpretação valorativa, elegendo-se o de maior peso" (2009, p. 908).

235 Op. cit., p. 41. Carvalho cita ainda outras decisões da Corte Constitucional espanhola (2003, p. 44-45):

a) Sentença nº 62/1982: estabeleceu a moral pública como limite à manifestação do pensamento;

b) Sentença nº 120/1983: fixou o art. 7º do Código Civil espanhol (exigência de boa-fé) como limite.

somente depois é que se procede à ponderação de interesses, por intermédio do princípio da proporcionalidade.[236]

Levando-se em conta a problemática do presente trabalho – esmiuçada nos próximos Capítulos –, verifica-se que a Constituição assegura dois princípios fundamentais: a liberdade de imprensa e a proteção dos direitos da personalidade. Ambos possuem idêntica validade e peso no plano abstrato, mas, diante dos conflitos surgidos no caso concreto, a decisão do magistrado ora pode inclinar-se para proteger os direitos da personalidade, ponderando a aplicação da liberdade de imprensa, mas sem declarar tal princípio inválido, ora pode resguardar a liberdade de imprensa, mitigando a proteção dos direitos da personalidade, sem também declará-los inválidos.

5.2 Diferença entre princípios e postulados, e a possibilidade de ponderação das regras (ÁVILA, 2011)

Apesar de Ávila reconhecer a importância dos ensinamentos de Alexy, Dworkin e Canotilho, especialmente sobre a distinção entre regras e princípios, bem como sobre os critérios utilizados para solucionar os conflitos, referido autor adverte que a aplicação exagerada dos princípios produziu certa euforia, fundando os alicerces do que denomina "Estado Principiológico", inibidor da efetividade do ordenamento jurídico,[237] como já afirmado.

O mesmo autor concebe ainda os chamados "postulados", como categoria jurídica distinta dos princípios, além de admitir a possibilidade de ponderação das próprias regras, e não apenas dos princípios, ao contrário do que sustentam aqueles autores:

> A ponderação é, por consequência, necessária. Isso significa que o traço distintivo não é o tipo de obrigação instituída

---

236 Ibid., p. 43-44. Sobre a aplicação do princípio da proporcionalidade, confira-se o Capítulo III, item nº 3.1.

237 Op. cit., p. 23.

> pela estrutura condicional da norma, se absoluta ou relativa, que irá enquadrá-la numa ou noutra categoria de espécie normativa. É o modo como o intérprete justifica a aplicação dos significados preliminares dos dispositivos, se frontalmente finalístico ou comportamental, que permite o enquadramento numa ou noutra espécie normativa.[238]

Portanto, segundo o autor, se a norma contiver uma disposição finalística, será um princípio; se estabelecer comportamentos, será uma regra, sendo que ambas categorias jurídicas podem ser ponderadas de acordo com as circunstâncias do caso concreto. Mais: a aplicação das regras pode ser ponderada pela atuação dos próprios princípios, quando verificado o "cancelamento da razão justificadora da regra por razões consideradas superiores pelo aplicador diante do caso concreto".[239] Admite-se ainda a situação inversa, ou seja, a não-ocorrência de uma situação fática que autorizaria a aplicação de uma determinada regra, a qual, não obstante, é aplicada,[240] exatamente o que se observa no emprego da analogia.

Embora o aprofundamento deste assunto exceda a proposta do presente trabalho, cumpre mencionar a distinção entre princípios e postulados trazida por Ávila, concebendo estes últimos como categoria jurídica distinta e necessária para a interpretação de um objeto cultural:

> Os postulados funcionam diferentemente dos princípios e das regras. A uma, porque não se situam no mesmo nível: os princípios e as regras são normas objeto da aplicação; os postulados são normas que orientam a aplicação de outras. A duas, porque possuem os mesmos destinatários: os princípios e as regras são primariamente dirigidos ao Poder Público e aos contribuintes; os postulados são frontalmente

---

238 Ibid., p. 49.

239 Ibid., p. 49-53.

240 Ibid., p. 49-50.

> dirigidos ao intérprete e aplicador do Direito. A três, porque não se relacionam da mesma forma com outras normas: os princípios e as regras, até porque se situam no mesmo nível do objeto, implicam-se reciprocamente, quer de modo preliminarmente complementar (princípios), quer de modo preliminarmente decisivo (regras); os postulados, justamente porque se situam num metanível, orientam a aplicação dos princípios e das regras sem conflituosidade com outras normas.[241]

Entre os postulados, qualificados pelo autor como "metanormas", destacam-se a proibição do excesso, a igualdade, a razoabilidade e a proporcionalidade –[242] este último será analisado ao se tratar das tutelas legais destinadas à proteção dos direitos da personalidade, quando violados pelo exercício da liberdade de imprensa.[243] Ressalte-se, todavia, que nas linhas seguintes será utilizada apenas a expressão "princípio", indistintamente, compreendendo tantos os princípios propriamente ditos como os postulados.

5.3 A teoria do abuso de direito (JOSSERAND, 1939)

Como já afirmado, a liberdade, segundo Montesquieu, é o "direito de fazer tudo que as leis permitem".[244] O mesmo autor adverte que, "se um cidadão pudesse fazer o que elas proíbem ele já não teria liberdade, porque os outros também teriam este poder".[245] Na mesma esteira, Kant, citado por Bobbio, leciona que a "liberdade se estende até o ponto da compatibilidade com a liberdade dos outros".[246]

---

241 Ibid., p. 134.

242 Ibid., p. 147-174.

243 Sobre o tema, vide Capítulo III, item nº 3.1

244 Op. cit., p. 141.

245 Ibid., p. 141.

246 Op. cit., 2004, p. 88.

É exatamente do excesso da liberdade que surge o abuso de direito. Referindo-se às lições de Josserand, Silvio Rodrigues observa haver

> abuso de direito quando ele não é exercido de acordo com a finalidade social para a qual foi conferido, pois, como diz este jurista, os direitos são conferidos ao homem para serem usados de uma forma que se acomode ao interesse coletivo, obedecendo à sua finalidade, segundo o espírito da instituição.[247]

Comete ato ilícito não só o agente que, por ação ou omissão voluntária, negligência ou imprudência, violar direito ou causar dano a outrem (CC, art. 186), mas também o titular de um direito que, ao exercê-lo, excede manifestamente os limites impostos pelo seu fim econômico ou social, pela boa-fé ou pelos bons costumes, nos termos do art. 187 do Código Civil, que inovou ao consagrar a teoria do abuso de direito.

As duas teorias (da ponderação e do abuso de direito), em verdade, se complementam, e servem para comprovar a relatividade de qualquer direito fundamental estabelecido na Constituição Federal,[248] ou seja, cada um desses direitos pode ser objeto de ponderação no caso concreto, devendo a liberdade de imprensa ser exercida de acordo com o fim social ao qual se destina; tratando especificamente desse direito fundamental, Hungria adverte que

> [...] os suspeitíssimos defensores da liberdade de imprensa à *outrance* fazem tabula rasa do art. 4º da Declaração dos Direitos do Homem, de 1789: "A liberdade consiste em poder fazer tudo quanto não seja nocivo a outrem". O que se tem de

---

[247] JOSSERAND, 1939, *apud* S. RODRIGUES. *Direito Civil: Parte Geral.* 34ª ed. atual. São Paulo: Saraiva, 2007, v. 1, p. 321.

[248] Nem mesmo o direito à vida possui caráter absoluto; fosse assim, todas as normas permissivas do Código Penal que reconhecem a juridicidade ou licitude de uma conduta típica seriam inconstitucionais, v.g., legítima defesa (CP, arts. 23, II, e 25), aborto terapêutico e sentimental (CP, art. 128, I e II), entre outras.

> permitir à imprensa é o uso, e não o abuso da liberdade de opinião, informação ou expressão.[249]

Essa concepção da liberdade de imprensa como direito fundamental relativo é que permite a tutela reparatória e o direito de resposta em favor da vítima quando constatado o abuso do direito de informar, mesmo porque, conforme lição de Hesse, a todo direito fundamental corresponde um dever, como condição indispensável da força normativa da Constituição.[250]

---

[249] Op. cit., p. 281.

[250] Op. cit., p. 21. Segundo Hesse, "a Constituição não deve assentar-se numa estrutura unilateral, se quiser preservar a força normativa num mundo em processo de permanente mudança político-social. Se pretende preservar a força normativa dos seus princípios fundamentais, deve ela incorporar, mediante meticulosa ponderação, parte da estrutura contrária. Direitos fundamentais não podem existir sem deveres, a divisão de poderes há de pressupor a possibilidade de concentração de poder, o federalismo não pode subsistir sem uma certa dose de unitarismo. Se a Constituição tentasse concretizar um desses princípios de forma absolutamente pura, ter-se-ia de constatar, inevitavelmente – no mais tardar em momento de acentuada crise – que ela ultrapassou os limites de sua força normativa. A realidade haveria de pôr termo à sua normatividade; os princípios que ela buscava concretizar estariam irremediavelmente derrogados" (p. 21).

CONFLITO ENTRE A LIBERDADE DE IMPRENSA E OS DIREITOS DA PERSONALIDADE

1 Conceito, origem, marcos regulatórios e características dos direitos da personalidade

Direitos da personalidade, segundo Telles Júnior, são aqueles "comuns da existência, porque são simples permissões dadas pela norma jurídica, a cada pessoa, de defender um bem que a natureza lhe deu, de maneira primordial e direta".[251] Tratam-se, pois, de direitos inerentes ao ser humano, de natureza extrapatrimonial e que decorrem do simples fato dele existir, coexistindo assim com seus direitos patrimoniais, mas que com estes não se confundem, muito embora sua violação também possa ser resolvida em perdas e danos.[252]

Godoy, amparado nas lições de Capela de Souza, após caracterizar os direitos da personalidade como naturais (pré-normativos) e anteriores à liberdade de imprensa, aponta sua origem nos interditos romanos (*actio injuriarum*), no século II A.C., mas como ainda não havia nenhuma norma expressa, a proteção era concedida essencialmente pela atuação dos pretores.[253]

---

251 G. Telles Júnior. *Direito subjetivo.* In: R. L. França (coord.). Enciclopédia Saraiva do Direito. São Paulo: Saraiva, 1977, v. 28, p. 316.

252 T. F. Schoedl, op. cit., 2015, p. 225-226.

253 Op. cit., p. 2-8.

Em termos mais recentes, o mesmo autor identifica a normatização dos direitos da personalidade pela Constituição da Alemanha de 1949, em seu art. 1º, nº 1, ao dispor que "a dignidade do homem é sagrada e constitui dever de todas as autoridades do Estado seu dever e proteção", enquanto o art. 2º, nº 1, estabelece que "cada um terá direito ao livre desenvolvimento de sua personalidade".[254]

1.1 Disciplina constitucional e legal

A exata compreensão do alcance das normas que protegem os direitos da personalidade é de suma importância, pois são elas que, no caso concreto, muitas vezes colidem com as normas relacionadas à liberdade de imprensa, de idêntica envergadura constitucional, devendo ser verificado se a pessoa atingida pela notícia faz ou não jus às tutelas previstas em Lei.

A Constituição Federal confere ampla proteção aos direitos da personalidade; enquanto o art. 1º, inciso III, consagra a dignidade da pessoa humana como um dos fundamentos da República, o art. 5º, inciso X, assim determina: "são invioláveis a intimidade, a vida privada, a honra e a imagem das pessoas, assegurado o direito a indenização pelo dano material ou moral decorrente de sua violação". Os direitos da personalidade, portanto, compreendem o chamado direito à privacidade, cuja origem remonta à importante decisão proferida pelo juiz norte-americano Coly, em 1873, quando identificou o chamado "*right to be alone*", ou seja, o direito de ser deixado tranquilo, em paz, de estar só.[255]

Outro marco importante relacionado à proteção dos direitos da personalidade, notadamente do direito à intimidade, entendido como valor desvinculado do direito à honra, foi o reconhecimento

---

[254] Ibid., p. 12-13.

[255] J. Afonso da Silva, op. cit., p. 206.

do "*right to privacy*", estabelecido por Warren e Brandeis, em 1890, com a célebre frase: "*my home is my castle*".

Pela concepção anglo-americana, o direito à privacidade é o gênero que compreende:

a) Intimidade: segundo Dotti, trata-se da "esfera secreta do indivíduo na qual este tem o poder legal de evitar os demais";[256] tal proteção busca preservar o indivíduo tanto contra ingerências do Estado como de particulares, inclusive de seus próprios familiares e amigos, alcançando também o homem público, salvo no que se refere à sua vida política;[257]

b) Vida privada: Godoy define a privacidade – tomada aqui como sinônimo de vida privada e não como gênero – como a "garantia de uma esfera de não devassa da vida do indivíduo, mesmo quando exposto às contingências da vida social e profissional";[258] a vida privada diz respeito às relações do indivíduo com os membros de sua família e amigos (vida interior), e não às relações sociais (vida exterior), pois estas podem ser objeto de pesquisas e divulgações,[259] daí por que se admite a divulgação de notícias sobre investigações e processos judiciais – com observância da imparcialidade e da presunção de inocência –, mas não de fatos relacionados à vida interior e à intimidade da pessoa, valores que são objeto de expressa tutela constitucional, pois inexiste interesse público que legitime o direito de informar em tais hipóteses.

A Constituição ainda consagra a proteção da honra e imagem, valores destacados e independentes da privacidade. A imagem diz respeito tanto aos atributos físicos como morais da pessoa, de natu-

---

[256] Dotti, 1980, *apud* J. Afonso da Silva, op. cit., p. 207.

[257] L. G. G. C. Carvalho, op. cit.., p. 54-56.

[258] Op. cit., p. 43.

[259] J. Afonso da Silva, op. cit., p. 208.

reza disponível,[260] não se confundindo com a honra, que se dividide em: a) subjetiva: sentimento do indivíduo a respeito de seus própios atributos morais, físicos e intelectuais; b) objetiva: reputação do indivíduo perante a sociedade. De acordo com Godoy,

> Imagem e honra não se confundem. Tanto assim que o direito à imagem pode ser violado sem que seja afetada a honra de uma pessoa, bastando recorrer ao exemplo de Pedro Frederico Caldas, em que fotografia, de uso autorizado para determinada campanha, é também utilizada para fim outro, de propaganda da agência encarregada daquele primeiro trabalho. Violou-se o direito à imagem, sem qualquer maltrato do direito à honra da pessoa fotografada [...] Aliás, tanto autônomo se mostra o direito à imagem que, com relação à característica da disponibilidade, ele se distancia de outros direitos da personalidade.[261]

O Código Civil trata dos direitos da personalidade nos arts. 11 a 21. A peculiaridade do direito à imagem referida pelo autor encontra fundamento no art. 20 do mesmo diploma, que assim dispõe: "Salvo se autorizadas, ou se necessárias à administração da justiça ou à manutenção da ordem pública, a divulgação de escritos, a transmissão da palavra, ou a publicação, a exposição ou a utilização da imagem de uma pessoa poderão ser proibidas, a seu requerimento e sem prejuízo da indenização que couber, se lhe atingirem a honra, a boa fama ou a respeitabilidade, ou se destinarem a fins comerciais".

Referido dispositivo é alvo de pesadas e acertadas críticas,[262] justamente porque conferiu maior proteção aos direitos da personalidade no plano abstrato, em descompasso com a Constituição Federal. Apesar da análise desse tema específico exigir um trabalho

---

260 C. L. B. Godoy, op. cit., p. 37-38.

261 Ibid., p. 37-38. Sobre as características dos direitos da personalidade, vide próximo item.

262 Confira-se, neste sentido: C. L. B. Godoy, op. cit., p. 39 e segs.

autônomo, cumpre destacar a lição de Carvalho, defendendo que tal dispositivo seja interpretado conforme a Constituição:

> Pretender que a liberdade de informação somente prepondere sobre a honra, boa fama e a respeitabilidade das pessoas quando for necessária à administração da justiça ou à manutenção da ordem pública é adotar uma opção axiologicamente não indicada pela Constituição. Em muitos casos, para que a liberdade de informação seja exercida amplamente como quer a Carta Magna, torna-se imperioso violar a respeitabilidade, a honra e a boa fama de algumas pessoas, em nome do interesse público da notícia ou simplesmente em respeito ao direito de informação da sociedade.[263]

Dessarte, a proteção dos direitos da personalidade alcança tanto os particulares como os agentes públicos, pois a lei não faz distinção, muito embora em relação a estes haja maior permissibilidade quanto a veiculações mais contundentes, desde que observados os princípios da razoabilidade, proporcionalidade e da presunção de inocência, justamente por conta do exercício da função pública, a qual lhes impõe um dever maior de satisfação à sociedade.

1.2 Características dos direitos da personalidade

Gonçalves aponta as seguintes características dos direitos da personalidade:[264] a) intransmissibilidade e irrenunciabilidade (CC, art. 11), pois são ligados à pessoa humana, sendo, portanto, indisponíveis, salvo quanto à imagem, como adrede examinado; b) absolutismo, pois são oponíveis *erga omnes*, ou seja, contra todos; c) não-limitação (CC, art. 11), pois não se restringem àqueles direitos mencionados nas leis e na Constituição; d) imprescritibilidade,

---

263 Op. cit., p. 65.

264 C. R. Gonçalves. *Direito Civil Brasileiro: Parte Geral.* 10ª ed. São Paulo: Saraiva, 2012, v. 1, p. 187-190.

embora a pretensão de reparação moral ou material esteja sujeita a prazos prescricionais fixados em Lei (CC, arts. 189, 190, 205 e 206); e) impenhorabilidade; f) não-sujeição à desapropriação; e g) vitaliciedade, pois acompanham a pessoa até mesmo depois de sua morte (CC, art. 12).

Ressalte-se que o "absolutismo" mencionado pelo autor, de forma alguma, significa que os direitos da personalidade não possam sofrer limitações quando verificado o conflito com outros direitos fundamentais no caso concreto – por exemplo, quando colidem com a própria liberdade de imprensa –, mas tão somente que eles são oponíveis contra qualquer pessoa (*erga omnes*). Portanto, assim como os demais direitos fundamentais, os direitos da personalidade são relativos, podendo ser objeto de ponderação quando verificada a colisão no caso concreto.

Como já afirmado, o entendimento no sentido de que os direitos da personalidade seriam absolutos, inclusive a dignidade da pessoa humana, ou de que a liberdade de imprensa seria absoluta, não podendo sofrer qualquer limitação, tornaria impossível a solução de eventuais colisões.[265] Neste mesmo sentido a lição de Carvalho, concebendo uma relação mútua entre os direitos fundamentais, como pressuposto necessário à convivência dessa categoria jurídica prevista na Constituição Federal:

> [...] a teoria dos limites imanentes seria mais bem explicada ou defendida à luz da correta interpretação das normas constitucionais. É evidente que os direitos constitucionais são como reflexos; refletem uns nos outros, limitando-se mutuamente. A liberdade de informação, por exemplo, há que encontrar um limite intrínseco no próprio princípio constitucional que a consagra, bem como nos demais direitos fundamentais, especialmente os direitos da personalidade, e assim em diante. Basta compreender e harmonizar as normas constitucionais.[266]

---

[265] Vide Capítulo II, especialmente os itens nº 3, 4 e 5.

[266] Op. cit., p. 47-48.

Eis uma das razões por que se estabeleceu a relatividade dos direitos fundamentais – decorrência da concepção jusnaturalista do Direito – como uma das premissas do presente trabalho.[267]

2 Premissa nº 2: a liberdade de imprensa e o direito de informar compreendem, dialeticamente, o "direito difuso à informação verdadeira" (CARVALHO, 2003)

A problemática aqui enfrentada revela um autêntico conflito entre dois direitos fundamentais: de um lado, a proteção dos direitos da personalidade, incluindo a dignidade, honra, imagem, vida privada e intimidade da pessoa que é alvo de notícias (CF, art. 1º, III; e art. 5º, V, e X), e de outro, a liberdade de imprensa (CF, art. 5º, IV e IX; art. 220, §§ 1º a 6º), sendo que ambos integram os chamados "direitos de primeira dimensão", aos quais se refere Bobbio,[268] eis que ligados à ideia de liberdade, muito embora o direito à informação verdadeira também configure um direito difuso,[269] ou seja, pertencente a um número indeterminado de pessoas, e, como tal, integrante da terceira dimensão.[270] O próprio Bobbio, ao estabelecer a sua classificação dos direitos fundamentais, já alertava que

> [...] a crescente quantidade e intensidade das informações a que o homem de hoje está submetido faz surgir, como força cada vez maior, a necessidade de não ser enganado, excitado ou perturbado por uma propaganda maciça e deformadora;

267 Vide, a esse respeito, o Capítulo II, item nº 3.

268 Op. cit., 2004, p. 5-6. Confira-se ainda o Capítulo II, item nº 2.

269 L. G. G. C. Carvalho, op. cit., p. 105.

270 Sobre a classificação dos direitos fundamentais, confira-se ainda: A. Moraes. *Direito Constitucional.* 24ª ed. São Paulo: Atlas, 2009, p. 31; P. Lenza, op. cit., p. 957-961; T. F. Schoedl – M. F. Lamanauskas, op. cit., p. 289-290.

começa a se esboçar, contra o direito de expressar as próprias opiniões, o direito à verdade das informações.[271]

Afonso da Silva igualmente reconhece a dimensão coletiva do direito à informação:

> O direito de informar, como aspecto da liberdade de manifestação do pensamento, revela-se um direito individual, mas já contaminado de sentido coletivo, em virtude das transformações dos meios de comunicação, de sorte que a caracterização mais moderna do direito de comunicação, que especialmente se concretiza pelos meios de comunicação social ou de massa, envolve a transmutação do antigo direito da imprensa e de manifestação de pensamento, por esses meios, em direitos de feição coletiva [...] A Constituição acolheu essa distinção. No capítulo da comunicação (arts. 220 a 224), preordena a liberdade de informar completada com a liberdade de manifestação do pensamento (art. 5º, IV). No mesmo art. 5º, XIV e XXXIII, já temos a dimensão coletiva do direito à informação. O primeiro declara assegurado a todos o acesso à informação. É o interesse geral contraposto ao interesse individual de manifestação de opinião, idéias e pensamento, veiculados pelos meios de comunicação social. Daí por que a liberdade de informação deixara de ser mera função individual para tornar-se função social.[272]

O avanço tecnológico, a globalização e a massificação da informação fizeram, segundo Godoy, com que os meios de comunicação passassem a representar um "fator de potencial ingresso na vida privada das pessoas",[273] especialmente quando a cobertura jornalística diz respeito a pessoas investigadas ou processadas, hipóteses em

---

271 Op. cit., 2004 , p. 33.

272 Op. cit., p. 260. Dispõe o art. 5º, inciso XIV, da Constituição Federal: "é assegurado a todos o acesso à informação e resguardado o sigilo da fonte, quando necessário ao exercício profIssional".

273 C. L. B. Godoy, op. cit., p. 44.

que o exercício do direito de informar acaba violando os direitos da personalidade, tratando-se de um autêntico conflito entre direitos fundamentais, o qual, inclusive, costuma servir de exemplo para o estudo de tão relevante tema do Direito Constitucional.

Importante ressaltar que a distinção entre regras e princípios, referida no Capítulo anterior, muitas vezes não se revela tão evidente quando se examinam conflitos entre direitos fundamentais.[274] Dworkin faz tal ressalva mencionando exatamente o direito à liberdade de expressão:

> Em muitos casos a distinção é difícil de estabelecer – é possível que não se tenha estabelecido de que maneira o padrão deve funcionar; esse ponto pode ser ele próprio o foco da controvérsia. A primeira emenda à Constituição dos Estados Unidos contém uma disposição determinando que o Congresso não pode cercear a liberdade de expressão. Será esta uma regra, de modo que se alguma lei específica cercear a liberdade de palavra, se poderá concluir que se trata de uma lei inconstitucional? Os que afirmam que a primeira emenda é "um absoluto" dizem que ela deve ser vista dessa maneira, isto é, como uma regra. Ou ela meramente enuncia um princípio, de modo que, se um cerceamento da liberdade de expressão for descoberto, ele será inconstitucional a menos que seu contexto revele a existência de uma outra política ou princípio que, nas circunstâncias, tenha força suficiente para permitir esse cerceamento? Essa é a posição dos que defendem o teste do "perigo real e iminente" ou alguma outra forma de '"ponderação".[275]

Exatamente por conta dessa dificuldade é que alguns autores sustentam que, no conflito entre a liberdade de imprensa e os direitos da personalidade, há tanto uma colisão entre regras como entre princípios. Para Godoy, numa primeira análise, haveria um confronto

---

[274] Vide, a esse respeito, o Capítulo II, item nº 5.

[275] Op. cit., p. 43-44.

entre regras jurídicas, na medida em que as disposições constitucionais buscam exatamente conferir maior proteção aos seus titulares, o que somente seria possível através da veiculação de regras, e não de princípios; no entanto, tais disposições não perdem a natureza de princípios, estando ambas fundamentadas na dignidade da pessoa humana, entendida como "valor máximo do ordenamento", admitindo-se então a concorrência com outros princípios e a ponderação no caso concreto, o que não seria possível se se tratassem de regras.[276]

Embora se discorde do autor quanto à sua concepção da dignidade da pessoa humana como um "superprincípio", pois tal valor deve possuir peso idêntico aos demais princípios, sejam expressos ou implícitos,[277] sua observação é procedente quando considera os direitos da personalidade e a liberdade de imprensa não apenas como regras, mas como princípios, possibilitando assim a devida ponderação no caso concreto, o que não seria possível se tais normas fossem concebidas apenas como regras, sujeitas à "lógica do tudo ou nada", de Dworkin.[278]

Como já examinado, referido conflito pode ser solucionado tanto pela teoria da ponderação como pela teoria do abuso de direito, que em verdade se complementam.[279] Não se trata de preferir um direito em detrimento de outro no plano abstrato, mas apenas de verificar, de acordo com as circunstâncias do caso concreto, qual deles deverá prevalecer, sem anular o outro. Isso porque essa espécie de conflito não pode ser solucionada pelos tradicionais critérios hierárquico, cronológico e da especialidade,[280] devendo o intérprete valer-se daquelas teorias, muito embora, deve-se alertar, também não seja

---

276 Op. cit., p. 60.

277 Neste mesmo sentido: R. Alexy, op. cit., p. 97.

278 Confira-se, a respeito, o Capítulo II, item nº 5.1.

279 Sobre o tema, confira-se o Capítulo II, itens nº 5.1 e 5.3.

280 T. F. Schoedl, op. cit., 2015, p. 225.

possível fixar-se um "modelo específico preconcebido", como bem ressaltado por Godoy,[281] valendo aqui a mesma observação referente ao aborto de feto anencéfalo.[282]

Mas além dessas teorias, quando se ingressa no conflito entre a liberdade de imprensa e os direitos da personalidade, há outras mais específicas que procuram auxiliar o aplicador da lei; neste sentido, Chequer aponta duas importantes teorias norte-americanas:[283]

a) *Actual malice*: quando a matéria veiculada é de interesse público, protege-se com mais veemência a liberdade de expressão, salvo se comprovado o conhecimento da falsidade da informação (*knowledge of falsity*);
b) Teoria da reportagem neutra (*neutral reportage doctrine*): foi desenvolvida pela Corte de Apelação de *New York* (Edwards vs. *National Audubon*, 1977), segundo a qual a matéria difamatória é amparada mesmo que o jornalista não tenha verificado a veracidade da informação, desde que "a notícia consista apenas na reprodução, de maneira neutra, de fatos ou reflexões de interesse público, narrados por um terceiro capaz de caracterizar-se como uma pessoa ou organização proeminente e responsável".[284]

A teoria *actual malice* é a mais aceita, exatamente por viabilizar a devida proteção dos direitos da personalidade, porém, sem inibir a liberdade de imprensa, o que somente ocorrerá quando verificado o conhecimento da falsidade da notícia pelo autor da matéria jornalística (*knowledge of falsity*).

A *neutral reportage doctrine*, por outro lado, tem suas premissas assentadas num insustentável e perigoso subjetivismo, ao mencionar

---

281 C. L. B. Godoy, op. cit., p. 66.

282 Sobre o tema, confira-se o Capítulo II, item nº 5.1.

283 C. Chequer. *A informação midiática não abrange a propagação de boatos*. Jornal Carta Forense, Abril de 2015, p. B10.

284 Ibid.

que o autor da notícia replicada seja uma "pessoa ou organização proeminente e responsável", constituindo um verdadeiro abre-te--sésamo para a veiculação de notícias inverídicas, legitimando, inclusive, o *efeito cascata da notícia inverídica*, mencionado alhures.[285]

O Superior Tribunal de Justiça, embora sem referir-se expressamente à *neutral reportage doctrine*, adotou-a indiretamente para justificar a redução do valor da indenização devida aos ex-proprietários da Escola Base,[286] em sede de recurso especial, sob o precário e sofrível argumento de que "é preciso distinguir o efetivo responsável pela informação inverídica e desabonadora, daqueles que apenas contribuem para a sua disseminação", conforme o voto-vista da ministra Nancy Andrighi.[287] Importante frisar que, embora o crime de calúnia exija o dolo direto do agente que propala ou divulga a falsa imputação de crime (CP, art. 138, § 1º) – [288] ou seja, o conhecimento da falsidade da notícia –, para fins de reparação civil é suficiente a negligência do jornalista que deixa de apurar a veracidade da informação, não havendo qualquer justificativa ontológica para a redução da indenização.

Apesar da Constituição Federal brasileira silenciar sobre a necessidade de que a notícia informada pelos meios de comunicação seja verdadeira, Carvalho ressalta que

> a liberdade de informação pretendida pelo constituinte brasileiro vai além da liberdade formal para uma liberdade

---

[285] Confira-se, a respeito do assunto, o Capítulo I, item nº 10.

[286] A respeito do "caso da Escola Base", confira-se o Capítulo I, item nº 9, e o item nº 5.1, deste Capítulo.

[287] REsp 1215294/SP, Rel. Min. Ricardo Villas Bôas Cuevas, Terceira Turma, j. 17.12.2013.

[288] O crime de calúnia está previsto no art. 138 do Código Penal, nos termos seguintes:
"Art. 138. Caluniar alguém, imputando-lhe falsamente fato definido como crime:
Pena - detenção, de seis meses a dois anos, e multa.
§ 1º - Na mesma pena incorre quem, sabendo falsa a imputação, a propala ou divulga".

> material, que importa em uma verdadeira qualidade da notícia transmitida: a qualidade da verdade. Esta é a liberdade garantida, a que presta o serviço público de contribuir para a democracia, para a participação, para a igualdade, para a justiça, valores todos compatíveis com a verdade. Esta é que é a liberdade que deve ser perseguida.[289]

Mais avançada, neste ponto, mostra-se a Constituição espanhola, que, em seu art. 20, nº 1, letra "d", reconhece e protege os direitos de "*comunicar o recibir libremente información veraz por cualquier medio de diffusion*".[290]

Talvez a timidez do legislador brasileiro tenha uma explicação histórica, uma vez que a Constiuição de 1988 foi a primeira elaborada após a queda do regime militar, período caracterizado pelo intenso cerceamento da liberdade de imprensa, daí por que preferiu-se não condicionar o exercício desse direito no texto constitucional.

Definir o que seja a "verdade" é algo tormentoso e algumas vezes até impossível, pois a sua exata compreensão decorre sempre de uma avaliação subjetiva do observador; não obstante, tomando-se em consideração o recorte do presente trabalho, que considera as pessoas investigadas ou processadas, e que, nestas condições, são alvos de matéria jornalística, a "verdade" corresponde, ao menos em tese,[291] ao que foi apurado nos respectivos procedimentos investigatórios ou judiciais.[292]

---

289 L. G. G. C. Carvalho, op. cit., p. 98-99.

290 Disponível em <<http://www.boe.es/buscar/doc.php?id=BOE-A-1978-31229>>. Acesso em 20.05.2016.

291 "Em tese" porque nem sempre o que consta naqueles procedimentos corresponde à mais absoluta verdade. Confira-se, sobre o tema: T. F. Schoedl. *PEC 37/2011: a blindagem do "sistema penal subterrâneo"*. Disponível em <<http://www.cartaforense.com.br/m/conteudo/artigos/pec-372011-a-blindagem-do-sistema-penal-subterraneo/11332>>. Acesso em 3.01.2019.

292 Para uma compreensão espiritual da verdade, confira-se: J. Comblin. *O que é a verdade?* Coleção Questões Fundamentais da Fé. Coordenação de Darci Luiz Marin, v. 5. São Paulo: Paulus, 2005.

No âmbito do Jornalismo, esta exigência de veracidade da informação traz uma certa inquietação e desconforto aos seus operadores, que costumam ora atribuir a responsabilidade por notícias inverídicas a supostas fontes, ora utilizar de sofismas para se eximirem, como bem observam Kovach e Rosenstiel:

> Alguns jornalistas têm sugerido substitutos para veracidade. Talvez os mais comuns são imparcialidade e equilíbrio. Contudo, os dois, se examinados com rigor, acabam sendo inadequados. Imparcialidade é um conceito muito abstrato e, no fim, mais subjetivo do que a verdade. Imparcial com quem? Como se testa imparcialidade? A veracidade, com todas suas dificuldades, pelo menos pode ser testada. Equilíbrio, também, é muito subjetivo. Escrever uma matéria tratando de ser justo com os dois lados da história talvez não seja o ideal de verdade, sobretudo se os dois lados não têm o mesmo peso.[293]

Mas seja qual for o substantivo utilizado, certo é que a falsidade da notícia autoriza tanto a tutela reparatória como o direito de resposta promovidos pela pessoa atingida. Passa-se assim ao exame das tutelas de proteção.

3 Tutelas legais destinadas à defesa dos direitos da personalidade violados pelo exercício da liberdade de imprensa

As ofensas e pré-condenações proferidas por veículos de comunicação contra pessoas investigadas ou processadas configuram ato ilícito, autorizando o manejo de três espécies de tutela legal: preventiva, reparação pecuniária e direito de resposta. Cuidar-se-á aqui das duas primeiras, pois ao direito de resposta será dedicado um Capítulo próprio.[294]

---

[293] Kovach – Rosenstiel, 2003, *apud* A. L. F. Precht, op. cit., p. 15.

[294] Vide Capítulo IV.

3.1 Tutela preventiva

A tutela preventiva compreende as ações cautelares, que visam evitar a prática de um ato lesivo aos direitos da personalidade, e as cominatórias ou mandamentais, também chamadas de tutela específica, nas quais se requer o cumprimento de uma obrigação de fazer ou não fazer, p. ex., para que um veículo de comunicação deixe de apresentar matéria relacionada à intimidade da vítima, cujas imagens tenham sido obtidas de maneira clandestina. Godoy, citando as lições de Carbonari, observa que

> [...] as condenações pecuniárias sob a forma de perdas e danos são pouco eficazes. Melhor que esperá-los é a reparação *in natura*, e sobretudo uma ação preventiva destinada a ser mais rápida que as indiscrições, por meio de medidas tais que apreendam ou sequestrem jornais, livros, filmes etc. que portem atentado à vida privada.[295]

Tal possibilidade, segundo Godoy, não se confunde com a censura, pois "não se trata de, previamente, e de forma injustificada, obstar o exercício da liberdade de imprensa. Cuida-se, antes, de garantir a própria função institucional que lhe é inerente".[296] Aliás, de acordo com Carvalho, há métodos inconstitucionais e constitucionais de restrição à liberdade de imprensa: entre os primeiros, encontram-se a censura e sequestro; entre os segundos, a proibição de divulgação e a indenização civil,[297] embora se discorde do referido autor quanto ao sequestro, medida nem sempre eivada de inconstitucionalidade.

Portanto, apesar da Constituição Federal vedar a censura prévia (arts. 5º, IX, e 220, *caput*), eventuais excessos decorrentes do direito de informar devem ser reparados pelo Poder Judiciário quando a

---

295 Op. cit., p. 106.

296 Ibid., p. 106.

297 Op. cit., p. 129-131.

vítima optar pelo seu direito constitucional de ação, sem que se possa falar em "censura judicial".[298]

Alexy aponta importante decisão do Tribunal Constitucional alemão no "caso Lebach", relacionado à exibição do documentário "O assassinato de soldados em Lebach", quando um dos condenados, prestes a ser solto, alegava que a exibição atrapalharia sua ressocialização.[299] No julgamento, o Tribunal Constituicional alemão passou por três etapas: 1ª) reconhecimento de idêntica validade dos princípios constitucionais envolvidos (direitos da personalidade e liberdade de imprensa); 2ª) precedência geral da liberdade de imprensa; 3ª) a repetição do noticiário sobre grave crime coloca em risco a ressocialização do autor, eis que ausente o interesse atual, decidindo-se assim a favor de seus direitos da personalidade e pela proibição da veiculação do documentário.

Em verdade, toda decisão judicial que importe em restrição da liberdade de imprensa ou dos direitos da personalidade deve ter o princípio da proporcionalidade como norteador, o qual pode ser definido como a exigência de um justo equilíbrio entre os meios disponíveis para a restrição de direitos e os fins que se pretende atingir. Referido princípio, implicitamente consagrado pela Constituição Federal, foi normatizado pelo novo Código de Processo Civil, em seu art. 8º: "Ao aplicar o ordenamento jurídico, o juiz atenderá aos fins sociais e às exigências do bem comum, resguardando e promovendo a dignidade da pessoa humana e observando a proporcionalidade, a razoabilidade, a legalidade, a publicidade e a eficiência".[300]

---

298 T. F. Schoedl, op. cit., 2015b, p. 70.

299 Op. cit., p. 99-102.

300 Muito embora a Lei 9.784/99, que regula o processo administrativo no âmbito da Administração Pública Federal, já fizesse expressa referência ao mencionado princípio: "A Administração Pública obedecerá, dentre outros, aos princípios da legalidade, finalidade, motivação, razoabilidade, proporcionalidade, moralidade, ampla defesa, contraditório, segurança jurídica, interesse público e eficiência" (art. 2º, *caput*).

A aplicação do princípio da proporcionalidade, segundo Ávila, deve levar em conta o seguinte trinômio:[301]

a) Adequação: se o meio utilizado promove um fim; no exemplo do documentário, o meio (proibição da exibição) promove um determinado fim, que é a proteção dos direitos da personalidade da vítima;

b) Necessidade: entre todos os meios previstos, deve-se eleger o menos lesivo aos direitos fundamentais; no mesmo exemplo, optou-se por apenas proibir a exibição, em vez da apreensão e destruição do material;

c) Proporcionalidade em sentido estrito: se as vantagens trazidas pela promoção do fim correspondem às desvantagens ocasionadas pelos meios (equilíbrio entre meios e fins); no caso em questão, a vantagem trazida ao autor da ação através da proibição da exibição do documentário – qual seja, a proteção de sua honra e imagem – corresponde exatamente às desvantagens impostas aos requeridos (nem mais, menos).[302]

Ainda de acordo com Ávila, há que se diferenciar a proporcionalidade da razoabilidade: a primeira diz respeito à legitimidade das restrições impostas pelo Poder Público aos direitos de particulares, quando houver uma relação entre meios e fins, nos termos do mencionado trinômio, enquanto a segunda tem lugar quando se "investiga a relação entre duas grandezas ou entre uma medida e o critério que informa sua fixação".[303]

---

[301] H. Ávila, op. cit., p. 173-174.

[302] Ávila, após apontar as dificuldades para dimensionar o referido trinômio no caso concreto, adverte que "os três exames envolvidos na aplicação da proporcionalidade só aparentemente são incontroversos. Sua investigação revela problemas que devem ser esclarecidos, sob pena de a proporcionalidade, que foi concebida para combater a prática de atos arbitrários, funcionar, paradoxalmente, como subterfúgio para a própria prática de tais atos" (op. cit., p. 174).

[303] Ibid., p. 174-190.

3.2 Reparação pecuniária: a "Justiça Corretiva" de Aristóteles

Aristóteles estabelece que a virtude é uma espécie de mediana, localizando-se entre os vícios do excesso e da falta, considerando a Justiça não apenas como uma das virtudes do homem, mas como a própria virtude: a Justiça "é a virtude completa no pleno sentido do termo, por ser o exercício atual da virtude completa", pois é uma virtude exercida não apenas sobre si mesmo, mas também sobre o próximo, o chamado "bem de um outro".[304] Para o consagrado filósofo de Estagira, a Justiça pode ser definida como a "disposição de caráter que torna as pessoas propensas a fazer o que é justo, que as faz agir justamente e desejar o que é justo", enquanto a injustiça é a "disposição que as leva a agir injustamente e desejar o que é injusto".[305]

Ainda segundo Aristóteles, a Justiça pode ser:[306] a) total ou universal, ou seja, a virtude genérica de se observar a Lei; e b) particular, aquela que diz respeito ao relacionamento entre as partes, podendo ser distributiva, quando disser respeito às repartições realizadas pelo Estado de forma igualitária, conforme as necessidades (relação de subordinação), ou corretiva, destinada a reparar lesões decorrentes da violação de contratos ou da prática de atos ilícitos (igualdade aritmética).[307]

O justo é o proporcional, enquanto o injusto é tudo que viola essa proporção;[308] se para Aristóteles a Justiça é a virtude completa,

---

[304] Op. cit., p. 273 e 322.

[305] Ibid., p. 321.

[306] Ibid., p. 323-329. Confira-se também, a respeito do tema: E. C. B. Bittar, op. cit., p. 39-60.

[307] Aristóteles trata ainda das chamadas Justiça Política, que é a aplicação da justiça nas cidades e apenas aos cidadãos; Justiça Doméstica, aplicável ao viver familiar; e Justiça Natural, que não se fundamenta na vontade humana, mas na própria natureza, independente, portanto, de positivação – a Justiça Natural seria mutável, enquanto a Legal, por ser positivada, seria imutável, mas esta tem origem naquela (*apud* E. C. B. Bittar, op. cit., p. 39-60).

[308] Aristóteles, op. cit., p. 325.

a injustiça, por outro lado, não é apenas "uma parte do vício, mas o vício inteiro",[309] daí por que o mesmo autor, embora considere que a virtude se localize entre o excesso e a falta, adverte que

> [...] nem toda ação e paixão admite um meio-termo, pois alguns têm nomes que já de si mesmos implicam maldade, como o despeito, o despudor, a inveja, e no campo das ações, o adultério, o furto, o assassínio [...] igualmente absurdo seria buscar um meio-termo, um excesso e uma falta em atos injustos, covardes ou libidinosos; porque assim haveria um meio-termo do excesso e da carência, um excesso de excesso e uma carência de carência.[310]

Nessa mesma linha de raciocínio, Kelsen cuida do princípio da retribuição (*Vergeltung*), aplicável à responsabilidade civil, o qual

> [...] exige uma pena para a falta ou ilícito e tem, sob este aspecto, psicologicamente, a sua raiz no instinto vindicativo do homem. Na medida em que o direito é uma ordem estatuidora de sanções e as sanções consistem na aplicação coativa de um mal como reação contra um ilícito, o direito – todo o direito – corresponde ao princípio de retribuição.[311]

Kelsen também sistematiza, com suas devidas críticas, quatro "normas de justiça do tipo racional" trazidas por outros autores, mas que não convém esmiuçar no presente trabalho, considerando seu recorte específico (com exceção da última, já referida):[312]

---

309 Ibid., p. 323.

310 Ibid., p. 273. Referindo-se à Justiça Corretiva aristotélica, Bittar leciona que a "aritmética aplicável permite a ponderação entre a perda e o ganho, garantindo, com objetividade, o restabelecimento das partes à posição inicial em que se encontravam; o justo corretivo se exerce por meio do retorno das partes ao *status quo ante*. Tem-se uma perfeita equidistância das partes relativamente ao centro, onde se situa o justo meio" (op. cit., p. 46). Esta proporção aritmética também pode ser observada na Justiça Agostiniana (E. C. B. Bittar, op. cit., p. 129).

311 Op. cit., 1998, p. 31-32.

312 Ibid., p. 18-31.

a) Fórmula de justiça *suum cuique*: a cada um deve-se dar o que lhe é devido;
b) "Regra de ouro": não fazer aos outros o que não deseja que se faça a ti;
c) Imperativo categórico de Kant: "age sempre de tal modo que a máxima do teu agir possa por ti ser querida como lei universal";[313]
d) *Mesotes* ou meio-termo de Aristóteles: a virtude está sempre no meio-termo entre o excesso e a falta.

Seguindo esta lógica, pode-se afirmar que, no âmbito da responsabilidade civil, a cada ação que produz um dano deve corresponder outra ação que restitua as partes ao estado anterior, também chamado de posição inicial (*status quo ante*), reparando-se integralmente o dano causado. Neste sentido, o art. 186 do Código Civil, que trata da responsabilidade civil extracontratual, assim dispõe: "Aquele que, por ação ou omissão voluntária, negligência ou imprudência, violar direito ou causar dano a outrem, ainda que exclusivamente moral, comete ato ilícito". Já o art. 927, *caput*, do mesmo diploma, determina que "aquele que, por ato ilícito (art. 186 e 187), causar dano a outrem, fica obrigado a repará-lo".

Discute-se se a ação proposta pela vítima, nos casos de ofensas proferidas por veículos de comunicação, deve ser fundamentada na responsabilidade subjetiva, demonstrando-se a culpa do ofensor, ou na responsabilidade objetiva, amparada somente no nexo causal entre a conduta ofensiva e o dano. A primeira posição predomina na jurisprudência, mas a segunda é mais coerente com o exercício da liberdade de imprensa, que encerra uma atividade de risco, podendo assim autorizar a regência do art. 927, parágrafo único, do Código Civil, dispositivo que normatizou a teoria do exercício da atividade perigosa: "Haverá obrigação de reparar o dano, independentemente

---

313 *Apud* H. Kelsen, 2006, p. 21.

de culpa, nos casos especificados em lei, ou quando a atividade normalmente desenvolvida pelo autor do dano implicar, por sua natureza, riscos para os direitos de outrem".[314]

Uma vez constatada a ofensa aos direitos da personalidade, é possível que a vítima de pré-condenações proferidas por veículo de comunicação acione o seu algoz, seja a organização que explora o veículo, seja o autor específico da ofensa, requerendo a reparação dos danos morais e materiais. O Superior Tribunal de Justiça, acertadamente, já decidiu que a vítima pode optar entre processar a pessoa física ou jurídica que explora a atividade de comunicação social, ou a pessoa específica que proferiu a ofensa, não se aplicando o art. 49, parágrafo 2º, da revogada Lei de Imprensa, que somente conferia legitimidade passiva ao primeiro.[315]

Quanto aos danos materiais, a vítima deverá provar toda espécie de prejuízo resultante da ofensa, incluindo-se os lucros cessantes – v.g., redução do número de clientes de um profissional liberal que foi vítima de calúnia praticada por uma emissora de TV –, mas a questão envolve maior complexidade quando se cuidam dos danos morais, ou seja, aqueles que atingem a dignidade do indivíduo, sem lhe acarretar um desfalque patrimonial, especialmente quanto aos critérios para a fixação do valor da indenização, tema que se passa a examinar.

3.2.1 Sistemas de quantificação do dano moral

Há dois sistemas para determinar-se o montante da indenização por dano moral:

a) Sistema tarifado: encontrava fundamento nos arts. 51 e 52 da revogada Lei de Imprensa (Lei 5.250/67), dispositivos que

---

[314] O aprofundamento desse tema, contudo, excede a proposta do presente trabalho, cujo objetivo é demonstrar a ineficácia da prestação jurisdicional nos conflitos entre a liberdade de imprensa e os direitos da personalidade, segundo as variáveis "tempo" e "valor".

[315] REsp 61922/RS, Rel. Min. Menezes Direito, Terceira Turma, j. 10.11.1997.

previam uma tabela com os valores que deveriam ser estabelecidos pelo magistrado a título de indenização por danos morais, conforme cada espécie de ato ilícito.[316] Referido sistema atentava contra a Constituição Federal, que não limita o valor da indenização por dano moral (art. 5º, V), além de permitir que o autor fizesse um juízo prévio acerca da viabilidade econômica da ofensa,[317] daí por que o Superior Tribunal de Justiça, antes mesmo da declaração de inconstitucionalidade da Lei 5.250/67 pelo Supremo Tribunal Federal, editou a Súmula nº 281, nos termos seguintes: "A indenização por

---

316 Transcrevem-se os dispositivos citados da revogada Lei de Imprensa:
"Art. 51. A responsabilidade civil do jornalista profissional que concorre para o dano por negligência, imperícia ou imprudência, é limitada, em cada escrito, transmissão ou notícia:
I - a 2 salários-mínimos da região, no caso de publicação ou transmissão de notícia falsa, ou divulgação de fato verdadeiro truncado ou deturpado (art. 16, ns. II e IV).
II - a cinco salários-mínimos da região, nos casos de publicação ou transmissão que ofenda a dignidade ou decôro de alguém;
III - a 10 salários-mínimos da região, nos casos de imputação de fato ofensivo à reputação de alguém;
IV - a 20 salários-mínimos da região, nos casos de falsa imputação de crime a alguém, ou de imputação de crime verdadeiro, nos casos em que a lei não admite a exceção da verdade (art. 49, § 1º).
Parágrafo único. Consideram-se jornalistas profissionais, para os efeitos dêste artigo:
a) os jornalistas que mantêm relações de emprêgo com a emprêsa que explora o meio de informação ou divulgação ou que produz programas de radiodifusão;
b) os que, embora sem relação de emprêgo, produzem regularmente artigos ou programas publicados ou transmitidos;
c) o redator, o diretor ou redator-chefe do jornal ou periódico, a editor ou produtor de programa e o diretor referido na letra b , nº III, do artigo 9º, do permissionário ou concessionário de serviço de radiodifusão; e o gerente e o diretor da agência noticiosa.
Art. 52. A responsabilidade civil da emprêsa que explora o meio de informação ou divulgação é limitada a dez vêzes as importâncias referidas no artigo anterior, se resulta de ato culposo de algumas das pessoas referidas no art. 50".

317 F. Zanetti. *A problemática da fixação do valor da reparação por dano moral.* São Paulo: LTR, 2009, p. 94.

dano moral não está sujeita à tarifação prevista na Lei de Imprensa".

b) Sistema do livre arbitramento: neste caso, o juiz, ao proferir a sentença condenatória, não fica adstrito a tabelas previstas em Lei, fixando a indenização de acordo com a extensão do dano e a condição socioeconômica das partes, com proporcionalidade. O valor fixado deve servir para confortar a vítima, mas sem lhe gerar enriquecimento ilícito, funcionando ainda para reprimir o autor da ofensa e evitar a reiteração do seu comportamento nocivo (efeito pedagógico).[318]

3.2.2 *A jurisprudência do STF, do STJ e dos Tribunais de Justiça estaduais*

O sistema do livre arbitramento acabou prevalecendo na jurisprudência brasileira, destacando-se a seguinte decisão do Supremo Tribunal Federal:

> INDENIZAÇÃO. Responsabilidade civil. Lei de Imprensa. Dano moral. Publicação de notícia inverídica, ofensiva à honra e à boa fama da vítima. Ato ilícito absoluto. Responsabilidade civil da empresa jornalística. Limitação da verba devida, nos termos do art. 52 da lei 5.250/67. Inadmissibilidade. Norma não recebida pelo ordenamento jurídico vigente. Interpretação do art. 5º, IV, V, IX, X, XIII e XIV, e art. 220, caput e § 1º, da CF de 1988. Recurso extraordinário improvido. Toda limitação, prévia e abstrata, ao valor de indenização por dano moral, objeto de juízo de equidade, é incompatível com o alcance da indenizabilidade irrestrita assegurada pela atual Constituição da República. Por isso, já não vige o disposto no art. 52 da Lei de Imprensa, o qual não foi recebido pelo ordenamento jurídico vigente [...] O valor da indenização há de ser eficaz, vale dizer, deve, perante as circunstâncias históricas, entre as quais avulta a capacidade econômica de cada responsável, guardar uma força desencorajadora de nova

318 T. F. SCHOEDL, op. cit., 2015, p. 231-232.

> violação ou violações, sendo como tal perceptível ao ofensor, e, ao mesmo tempo, de significar, para a vítima, segundo sua sensibilidade e condição sociopolítica, uma forma heterogênea de satisfação psicológica da lesão sofrida.[319]

Neste mesmo sentido vem decidindo o Superior Tribunal de Justiça e os Tribunais de Justiça estaduais;[320] no entanto, como já se afirmou,

> [...] embora o sistema do livre arbitramento seja o mais recomendável, ele não evita situações esdrúxulas cotidianamente verificadas na jurisprudência, nas quais pequenas ofensas deflagradas contra autoridades públicas ou pessoas com grande poder aquisitivo são indenizadas com altas cifras, enquanto a morte de um cidadão pobre é penalizada com valores irrisórios, entre outros tantos casos – não evita, portanto, a chamada "loteria jurídica", a que se refere Antonio Jeová Santos.[321]

A adoção do sistema do livre arbitramento muitas vezes atenta contra o próprio princípio da igualdade, estabelecido no art. 5º, *caput*, da Constutuição Federal, na medida em que autoriza que fatos idênticos sejam sancionados com indenizações exageradamente distintas, ou então que fatos de gravidade diversa sejam reparados com os mesmos valores, configurando manifesta injustiça nas duas hipóteses.

Não são raros os casos em que integrantes de altos escalões do Governo ou dos três Poderes da República são indenizados com altos valores, por conta de uma ofensa proferida por um veículo de comunicação ou até mesmo por uma pessoa física, enquanto a mesma ofensa dirigida a um cidadão "comum" é fixada em valores muito inferiores, ou então, aquele mesmo valor é aplicado para um caso de

---

319 RE 447584/RJ, Rel. Min. Cezar Peluso, Segunda Turma, j. 28.11.2006.

320 Confira-se, neste sentido: STJ, REsp 210101/PR, Rel. Min. Carlos Fernando Mathias, Quarta Turma, j. 20.11.2008.

321 T. F. Schoedl, op. cit., 2015, p. 232.

acidente de trânsito com sequelas irreversíveis ou morte, havendo, portanto, uma completa distorção na jurisprudência brasileira.

Além disso, referido sistema também permite que o autor da ofensa medite a respeito de sua viabilidade econômica, não com base na Lei, mas tomando como padrão os valores fixados pela jurisprudência, o que tem sido determinante para tornar a produção de atos ilícitos por veículos de comunição uma atividade compensatória, como se pretende demonstrar a seguir.

4 Análise Econômica do Direito: a caracterização do chamado "dano eficiente" (FIÚZA, 2004)

Posner define a Análise Econômica do Direito como "o conjunto de estudos econômicos que são construídos em cima do conhecimento detalhado de uma área do Direito",[322] cujos princípios foram estabelecidos por Coase, sendo que posteriormente, o próprio Posner, em sua obra *Economics analysis of Law* (1973), a consagrou como disciplina autônoma.[323] Segundo Bezerra, "a relevância desta

[322] R. Posner. *O movimento análise econômica do Direito.* Trad. de Arthur Maria Ferreira Neto. In: A. V. Teixeira (org.) – E. S. Oliveira (org.). Correntes Contemporâneas do Pensamento Jurídico. Barueri: Manole, 2010, p. 276.

[323] R. J. R. Bezerra. *A relevância e o limite da análise econômica do Direito.* In: Informativo Jurídico Consulex. Ano XXVI, nº 3, Brasília, 16.01.2012, p. 5. Segundo Posner, há duas premissas básicas da Análise Econômica do Direito: "a primeira é que as pessoas agem como maximizadoras racionais de suas preferências quando tomam decisões não mercadológicas, como quando decidem se casar ou divorciar, cometer ou não cometer crimes, realizar uma prisão, ajuizar um litígio ou conciliar uma disputa judicial, dirigir um carro com cuidado ou de modo descuidado, poluir (é uma atividade não mercadológica, pois a poluição não pode ser comercializada no mercado), recusar a se associar com pessoas de diferentes raças ou, ainda, fixar uma idade para a aposentadoria compulsória de seus empregados. A segunda premissa é que as regras do Direito operam de modo a impor preços (algumas vezes subsidiar) a essas atividades não mercadológicas de modo a alterar o grau de ocorrência ou a característica dessas atividades" (op. cit., p. 278).

teoria reside no estudo de incentivos a serem positivados como forma de se alcançar a máxima eficiência dos comandos legais em todos os ramos do Direito, para que concretize sua função".[324]

Costuma-se dividir esta disciplina, genuinamente transdisciplinar, em duas fases:[325] a) a "velha Análise Econômica do Direito" (até a década de 1960), quando as relações entre Direito e Economia se restringiam àquelas áreas do Direito com forte implicação econômica, como o Direito Tributário e o Direito Empresarial; e b) a "nova Análise Econômica do Direito", que procura trazer explicações econômicas e possíveis soluções para grande parte do sistema normativo; a nova análise econômica do Direito, portanto, "rompeu barreiras e passou a inspirar a elaboração de normas jurídicas pertencentes a outras disciplinas";[326] como já se afirmou,

> [...] no que se refere às ofensas produzidas por veículos de comunicação, a análise econômica do Direito pode auxiliar o

---

[324] R. J. R. Bezerra, op. cit., p. 6.

[325] E. Stordeaur (h.) . *Análisis Económico del Derecho: una introducción.* Buenos Aires: Abeledo Perrot, 2011, p. 17.

[326] T. F. Schoedl, op. cit., 2015, p. 234. Ainda segundo Thales Schoedl, "não há como negar que o sistema normativo é inspirado por pressupostos com nítido caráter econômico, que buscam reduzir os custos e maximizar a utilidade dos interesses de todos os envolvidos numa determinada relação jurídica. Nos diversos ramos do Direito, os destinatários das normas raciocinam de forma econômica intuitivamente: no Direito Civil, pensando nas vantagens e desvantagens decorrentes do descumprimento de um contrato ou da prática de um ato ilícito; no Direito Administrativo, meditando sobre as consequências de desobedecer uma restrição ou punição imposta pela Administração Pública; no Direito Processual Civil, frequentemente as partes e seus procuradores discutem as vantagens e desvantagens advindas de uma conciliação ou de uma demanda; no Direito Penal, até o criminoso de menor capacidade intelectual sabe avaliar a relação entre o produto do crime e o cumprimento da pena eventualmente imposta, enquanto os chamados "criminosos do colarinho branco" fazem cálculos mais complexos para optarem ou não por uma determinada prática delitiva; finalmente, no Direito Processual Penal, a opção do acusado entre responder ao processo ou aceitar eventual aplicação de um instituto despenalizador possui evidente caráter econômico" (op. cit., 2015, p. 234-235).

> aplicador da lei a adotar soluções que, a médio e longo prazo, orientem o correto exercício do direito de informar, reduzindo assim o número de violações de direitos e a consequente multiplicação de demandas.[327]

O grande problema que se observa no âmbito das indenizações decorrentes de ofensas e pré-condenações proferidas por veículos de comunicação é a configuração do chamado "dano eficiente", o qual torna "mais compensador para o agente pagar eventuais indenizações do que prevenir o dano",[328] rompendo assim os pilares estabelecidos pela Justiça corretiva aristotélica e pelo princípio de retribuição kelseniano (*Vergeltung*).[329] Além disso, há uma evidente afronta ao princípio geral de Direito segundo o qual "nenhum homem pode beneficiar-se de seus próprios delitos".[330]

Como a produção de danos morais tornou-se uma atividade compensatória, os grandes veículos de comunicação não sofrem coerções para que adotem um padrão ético de conduta nas suas investigações e afirmações, com respeito aos princípios da imparcialidade e da veracidade da notícia, estabelecidos pelo Código de Ética

---

327 Ibid., p. 235.

328 Fiúza, 2004, *apud* E. G. Pimenta – H. A. R. P. Lana. *Análise Econômica do Direito e sua relação com o Direito Civil Brasileiro.* Revista da Faculdade de Direito da UFMG. Belo Horizonte, Nova Fase, 1962, nº 57, jul-dez, 2010, p. 128. Fiúza traz o exemplo da montadora que verifica que uma série de veículos foi produzida com um determinado defeito e que pode causar danos aos consumidores, apurando-se, após a realização de alguns cálculos, ser mais compensador pagar eventuais indenizações pela responsabilidade pelo fato do produto (CDC, art. 12), do que proceder ao *recall* (2004, *apud* PIMENTA; LANA, 2010, p. 128). Confira-se ainda, a respeito do assunto: SCHOEDL, Thales Ferri. *A compensatória produção de danos morais por veículos de comunicação.* In: PAGLIARINI, Alexandre Coutinho (org.); TOLENTINO, Zelma Tomaz (org.). Direitos Fundamentais e Relações Jurídicas. Rio de Janeiro: GZ, 2015, p. 225-243.

329 Vide item nº 3.2.

330 R. Dworkin, op. cit., p. 41.

do Jornalismo;[331] pelo contrário, contam, sim, com enormes incentivos financeiros para que continuem fomentando o escândalo e deturpando a informação, além do apoio moral de grande parte da população, com forte inclinação para satisfazer-se com a desgraça alheia.[332]

Como já advertia Aristóteles, "o homem comum não obedece por natureza ao sentimento de pudor, mas unicamente ao medo, e não se abstém de praticar más ações porque elas são vis, mas pelo temor ao castigo".[333] Quanto aos autores de ofensas proferidas através de veículos de comunicação, sequer existe este "temor ao castigo", seja em razão da morosidade da prestação jurisdicional, seja por conta da viabilidade econômica do ilícito, fatores que contribuem para que a informação jornalística, via de regra, ainda esteja longe de ser qualificada como isenta, eis que pautada pelos interesses de patrocinadores e do público sedento pela espetacularização da desgraça.

5 A ineficácia da prestação jurisdicional, de acordo com as variáveis "tempo" e "valor"

O exame da jurisprudência brasileira revela que, no âmbito das ações de responsabilidade civil decorrentes de ofensas produzidas

---

331 Neste sentido, cumpre mencionar o art. 4º do Código de Ética dos Jornalistas, estabelecendo que "o compromisso fundamental do jornalista é com a verdade no relato dos fatos, deve pautar seu trabalho na precisa apuração dos acontecimentos e na sua correta divulgação". Disponível em <<http://www.fenaj.org.br/federacao/cometica/codigo_de_etica_dos_jornalistas_brasileiros.pdf>>. Acesso em 12.08.2010.

332 Oportuna, neste contexto, é a constatação de Freud: "A 'ética natural', tal como é chamada, nada tem a oferecer aqui, exceto a satisfação narcísica de se poder pensar que se é melhor do que os outros. Nesse ponto, a ética baseada na religião introduz suas promessas de uma vida melhor depois da morte. Enquanto, porém, a virtude não for recompensada aqui na Terra, a ética, imagino eu, pregará em vão" (op. cit.,1969, p. 168). Confira-se ainda o Capítulo I, item nº 8.

333 Op. cit., p. 432.

por veículos de comunicação, há uma manifesta desproporção entre o valor das condenações e a extensão do dano, assim como se observa um total descompasso entre a velocidade e alcance das ofensas e o direito de resposta, violando aquela proporção aritmética concebida por Aristóteles e impossibilitando o efetivo retorno à posição inicial (*status quo ante*).

Nota-se uma certa timidez do Poder Judiciário, aparentemente fundamentada no receio de que qualquer decisão a favor dos direitos da personalidade seja recebida como "censura judicial" à liberdade de imprensa,[334] além do cuidado para não se fomentar a famigerada "indústria de reparação do dano moral", também referida pela jurisprudência.[335] Todavia, os valores fixados em ações de reparação de danos promovidas contra veículos de comunicação raramente ultrapassam R$200.000,00,[336] quantia irrisória quando comparada àquelas cobradas por anúncios publicitários.

Como já afirmado, no Jornal O Estado de São Paulo tais anúncios custam entre R$ 73.620,00 e R$ 249.444,00, podendo chegar a R$ 498.888,00 quando ocupam uma página inteira;[337] já um anúncio de 30 segundos no intervalo do Jornal Nacional custa R$ 740.400,00.[338] Basicamente, é possível afirmar que um único anúncio de jornal ou

---

334 No entanto, como bem adverte Carvalho, "o Judiciário não exerce censura, mas compõe interesses em conflito concretamente invocados, mediante o devido processo legal, a publicidade dos atos judiciais e a ampla possibilidade recursal [...] A censura é ato arbitrário, sem pautas predefinidas, sem obediência ao devido processo legal e sem possibilidade recursal" (op. cit., p. 142-143).

335 Neste sentido: RT, 743/381.

336 Neste sentido: STJ, REsp 884009/RJ, Rel. Min. Nancy Andrighi, Terceira Turma, j. 10.05.2011, e REsp 783139/ES, Rel. Min. Massami Uyeda, Quarta Turma, 11.12.2007.

337 Disponível em <<http://publicidade.estadao.com.br/wp-content/uploads/sites/2/2016/03/Estadão-Tabela-de-Preços-2016.pdf>>. Acesso em 13.04.2016. A respeito da relação entre a imprensa e os poderes econômicos, confira-se o Capítulo I, item nº 17.

338 Disponível em <<http://www.jovedata.com.br/>>. Acesso em 24.05.2016.

o tempo de 10 segundos de publicidade nas emissoras de TV é suficiente para cobrir os "prejuízos" decorrentes de uma ação reparatória eventualmente movida por uma das vítimas, valores que, obviamente, não produzem a chamada "força desencorajadora de nova violação ou violações", referida pelo ex-ministro Cezar Peluso.[339]

Se o sistema tarifado para a fixação do dano moral é inconstitucional, o do livre arbitramento, embora mais recomendável e adotado pela jurisprudência, também produz situações de manifesta injustiça, seja amparando violações ao princípio da isonomia, seja por também não impedir que o ofensor medite sobre a viabilidade econômica do ilícito, com base na jurisprudência. Jeová Santos propõe uma solução tecnológica para tal problemática:

> Ante a repulsa da indenização tarifada, o Poder Judiciário poderá se utilizar de todas as vantagens que o computador oferece e estabelecer banco de dados contendo o *quantum* da indenização. Estabelecendo comparação diante de caso similar, poderá o juiz valer-se do que foi decidido pelo Tribunal, para calibrar o montante da indenização. Essa forma de ver a quantificação do dano moral, impedirá a loteria jurídica a que as vítimas se submetem. Ora é conferido valor enorme para um tipo de lesão e, às vezes, importância muito menor, para desespero das vítimas e mal-estar do Poder Judiciário. A harmonização de cifras em casos similares, ou gradação (para mais ou para menos), diante do que o Tribunal já consolidou, será fonte de afastamento destes temores e o fim da loteria jurídica.[340]

Parece ser este o caminho a ser seguido, aliando-se Direito e Tecnologia, mas preservando-se a humanidade que deve nortear as decisões judiciais.

---

339 STF, RE 447584-7/RJ, Segunda Turma, j. 28.11.2006.

340 A. J. Santos. *Dano moral indenizável.* 4ª ed. rev., ampl. e atual. de acordo com o novo Código Civil. São Paulo: Editora Revista dos Tribunais, 2003, p. 191.

No que se refere à variável "tempo", é de se destacar que o art. 103-B, parágrafo 4º, incisos VI e VII, da Constituição Federal, estabelece, entre as funções do Conselho Nacional de Justiça – órgão integrante da estrutura do Poder Judiciário –[341] a elaboração de relatórios periódicos sobre processos e a realidade deste Poder. Transcrevem-se os mencionados dispositivos constitucionais (redação da EC 45/04):

> CF, art. 103-B. O Conselho Nacional de Justiça compõe-se de 15 (quinze) membros com mandato de 2 (dois) anos, admitida 1 (uma) recondução, sendo:
>
> [...]

---

[341] O Conselho Nacional de Justiça é classificado como um órgão de "controle externo híbrido" (J. Baptista da Silva. *Reforma do Judiciário (Sem o Controle Externo "híbrido")*. Belo Horizonte: Líder, 2004, p. 51), pois integra a própria estrutura do Poder Judiciário, muito embora nos seus quadros também hajam membros de outras instituições e até mesmo dois cidadãos, estes últimos, supostamente, de "notável saber jurídico e reputação ilibada", indicados pela Câmara dos Deputados e pelo Senado Federal (CF, art. 103-B, I a XIII). Como já se afirmou, "a criação de um órgão de controle efetivamente externo do Poder Judiciário – fora de sua estrutura – seria flagrantemente inconstitucional, por ofensa ao princípio da separação de poderes, que constitui cláusula pétrea (CF, arts. 2º e 60, § 4º, III), violando ainda as autonomias administrativa, financeira e orçamentária do Poder Judiciário (CF, arts. 96 e 99). Na Europa, diversos países instituíram órgãos semelhantes ao Conselho Nacional de Justiça, com a designação de 'Conselho Superior da Magistratura', estando integrados à estrutura do Poder Judiciário. No entanto, a maioria desses países é parlamentarista, e.g., França e Itália, sendo que a criação de tais órgãos lastreou-se em fundamento diverso do apresentado no Brasil, ou seja, proteger o Poder Judiciário contra a ingerência do Parlamento, ampliando a autonomia dos magistrados. Assim, referidos órgãos substituíram os controles administrativo, financeiro e disciplinar, anteriormente exercidos pelo Poder Legislativo. Contudo, o mesmo fundamento não vale para o Brasil, onde a igualdade entre os Poderes garante a autonomia do Judiciário" (T. F. Schoedl, op. cit., 2015b, p. 83). Vale ainda lembrar que o Conselho Nacional de Justiça não exerce função jurisdicional, daí por que suas decisões, como bem ressaltado por Kümpel e Assis, não são revestidas pela coisa julgada, sujeitando-se apenas à preclusão administrativa (V. F. Kümpel – O. Q. Assis. *Noções gerais de Direito e Formação Humanística*. São Paulo: YK Editora, 2015, p. 126).

> VI- elaborar semestralmente relatório estatístico sobre processos e sentenças prolatadas, por unidade da Federação, nos diferentes órgãos do Poder Judiciário;
> VII- elaborar relatório anual, propondo as providências que julgar necessárias, sobre a situação do Poder Judiciário no País e as atividades do Conselho, o qual deve integrar mensagem do Presidente do Supremo Tribunal Federal a ser remetida ao Congresso Nacional, por ocasião da abertura da sessão legislativa.

No *site* do Conselho Nacional de Justiça (www.cnj.jus.br) são publicados relatórios anuais denominados "Justiça em Números".[342] No documento de 2016, relativo ao ano anterior (até o dia 31/12/2015), pela primeira vez foram inseridas informações sobre o tempo médio de tramitação dos processos, seja em caráter geral, seja em relação à cada Justiça (Estadual, do Trabalho, Federal, Eleitoral e Militar Estadual), além dos Tribunais Superiores (STJ, TST, TSE e STM).[343] Estranhamente, não há dados do Supremo Tribunal Federal e nem justificativas sobre a omissão, lembrando-se que o presidente do Conselho Nacional de Justiça é o próprio presidente do Supremo Tribunal Federal (CF, art. 103-B, § 1º).

Consta no mencionado relatório que, na Justiça Estadual – competente, via de regra, para julgar as ações de reparação de danos resultantes de ofensas produzidas por veículos de comunicação – o tempo médio de tramitação de um processo judicial é o seguinte (p. 70-71 e 126-127): a) 1 ano e 11 meses para que seja proferida a sentença em 1ª instância, acima da média geral do Poder Judiciário, de 1 ano e 6 meses (processos de conhecimento); b) 4 anos e 4 meses, para os processos de execução, exatamente a mesma média geral do Poder Judiciário; c) 6 meses na segunda instância (Tribunais de

---

342 Disponível em <<http://www.cnj.jus.br/programas-e-acoes/pj-justica-em-numeros>>. Acesso em 29.05.2017.

343 Disponível em <<http://www.cnj.jus.br/files/conteudo/arquivo/2016/10/b8f46be3dbbff344931a933579915488.pdf>>. Acesso em 29/05.2017.

Justiça); e d) 10 meses no Superior Tribunal de Justiça, consideradas aqui todas as competências deste Tribunal, e não só as ações provenientes da Justiça Estadual.

O mesmo documento, todavia, ressalta as limitações metodológicas do estudo, e que alguns Tribunais ainda não encaminharam as informações solicitadas ao CNJ (p. 69),[344] o que prejudicou a análise, além da influência de diversas variáveis que podem atingir o processo.

Não há informações sobre o tempo médio dos processos relacionado à cada matéria, constando apenas que as ações de responsabilidade civil e de reparação por danos morais – seja qual for a modalidade de ilícito – representaram 2,71% das que ingressaram no Superior Tribunal de Justiça no ano de 2015 (p. 354).

Considerando-se o tempo médio de tramitação dos processos na Justiça Estadual e no Superior Tribunal de Justiça, levando-se em conta a soma dos processos de conhecimento e de execução, chega-se a 7 anos e 7 meses, o que certamente representa um enorme incentivo para que os veículos de comunicação continuem produzindo ofensas e pré-condenações contra pessoas investigadas ou processadas.

No próprio caso da Escola Base, acima citado,[345] o tempo de tramitação do processo foi muito maior: a ação foi proposta em 08

---

344 Eis o teor do relatório, quanto a este tema específico: "Por ser a primeira coleta de dados relativa ao tempo do processo, alguns tribunais não encaminharam as informações ao CNJ. Antes de iniciarmos as análises que seguem, é importante ter em mente as limitações metodológicas ainda existentes. Neste relatório trataremos da média como medida estatística para representar o tempo. Apesar de extremamente útil, ela é limitada, pois resume em uma única métrica os resultados de informações que sabemos ser extremamente heterogêneas. Para adequada análise de tempo, seria necessário estudar curvas de sobrevivência, agrupando os processos semelhantes, segundo as classes e os assuntos. Tais dados ainda não estão disponíveis, e são complexos para serem obtidos, mas o CNJ, por meio do Selo Justiça em Números, está trabalhando para o aperfeiçoamento do Sistema de Estatísticas do Poder Judiciário e planeja obter as informações necessárias para produção de estudos mais aprofundados sobre o tempo de tramitação processual" (p. 69). Disponível em <<http://www.cnj.jus.br/files/conteudo/arquivo/2016/10/b8f46be3dbbff344931a933579915488.pdf>>. Acesso em 29.05.2017.

345 Vide item Capítulo I, item nº 9.

de janeiro de 2003,[346] ingressando no Superior Tribunal de Justiça em 8 de novembro de 2010, sendo que a baixa definitiva ocorreu em 28 de janeiro de 2015, completando, somente no Superior Tribunal de Justiça, 4 anos, 2 meses e 20 dias de tramitação,[347] perdurando o total de 12 anos e 20 dias, isso computando-se apenas o processo de conhecimento, pois os atos de execução continuam desenvolvendo-se até os dias atuais.

Nem se diga que, no referido caso, o tempo do processo foi maior em razão de sua complexidade, por duas razões: a uma, porque o processo, embora tenha por objeto um caso de grande repercussão nos meios de comunicação, não apresenta questões jurídicas ou probatórias de exagerada complexidade, sendo que a demora foi atribuída, basicamente, ao número de recursos e à indevida intromissão do Superior Tribunal de Justiça;[348] a duas, porque uma minuciosa busca no *site* do Tribunal de Justiça do Estado de São Paulo (www.tjsp.jus.br) – ressaltando-se sempre a natureza qualitativa do presente trabalho – demonstra que qualquer ação proposta contra veículos de comunicação costuma demorar cerca de 2 anos para ser julgada apenas em primeira instância, e em torno de 10 anos para ser julgada nas demais instâncias, muitas delas ainda sem julgamento definitivo.[349]

---

[346] Disponível em <<https://esaj.tjsp.jus.br/cpopg/show.do?processo.codigo=2SZX4JANU0000&processo.foro=100&conversationId=&dadosConsulta.localPesquisa.cdLocal=-1&cbPesquisa=NMPARTE&dadosConsulta.tipoNuProcesso=UNIFICADO&dadosConsulta.valorConsulta=Ricardo+Shimada&uuidCaptcha=&paginaConsulta=1>>. Acesso em 29.05.2017.

[347] Confira-se, a respeito: <<https://ww2.stj.jus.br/processo/pesquisa/?tipoPesquisa=tipoPesquisaNumeroRegistro&termo=201001775170&totalRegistrosPorPagina=40&aplicacao=processos.ea >>. Acesso em 29/05.2017.

[348] Cuidar-se-á deste tema no próximo item.

[349] Confira-se, neste sentido: <<https://esaj.tjsp.jus.br/cpopg/show.do?processo.codigo=2SZX6ZHW50000&processo.foro=100&paginaConsulta=2&paginaConsulta=3&conversationId=&dadosConsulta.localPesquisa.cdLocal=100&cbPesquisa=NMPARTE&dadosConsulta.tipoNuProcesso=UNIFICADO&dadosConsulta.valorConsulta=SBT&uuidCaptcha=&pbEnviar=Pesquisar>>; <<https://esaj.tjsp.jus.br/cpopg/show.do?processo.codigo=2SZX9ZEQH0000&processo.for

Esta preocupação com a variável "tempo" foi plenamente corroborada pelo teor das entrevistas semiestruturadas, tanto em relação aos entrevistados que participaram do pré-teste, como entre aqueles que foram vítimas de ofensas proferidas por veículos de comunicação, além dos próprios profissionais do Direito entrevistados durante a Residência Social.[350]

5.1 A indevida intromissão do STJ e do STF

Outro importante fator que contribui para a ineficácia da prestação jurisdicional é a indevida intromissão do Superior Tribunal de Justiça e do Supremo Tribunal Federal, em sede de recursos especial e extraordinário, respectivamente. Nestes recursos, o âmbito do inconformismo é limitado às questões constitucionais e federais, descritas nos arts. 102, inciso III, e 105, inciso III, da Constituição

o=100&paginaConsulta=1&paginaConsulta=2&paginaConsulta=3&conversationId=&dadosConsulta.localPesquisa.cdLocal=100&cbPesquisa=NMPARTE&dadosConsulta.tipoNuProcesso=UNIFICADO&dadosConsulta.valorConsulta=SBT&uuidCaptcha=&pbEnviar=Pesquisar>>; <<https://esaj.tjsp.jus.br/cpopg/show.do?processo.codigo=2S0006VQQ0000&processo.foro=100&conversationId=&dadosConsulta.localPesquisa.cdLocal=100&cbPesquisa=NMPARTE&dadosConsulta.tipoNuProcesso=UNIFICADO&dadosConsulta.valorConsulta=Rede+Record&uuidCaptcha=&paginaConsulta=1>>; <<https://esaj.tjsp.jus.br/cpopg/show.do?processo.codigo=2S000DQ8D0000&processo.foro=100&conversationId=&dadosConsulta.localPesquisa.cdLocal=100&cbPesquisa=NMPARTE&dadosConsulta.tipoNuProcesso=UNIFICADO&dadosConsulta.valorConsulta=Rede+Globo&uuidCaptcha=&paginaConsulta=1>>; <<https://esaj.tjsp.jus.br/cpopg/show.do?processo.codigo=2SZX1KZB80000&processo.foro=100&conversationId=&dadosConsulta.localPesquisa.cdLocal=100&cbPesquisa=NMPARTE&dadosConsulta.tipoNuProcesso=UNIFICADO&dadosConsulta.valorConsulta=Jornal+O+Estado+de+São+Paulo&uuidCaptcha=&paginaConsulta=1>>; <<https://esaj.tjsp.jus.br/cpopg/show.do?processo.codigo=2SZX9EL9E0000&processo.foro=100&conversationId=&dadosConsulta.localPesquisa.cdLocal=100&cbPesquisa=NMPARTE&dadosConsulta.tipoNuProcesso=UNIFICADO&dadosConsulta.valorConsulta=Editora+Abril&uuidCaptcha=&paginaConsulta=1>>; todos acessados em 30.05.2017.

350 Vide, a esse respeito, o Capítulo IV, item nº 8, e os anexos nº I, III, V e VII.

Federal (fundamentação vinculada),[351] daí a denominação "apelos raros", referida por Jorge Santos.[352]

---

[351] Transcrevem-se os dispositivos citados da Constituição Federal:
"Art. 102. Compete ao Supremo Tribunal Federal, precipuamente, a guarda da Constituição, cabendo-lhe:
[...]
III - julgar, mediante recurso extraordinário, as causas decididas em única ou última instância, quando a decisão recorrida:
a) contrariar dispositivo desta Constituição;
b) declarar a inconstitucionalidade de tratado ou lei federal;
c) julgar válida lei ou ato de governo local contestado em face desta Constituição.
d) julgar válida lei local contestada em face de lei federal.
[...]
Art. 105. Compete ao Superior Tribunal de Justiça:
[...]
III - julgar, em recurso especial, as causas decididas, em única ou última instância, pelos Tribunais Regionais Federais ou pelos tribunais dos Estados, do Distrito Federal e Territórios, quando a decisão recorrida:
a) contrariar tratado ou lei federal, ou negar-lhes vigência;
b) julgar válido ato de governo local contestado em face de lei federal;
c) der a lei federal interpretação divergente da que lhe haja atribuído outro tribunal".
Quanto ao recurso extraordinário, há ainda outro fator impeditivo, consistente na repercussão geral, que passou a ser exigida pelo parágrafo 3º, do art. 102, da Constituição Federal, por força da EC 45/04: "No recurso extraordinário o recorrente deverá demonstrar a repercussão geral das questões constitucionais discutidas no caso, nos termos da lei, a fim de que o Tribunal examine a admissão do recurso, somente podendo recusá-lo pela manifestação de dois terços de seus membros". O Código de Processo Civil trata da repercussão geral em seu art. 1.035: "O Supremo Tribunal Federal, em decisão irrecorrível, não conhecerá do recurso extraordinário quando a questão constitucional nele versada não tiver repercussão geral, nos termos deste artigo.
§ 1º Para efeito de repercussão geral, será considerada a existência ou não de questões relevantes do ponto de vista econômico, político, social ou jurídico que ultrapassem os interesses subjetivos do processo.
§ 2º O recorrente deverá demonstrar a existência de repercussão geral para apreciação exclusiva pelo Supremo Tribunal Federal.
§ 3º Haverá repercussão geral sempre que o recurso impugnar acórdão que:
I - contrarie súmula ou jurisprudência dominante do Supremo Tribunal Federal;
II – (Revogado);
III - tenha reconhecido a inconstitucionalidade de tratado ou de lei federal, nos termos do art. 97 da Constituição Federal".

[352] C. J. Santos. *Contagem de prazos por dias corridos para recursos extraordinários e especiais criminais*. Disponível em <<https://jus.com.br/artigos/54459/contagem-de-prazos-por-dias-corridos-para-recursos-extraordinarios-e-especiais-criminais>>. Acesso em 4.01.2019.

Exatamente por tal razão é que foram aprovadas duas Súmulas que, ao menos em tese, impedem a apreciação de matéria fática por estes Tribunais: no Superior Tribunal de Justiça, a Súmula nº 7 determina que "a pretensão de simples reexame de prova não enseja recurso especial", enquanto no Supremo Tribunal Federal, a Súmula nº 279 dispõe que "para simples reexame de prova não cabe recurso extraordinário". Contudo, infelizmente alguns ministros acabam escolhendo quando aplicá-las ou não, alegando-se, genericamente, suposta ofensa ao princípio da proporcionalidade, em regra para reduzir o valor da reparação por danos morais, o que gera enorme insegurança jurídica, além da procrastinação da entrega definitiva da prestação jurisdicional.

Exemplo estarrecedor ocorreu no já citado "caso da Escola Base".[353] Os diretores da referida instituição de ensino promoveram ação de reparação de danos morais contra o SBT, sob o argumento de que foram vítimas de ofensas e pré-condenações proferidas por este veículo de comunicação ("linchamento moral", segundo os autores da ação). Em primeira instância, o pedido foi julgado procedente, fixando-se a indenização no valor de R$ 300.000,00 para cada autor, decisão mantida pelo Tribunal de Justiça paulista; entretanto, o Superior Tribunal de Justiça, ao apreciar recurso especial interposto pela ré, reduziu o valor para R$100.000,00 para cada autor, sob o precário argumento de que a hipótese "se enquadra nas exceções que permitem a interferência desta Corte Superior uma vez que o valor arbitrado mostra-se, diante das particularidades da causa, exorbitante".[354]

Referida decisão contrariou, portanto, o próprio verbete do Superior Tribunal de Justiça, que impede o reexame de matéria fática em sede de recurso especial (Súmula nº 7); além disso, ao reduzir o

---

353 Vide, sobre este caso, o Capítulo I, item nº 9.

354 REsp 1215294/SP, Rel. Min. Ricardo Villas Bôas Cueva, Terceira Turma, j. 17.12.2013.

montante da indenização, o Tribunal considerou as "particularidades da causa", consideração que, em verdade, autorizaria a elevação do valor – caso fosse requerida pelos autores – e jamais o contrário, justamente por se tratar de um dos maiores exemplos de pré-condenação ocorridos na história da crônica policial brasileira.

A reforma do sistema recursal do Código de Processo Civil de 1973 não produziu o efeito que se esperava, no sentido de reduzir o número de recursos aos Tribunais Superiores (STJ e STF), contribuindo para o atraso na entrega do bem da vida ao ofendido, pois o recebimento provisório da indenização depende de caução idônea, sendo que sua dispensa, que deveria ser a regra, acaba sendo aplicada como exceção.[355]

Obviamente que não se defende a existência de uma única instância de julgamento – ou do "magistrado único", referido por Montesquieu, típico de governos despóticos–,[356] de manifesta inconsti-

---

[355] Sobre o tema, o novo Código de Processo Civil assim dispõe:
"Art. 520. O cumprimento provisório da sentença impugnada por recurso desprovido de efeito suspensivo será realizado da mesma forma que o cumprimento definitivo, sujeitando-se ao seguinte regime:
[...]
IV - o levantamento de depósito em dinheiro e a prática de atos que importem transferência de posse ou alienação de propriedade ou de outro direito real, ou dos quais possa resultar grave dano ao executado, dependem de caução suficiente e idônea, arbitrada de plano pelo juiz e prestada nos próprios autos.
[...]
Art. 521. A caução prevista no inciso IV do art. 520 poderá ser dispensada nos casos em que:
I - o crédito for de natureza alimentar, independentemente de sua origem;
II - o credor demonstrar situação de necessidade;
III – pender o agravo do art. 1.042; (Redação dada pela Lei nº 13.256, de 2016);
IV - a sentença a ser provisoriamente cumprida estiver em consonância com súmula da jurisprudência do Supremo Tribunal Federal ou do Superior Tribunal de Justiça ou em conformidade com acórdão proferido no julgamento de casos repetitivos.
Parágrafo único. A exigência de caução será mantida quando da dispensa possa resultar manifesto risco de grave dano de difícil ou incerta reparação".

[356] Op. cit., p. 90.

tucionalidade, uma vez que o duplo grau de jurisdição decorre da estrutura escalonada do Poder Judiciário, além estar previsto em tratados e convenções internacionais dos quais o Brasil é signatário. O que se propõe é um controle mais efetivo do acesso destes recursos ao Superior Tribunal de Justiça e ao Supremo Tribunal Federal, o que se espera seja alcançado pelo novo Código de Processo Civil.

5.2 Por uma solução mais justa: a fraternidade como princípio jurídico

Foi demonstrado que ambos os sistemas de quantificação do dano moral possuem suas fragilidades, sendo que a configuração do "dano eficiente" é uma característica marcante no Brasil, como consequência da ineficácia da prestação jurisdicional. Em outro trabalho, afirmou-se que uma possível solução para tal problemática seria a aplicação da fraternidade, "postulado de origem cristã e que preconiza fazer ao próximo o que gostaria que fosse feito a si mesmo",[357] valor que também pode ser reconhecido como princípio jurídico,[358]

---

357 T. F. Schoedl, op. cit., 2015, p. 240-241.

358 Neste mesmo sentido a lição de Alcântara Machado: "O primeiro ponto que parece necessário registrar é o de que fraternidade e direito não são necessariamente excludentes. A fraternidade – enquanto valor – vem sendo proclamada em algumas Constituições modernas, ao lado de outras categorias historicamente consagradas, como a igualdade e a liberdade.
No entanto, para enfrentar tão singular tema, considerado por muitos – e particularmente pelos juristas em geral – como extrajurídico ou meta jurídico, é mister a fixação de uma premissa, sem a qual a fraternidade não poderá ser perseguida: o reconhecimento da igualdade entre todos os seres humanos. Evidentemente que tal igualdade é antes de tudo uma igualdade em dignidade, como já registrado. No entanto, dignidade considerada numa perspectiva dinâmica e não estática. É dizer: entender a pessoa visando sua própria realização em comunidade; sua participação com outras pessoas, num contexto relacional" (C. A. A. Machado. *A fraternidade como categoria constitucional.* In: C. A. M. Souza (coord.) – T. N. Cavalcanti (coord.). Princípios Humanistas Constitucionais: Reflexões sobre o humanismo do Século XXI. São Paulo: Letras Jurídicas, 2010, p. 84-85).

mesmo porque previsto no preâmbulo da Constituição Federal de 1988,[359] o que lhe confere, no mínimo, a qualidade de vetor de interpretação.[360] De acordo com Schoedl,

> [...] no que se refere à problemática da fixação da indenização por dano morais produzidos por veículos de comunicação, o princípio da fraternidade pode servir como norte ao magistrado, que deve fazer um exercício de reflexão, colocando-se no lugar do ofendido no momento de julgar, fixando assim indenizações que efetivamente reparem o sofrimento e que ao mesmo tempo sirvam de contra-estímulo ao autor das ofensas.
>
> Analisando a evolução da jurisprudência sobre o tema, parece claro que o receio dos magistrados de fomentar a chamada "indústria de reparação de dano moral" acabou gerando o efeito inverso, estimulando assim a máquina de danos morais produzidos pelos órgãos de imprensa.[361]

Maiores reflexões sobre a aplicação do princípio da fraternidade exigem um estudo mais aprofundado, talvez com base nas lições de São Tomás de Aquino, que fundamenta a sua teoria da Justiça nas Escrituras Sagradas, fundindo a fé com a razão, e de Santo Agos-

---

[359] Dispõe o preâmbulo constitucional: "Nós, representantes do povo brasileiro, reunidos em Assembleia Nacional Constituinte para instituir um Estado Democrático, destinado a assegurar o exercício dos direitos sociais e individuais, a liberdade, a segurança, o bem-estar, o desenvolvimento, a igualdade e a justiça *como valores supremos de uma sociedade fraterna*, pluralista e sem preconceitos, fundada na harmonia social e comprometida, na ordem interna e internacional, com a solução pacífica das controvérsias, promulgamos, sob a proteção de Deus, a seguinte CONSTITUIÇÃO DA REPÚBLICA FEDERATIVA DO BRASIL" (grifou-se).

[360] Em idêntico sentido, Celso Ribeiro Bastos assinala que "é possível obter nos preâmbulos alguns vetores para a atividade interpretativa, dado que, na maior parte das vezes, consagram declarações principiológicas, de caráter geral" (C. R. Bastos. *Hermenêutica e Interpretação Constitucional.* 3ª ed. São Paulo: Celso Bastos Editor, 2002, p. 145).

[361] Op. cit., 2015, p. 241.

tinho, responsável pela síntese entre o pensamento filosófico grego e o Cristianismo,[362] o que, decisivamente, excede a proposta deste trabalho.

Por ora, é possível apenas afirmar que o referido princípio poderia contribuir para que os magistrados julgassem tais ações com a imparcialidade que deles se espera, levando em conta o efetivo sofrimento imposto às vítimas de pré-condenações proferidas por veículos de comunicação, na maioria das vezes sem qualquer chance de defesa contra o rolo compressor midiático. Vale aqui a advertência de Augusto Cury: "Enxergar os outros com nossos olhos é uma tarefa simples, não exige treinamento. Mas enxergá-los com os olhos deles mesmos requer refinado treinamento";[363] contudo, no momento atual da jurisprudência brasileira, isso ainda representa uma utopia.

---

[362] *Apud* E. C. B. Bittar, 2000, p. 102-131.

[363] A. Cury. *O código da inteligência.* Rio de Janeiro: Sextante, 2015, p. 27. Como observa Carnelutti, "a justiça humana é uma justiça essencialmente parcial, porque, devido à limitação do ser humano, só se resolve parcialmente. O que se pode fazer, então, a esse respeito, é procurar diminuir essa sua parcialidade. Os problemas do direito e do juiz, na verdade, são um só problema e não há outro caminho para um juiz seguir, que possa conduzi-lo a ser mais imparcial do que conscientizar-se da própria miséria ante a sua limitação de ser um ser humano. Para ser grande, um juiz precisa se sentir pequeno, moldar a própria alma na alma de um menino, como para se dignar a entrar no reino dos céus" (op. cit., p. 51). Nesta mesma linha encontra-se a lição sempre didática e atual de Saint-Exupéry, na obra "O Pequeno Príncipe": "É bem mais difícil julgar a si mesmo que julgar os outros. Se consegues julgar-te bem, eis um verdadeiro sábio" (A. Saint-Exupéry. *O Pequeno Príncipe.* Trad. de Dom Marcos Barbosa. 7ª ed. Rio de Janeiro: Agir, 1960, p. 41).

CAPÍTULO IV

DIREITO DE RESPOSTA: ORIGEM, NATUREZA JURÍDICA E MARCOS REGULATÓRIOS

1 Conceito e origem do direito de resposta

Se a origem da liberdade de imprensa pode ser identificada na mencionada decisão do Parlamento inglês de 1695, que deixou de renovar o *Licensing Act*, diploma legal que estabelecia a censura prévia,[364] o direito de resposta constituiu-se posteriormente, em 1822, através de uma emenda ao projeto da Lei de Imprensa francesa, apresentada por Jacques Mestadier, muito embora o deputado e jornalista Jacques-Antoine Dulaure tenha apresentado um projeto semelhante no ano de 1795.[365]

Mais recentemente, em 1940, a *Federal Communication Commision* (EUA) aplicava a chamada *fairness doctrine*, exigindo que concessionárias de serviço de radiodifusão dedicassem certo tempo para cobrir assuntos de interesse público, com o escopo de apresentar ao telespectador outros pontos de vista, criando na década de 60 a *personal attack rule*, a qual determinava que a pessoa eventualmente ofendida fosse notificada pela emissora para apresentar a sua resposta.[366] Apesar da Suprema Corte dos EUA ter julgado constitucional

[364] Vide Capítulo I, item nº 1.

[365] L. G. G. C. Carvalho, op. cit., p. 23, 115 e 116

[366] A. Sankievicz, op. cit., p. 29.

a *fairness doctrine* (*Red Lion Broadcasting* vs. *FCC,* 1969), a *Federal Communication Commision* abandonou essa teoria em 1987.[367]

No Brasil, o direito de resposta foi previsto pela primeira vez no Decreto 4.743/23 (art. 16), nos termos seguintes: "Os gerentes de um jornal ou de qualquer publicação periodica são obrigados a inserir, dentro de tres dias, contados do recebimento a resposta de toda a pessoa natural ou juridica que fôr attingida em publicação do mesmo jornal ou periodico por offensas directas ou referencias de facto inveridico ou erroneo, que possa affectar a sua reputação e boa fama".

Posteriormente, o direito de resposta foi promovido à categoria de direito fundamental pela Carta Constitucional de 1934 (art. 113, nº 9),[368] podendo ser definido como a possibilidade conferida à pessoa ofendida por veículo de comunicação de se defender publicamente, de maneira dinâmica e proporcional, corrigindo inverdades ou distorções contidas na matéria jornalística; ou, na lição de Ballester, como "*la facultad de contestar a ciertas alusiones periodísticas, de manera pronta y gratuita, en los órganos de publicidad que las difundieran*".[369]

2 Natureza jurídica

Há duas correntes que procuram explicar a natureza jurídica do direito de resposta: a primeira qualifica-o como uma restrição à liberdade de imprensa, enquanto a segunda o considera um corolário desse direito fundamental. Passa-se a examiná-las.

2.1 Direito de resposta como inibidor da liberdade de imprensa

Para essa corrente, o direito de resposta é uma restrição ao direito de informar, especialmente porque a organização de comunicação

---

367 Ibid., p. 30.

368 Vide os itens nº 4.1 e 4.3, sobre a disciplina constitucional do direito de resposta.

369 *Apud* L. G. G. C. Carvalho, op. cit., p. 117.

social, segundo Sankievicz, "se vê associada a um conteúdo que não é seu, com o qual ela não concorda e não publicaria se não fosse obrigada".[370]

O direito de resposta funcionaria assim como um mecanismo inibidor do direito de informar, seja pela via judicial, seja pela extrajudicial, daí por que o referido autor aponta outros dois ônus aos veículos de comunicação, decorrentes do exercício do direito de resposta: a) o prejuízo econômico, na medida em que o mesmo espaço poderia ser utilizado para outros fins; e b) a interferência na escolha dos conteúdos que seriam publicados, o que constitui a "essência da liberdade editorial".[371]

Carvalho, no entanto, rebate veementemente a afirmação no sentido de que o direito de resposta constitui um embaraço à liberdade de imprensa:

> [...] pensar assim é pensar que a liberdade de imprensa é uma liberdade liberal, posta a serviço dos donos do jornal. Na verdade, a liberdade de imprensa é um bem de todos, jornalistas ou não, e que só tem a ganhar com a inserção de uma resposta procedente, pois o público se enriquecerá com mais uma versão e poderá julgar melhor os fatos.[372]

O mesmo autor menciona e critica a decisão da Corte Suprema dos EUA (*Miami Heradl Pub* vs. Tornillo, 1974), que declarou inconstitucional uma lei da Flórida que previa o direito de resposta, instituto não estabelecido na Constituição norte-americana, que consagra apenas a liberdade de imprensa, de modo que a previsão legal do direito de resposta poderia configurar um embaraço ao exercício desse direito fundamental.[373]

---

[370] Op. cit., p. 28.

[371] Ibid., p. 28.

[372] Op. cit., p. 119-120.

[373] Ibid., p. 120-121.

2.2 Premissa nº 3: o direito de resposta como corolário da liberdade de imprensa e instrumento de preservação da verdade

De acordo com essa corrente, que constitui uma das premissas do presente trabalho, o direito de resposta é uma consequência inevitável da liberdade de imprensa, configurando uma modalidade de legítima defesa, e, como tal, um direito natural,[374] tratando-se de um "meio de defesa da honra e da verdade das pessoas",[375] protegendo tanto as pessoas físicas como jurídicas.[376] Segundo Nogueira,

> [...] o direito de resposta tem por finalidade a defesa de quem é acusado ou ofendido por publicação ou transmissão de radiodifusão, ensejando-lhe apontar os erros, inexatidões ou distorções da matéria veiculada e restabelecer a verdade dos fatos perante a opinião pública, pois não há que se admitir direito de resposta se verdadeira a notícia divulgada.[377]

O direito de resposta, portanto, não configura um embaraço ao exercício da liberdade de imprensa, funcionando como seu corolário e como mecanismo de defesa dos direitos da personalidade, permitindo assim a convivência entre tais direitos fundamentais, de modo que eventuais conflitos devem ser solucionados de acordo com as circunstâncias do caso concreto, conjugando-se as teorias da ponderação e do abuso de direito, como já examinado.[378]

A razão é que a liberdade de imprensa não pode ser concebida como um direito fundamental ilimitado, mesmo porque a todo direito corresponde um dever – na clássica lição de Bobbio, "a prima-

---

374 P. L. Nogueira. *Em defesa da honra (Doutrina, legislação e jurisprudência). Calúnia – Difamação – Injúria – Outras ofensas, direito de resposta, dano moral.* São Paulo: Saraiva, 1995, p. 33.

375 L. G. G. C. Carvalho, op. cit., p. 117.

376 S. G. Suiama, op. cit., p. 113.

377 Op. cit., p. 33.

378 Vide, a esse respeito, o Capítulo II, itens nº 5.1 e 5.3, e Capítulo III, item nº 3.

zia do direito não implica de forma alguma a eliminação do dever, pois direito e dever são dois termos correlatos e não se pode afirmar um direito sem afirmar ao mesmo tempo o dever do outro de respeitá-lo".[379]

A liberdade de imprensa compreende, dialeticamente, o direito individual e difuso à informação verdadeira,[380] devendo ser exercitada nos limites da Constituição e das leis, sob pena de ofensa aos direitos da pessoa atingida pela notícia inverídica, autorizando o manejo das tutelas legais, entre elas o direito de resposta. Nos termos do "componente social da informação", proposto por Carvalho, o ouvinte ou leitor "deixa de ser um sujeito passivo do processo informativo, imitido na massificação dos órgãos de comunicação, e recompõem-se como um sujeito ativo, sujeito de direitos, titular do direito de ser informado...e de ser bem informado".[381]

Vê-se, portanto, que o direito de resposta possui importante papel no sentido de contribuir para a qualidade da informação jornalística, beneficiando não apenas a pessoa atingida pela matéria, mas toda a sociedade, e exatamente por conta do direito à informação verdadeira ser extraído da própria liberdade de imprensa é que o direito de resposta surge como seu corolário, e não como um mecanismo inibidor desse direito. Neste mesmo sentido a lição de Miranda:

> [...] o direito de resposta já foi considerado tão necessário à liberdade de imprensa que seria intolerável se não existisse, uma vez que a responsabilidade nasce da liberdade e, assim, defender o direito de resposta é defender também a liberdade de imprensa. Ambos se acham em relação de estreita conexidade. Cessando a liberdade de imprensa, cessa o direito de resposta. Este deve ser considerado um verdadeiro estado de legítima defesa, pois o ofendido age imediatamente, antes que o dano da ofensa cause males maiores. É o revide imediato

---

379 Op. cit., 2004, p. 205.

380 L. G. G. C. Carvalho, op. cit., p. 105.

381 Op. cit., p. 82-83.

> e mais à mão com que o ofendido conta para restabelecer a verdade e lutar contra o poder coletivo do jornal.[382]

Essa natureza jurídica do direito de resposta, como direito natural semelhante à legítima defesa, é que impõe o seu exercício de maneira imediata, dinâmica e proporcional ao agravo, pois, quando deferido pelo magistrado depois de anos ou até décadas, tal mecanismo não produz o efeito desejado, podendo, inclusive, ser mais prejudicial do que benéfico, embora caiba apenas ao ofendido decidir se irá ou não executá-lo, por se tratar de um juízo pessoal, de conveniência e oportunidade, alheio à interferência jurisdicional.

3 Cabimento do direito de resposta

Por conta de sua natureza de instrumento de defesa e preservação da verdade, para que surja o direito de resposta basta que a notícia veicule uma inverdade, sendo desnecessária a configuração de um ato ilícito ou delito – p. ex., uma calúnia ou difamação –, embora nestes casos também se admita a cumulação com a reparação de danos materiais, morais e à imagem.[383]

Pela mesma razão, referido instituto permite a simples retificação da notícia, e isso explica o porquê da nova Lei do direito de resposta (Lei 13.188/15), adiante examinada, referir-se ao "direito

---

382 Miranda, 1959, *apud* P. L. Nogueira., op. cit., p. 410. Suiama igualmente leciona que "à semelhança do sistema português, o direito de resposta no Brasil possui, também, a importante função de permitir o acesso do titular do direito lesado (qualquer direito) ao órgão de comunicação social, de modo a assegurar o contraditório necessário ao restabelecimento da verdade sobre um fato determinado. Sob este ponto de vista, o direito de resposta não se constitui em limitação à liberdade de comunicação; ao contrário, cuida-se de verdadeira garantia da mais ampla liberdade de expressão, exercida contra o ramerrão monológico produzido pelos controladores dos meios de comunicação de massa" (op. cit., p. 113).

383 Vide item nº 5, sobre a nova sistemática processual da Lei 13.188/15.

de resposta ou *retificação*" (art. 1º), seguindo as convenções e tratados internacionais.

Em recente decisão proferida na Comarca da Capital paulista, o juiz de direito, jurista e professor Dr. Vitor Kümpel, após reconhecer a relatividade de todos os direitos fundamentais previstos na Constituição Federal, entre eles a liberdade de imprensa, concedeu direito de resposta contra o *site* de notícias jurídicas "www.conjur.com.br", que havia rotulado o autor da ação como "um dos maiores golpistas do país", além de ser "réu em mais de 900 processos judiciais, inclusive criminais", apesar do mesmo responder apenas a investigações, e não a processo criminais.[384]

Evidentemente, não se trata de uma discussão meramente semântica, pois os requisitos para um indivíduo se tornar réu (acusado) em processo penal são muito mais sólidos e indicativos de sua culpabilidade,[385] quando comparados àqueles reclamados para uma investigação, na qual é suficiente a mera suspeita, daí por que o referido magistrado, embora não tenha concedido a reparação de danos – que, aliás, nem era objeto da ação –, concedeu o direito de resposta em favor da vítima, sob o seguinte argumento:

> Ainda que o autor não tenha controvertido o fato noticiado de que havia sido preso - este o cerne da notícia -, é verdade que isto não autoriza o veículo da mídia a agregar fatos inverídicos à pessoa do autor. Na mesma linha, dizer que um indivíduo é "acusado" também é um fato que prejudica a imagem do noticiado uma vez que, conforme supramencionado, uma notícia ofensiva veiculada pode ser capaz de trazer prejuízos irreversíveis.[386]

---

384 Processo nº 1002898-04.2016.8.26.0100, j. 31.03.2016. Disponível em <<http://s.conjur.com.br/dl/decisao-juiz-kumpel-bottura-vs-conjur.pdf>>. Acesso em 14.04.2016.

385 Notadamente, a prova da materialidade da infração penal, os indícios suficientes de autoria e a justa causa para a ação penal (CPP, arts. 41 e 395, I a III).

386 Processo nº 1002898-04.2016.8.26.0100, j. 31.03.2016. Disponível em <<http://s.conjur.com.br/dl/decisao-juiz-kumpel-bottura-vs-conjur.pdf>>. Acesso em 14.04.2016.

Por outro lado, como bem adverte Sankievicz, não se admite o direito de resposta apenas para "contrapor comentários ou opiniões que desagradem ao leitor",[387] o que certamente seria fonte de discussões intermináveis a respeito de uma notícia – o mesmo autor cita importante decisão da Corte Europeia de Direitos Humanos (*Feldek* vs. *Slovakia*, 2001), entendendo que o direito de resposta não pode atingir opiniões e juízos de valor, mas apenas afirmações factuais.[388]

Em sentido contrário, do qual se discorda, Gomes Junior e Chueiri, após reconhecerem a diversidade das causas de pedir do direito de resposta e do pleito indenizatório, admitem o exercício daquele para que o seu titular apenas responda a uma determinada crítica,[389] o que, todavia, não é contemplado pela Lei 13.188/15.

4 Marcos regulatórios do direito de resposta

Sob o prisma dogmático-constitucional, o direito de resposta pode ser classificado como um direito de primeira dimensão, eis que ligado às liberdades clássicas,[390] apesar de também ser possível identificar no instituto um viés coletivo, exatamente por se tratar de um instrumento de preservação da verdade – a sociedade deposita nos meios de comunicação uma justa expectativa acerca da veracidade das notícias, corporificando assim um "direito difuso à informação verdadeira", na lição de Carvalho.[391]

---

387 Op. cit., p. 33.

388 Ibid., p. 33-34.

389 L. M. Gomes Junior – M. F. Chueiri. *Direito de Imprensa e Liberdade de Expressão: soluções teóricas e práticas após a revogação da Lei 5.250, de 09.02.1967.* São Paulo: Editora Revista dos Tribunais, 2011, p. 36.

390 N. Bobbio, op. cit., 2004, p. 5-6. A respeito da classificação dos direitos fundamentais, confira-se o Capítulo II, item nº 2.

391 L. G. G. C. Carvalho, op. cit., p. 21, 22 e 105.

O interesse difuso constitui uma espécie de interesse metaindividual; estes são os que "atingem uma categoria de pessoas ligadas por uma relação de fato ou de direito, e não apenas um sujeito individualizado",[392] situando-se entre os interesses público e privado.[393] Já os interesses difusos são os "transindividuais, de natureza indivisível, de que sejam titulares pessoas indeterminadas e ligadas por circunstâncias de fato" (CDC, art. 81, parágrafo único, I),[394] admitindo-se perfeitamente o enquadramento do direito de resposta e da própria liberdade de imprensa – ou, mais precisamente, do direito de ser informado – nesta categoria jurídica. Segundo Carvalho,

> [...] a informação jornalística é destinada a todas as pessoas que se disponham a recebê-la, sem que se possa individualizar e dividir qual informação será difundida para este indivíduo e qual para aquele. Todos são igualmente titulares desse direito de receber informação e é inegável que todos os titulares estão ligados pela circunstância de fato de serem leitores do mesmo jornal, ouvintes do mesmo radio ou espectadores da mesma emissora de televisão.[395]

---

392 T. F. Schoedl, op. cit., 2015b, p. 857.

393 H. N. Mazzilli. *A defesa dos interesses difusos em juízo: meio ambiente, consumidor, patrimônio cultural, patrimônio público e outros interesses.* 26ª ed. rev., ampl. e atual. São Paulo: Saraiva, 2013, p. 50.

394 Transcreve-se o art. 81 do Código de Defesa do Consumidor na sua integralidade: "A defesa dos interesses e direitos dos consumidores e das vítimas poderá ser exercida em juízo individualmente, ou a título coletivo.
Parágrafo único. A defesa coletiva será exercida quando se tratar de:
I - interesses ou direitos difusos, assim entendidos, para efeitos deste código, os transindividuais, de natureza indivisível, de que sejam titulares pessoas indeterminadas e ligadas por circunstâncias de fato;
II - interesses ou direitos coletivos, assim entendidos, para efeitos deste código, os transindividuais, de natureza indivisível de que seja titular grupo, categoria ou classe de pessoas ligadas entre si ou com a parte contrária por uma relação jurídica base;
III - interesses ou direitos individuais homogêneos, assim entendidos os decorrentes de origem comum".

395 Op. cit., p. 105.

A finalidade do direito de resposta, portanto, excede a esfera de proteção individual da pessoa atingida pela notícia inverídica, e justamente em razão da natureza também coletiva deste direito é que deve ser admitido o seu exercício por um conjunto de cidadãos que se sintam ofendidos pela veiculação de notícias inverídicas, em sede de ação coletiva ajuizada com fundamento na Lei 7.347/85,[396] e não apenas pelo indivíduo ou pessoa jurídica especificamente atingido pela matéria, e.g., veículo de comunicação divulga uma notícia falsa de que os moradores de uma determinada região estariam contaminados pelo vírus ebola.

Carvalho fundamenta esta possibilidade ao considerar a informação um serviço público, e, como tal, regido pelo Código de Defesa do Consumidor (art. 60),[397] aplicado de forma integrada com a Lei 7.347/85, quando se tutelam interesses metaindividuais.[398]

Passa-se, na sequência, a examinar a disciplina constitucional e legal do direito de resposta.

---

396 Neste sentido: L. M. Gomes Junior – M. F. Chueiri, op. cit., p. 31; e S. G. Suiama, op. cit., p. 115-116.

397 Op. cit., p. 98-99. Dispõe o art. 60 do Código de Defesa do Consumidor: "A imposição de contrapropaganda será cominada quando o fornecedor incorrer na prática de publicidade enganosa ou abusiva, nos termos do art. 36 e seus parágrafos, sempre às expensas do infrator.
§ 1º A contrapropaganda será divulgada pelo responsável da mesma forma, freqüência e dimensão e, preferencialmente no mesmo veículo, local, espaço e horário, de forma capaz de desfazer o malefício da publicidade enganosa ou abusiva".

398 T. F. Schoedl, op. cit., 2015b, p. 860. Como bem observa Mazzilli, amparado nas lições de Villone, "sob o aspecto processual, o que caracteriza os interesses transindividuais, ou de grupo, não é apenas o fato de serem compartilhados por diversos titulares individuais reunidos, pela mesma relação jurídica ou fática. Mais do que isso, é a circunstância de que a ordem jurídica reconhece a necessidade de que o acesso individual dos lesados à Justiça seja substituído por um acesso coletivo, de modo que a solução obtida no processo coletivo não apenas deve ser apta para evitar decisões contraditórias como, ainda, deve conduzir a uma solução mais eficiente da lide, porque o processo coletivo é exercido em proveito de todo o grupo lesado" (op. cit., p. 50-51).

4.1 Disciplina constitucional desde a Constituição do Império (1824)

Embora o direito de resposta seja um corolário da liberdade de imprensa, a Constituição do Império de 1824 referiu-se apenas a esta última em seu art. 179, inciso IV, já analisado.[399] Somente na Carta Constitucional de 1934, o direito de resposta foi consagrado como direito fundamental, nos termos do art. 113, nº 9:

> Art 113. A Constituição assegura a brasileiros e a estrangeiros residentes no paiz a inviolabilidade dos direitos concernentes á liberdade, á subsistencia, á segurança individual e á propriedade, nos termos seguintes:
> [...]
> 9) Em qualquer assumpto é livre a manifestação do pensamento, sem dependencia de censura, salvo quanto a espectaculos e diversões publicas, respondendo cada um pelos abusos que commetter, nos casos e pela fórma que a lei determinar. Não é permittido anonymato. É segurado o direito de resposta. A publicação de livros e periodicos independe de licença do poder publico. Não será, porém, tolerada propaganda de guerra ou de processos violentos para subverter a ordem politica ou social.[400]

O direito de resposta continuou sendo previsto nas Constituições que se seguiram, nos seguintes dispositivos: art. 122, item 15, letra "c", CF/1937; art. 141, § 5º, CF/1946; art. 150, § 8º, CF/1967; e art. 153, § 8º, EC nº1 de 1969.[401]

---

[399] Vide Capítulo I, item nº 2.1.

[400] Disponível em <<http://www2.camara.leg.br/legin/fed/consti/1930-1939/constituicao-1934-16-julho-1934-365196-publicacaooriginal-1-pl.html>>. Acesso em 31.03.2016.

[401] Para consultar os dispositivos citados, confira-se: <<http://www4.planalto.gov.br/legislacao/legislacao-historica/constituicoes-anteriores-1#conten>>. Acesso em 31.03.2016.

4.2 Tratados e Convenções Internacionais

O art. 14 da Convenção Americana de Direitos Humanos (Pacto de San Jose da Costa Rica, de 22 de novembro de 1969),[402] aprovada pelo Decreto 678/92, cuida do direito de resposta ou retificação, assim dispondo:

> 1. Toda pessoa atingida por informações inexatas ou ofensivas emitidas em seu prejuízo por meios de difusão legalmente regulamentados e que se dirijam ao público em geral, tem direito a fazer, pelo mesmo órgão de difusão, sua retificação ou resposta, nas condições que estabeleça a lei.
> 2. Em nenhum caso a retificação ou a resposta eximirão das outras responsabilidades legais em que se houver incorrido.
> 3. Para a efetiva proteção da honra e da reputação, toda publicação ou empresa jornalística, cinematográfica, de rádio ou televisão, deve ter uma pessoa responsável que não seja protegida por imunidades nem goze de foro especial.

Verifica-se que a Convenção, de forma correta, assegura o direito de resposta ou retificação independentemente da caracterização de crime contra a honra ou ato ilícito, bastando que as informações sejam "inexatas" ou "ofensivas", assegurando também a reparação do dano moral e material, além de eventual responsabilidade do ofensor na esfera criminal, pretensões que não ficam prejudicadas pelo exercício do direito de resposta,[403] que goza de plena autonomia.

4.3 Direito de resposta na Constituição Federal de 1988

A Constituição Federal de 1988 prevê o direito de resposta no rol dos direitos e garantias fundamentais, em seu art. 5º, inciso V: "é

---

402 Disponível em <<https://www.cidh.oas.org/basicos/portugues/c.convencao_americana.htm>>. Acesso em 11.04.2016.

403 Vide item nº 5, sobre a nova sistemática processual prevista na Lei 13.188/15.

assegurado o direito de resposta, proporcional ao agravo, além da indenização por dano material, moral ou à imagem".

Notam-se duas importantes inovações em relação às Constituições que a antecederam. A primeira é que os direitos e garantias fundamentais passaram a ser previstos no início do texto, revelando uma aceitação pelo legislador da doutrina jusnaturalista, segundo a qual os direitos naturais precedem à formação do Estado, implicando uma "passagem do estado de natureza para o estado civil",[404] daí por que foram consagrados antes dos Poderes e instituições da República, ao contrário do que se verificou nas Constituições anteriores; além disso, a Constituição Federal de 1988 foi promulgada após a queda do regime militar, inspirada em ideais democráticos e no neoliberalismo, muito embora a normatização de direitos e garantias fundamentais esteja intimamente ligada ao Estado Social de Direito.

A segunda inovação diz respeito ao acréscimo da expressão "proporcional ao agravo". Não se trata de mero acréscimo semântico, na medida em que o legislador constitucional pretendeu assegurar uma resposta com a mesma dimensão das ofensas, seja em conteúdo e tamanho, seja em velocidade, podendo-se afirmar que o instituto possuiu fundamento no próprio princípio da igualdade, a fim de "dotar o ofendido dos mesmos meios usados pelo ofensor, para que o leitor ou espectador possa fazer um juízo mais isento sobre a matéria jornalística".[405] Exatamente por esta razão é que a revogada Lei de Imprensa (Lei 5.250/67) descrevia minuciosamente como deveria ser

---

404 J. J. Rousseau, op. cit., 36. De acordo com a romântica concepção de Estado de Rousseau, "a passagem do estado de natureza para o estado civil determina no homem uma mudança muito notável, substituindo na sua conduta o instinto pela justiça e dando às suas ações a moralidade que antes lhe faltava [...] o pacto fundamental, em lugar de destruir a igualdade fundamental, pelo contrário substitui por uma igualdade moral e legítima aquilo que a natureza poderia trazer de desigualdade física entre os homens, que, podendo ser desiguais na força ou no gênio, todos se tornem iguais por convenção e direito" (op. cit., p. 36 e 39).

405 L. G. G. C. Carvalho, op. cit., p. 118.

publicado o direito de resposta, nos termos do art. 30, *caput*, incisos I a III, e parágrafos 1º e 2º.[406]

4.4 Disciplina legal do direito de resposta: a declaração de inconstitucionalidade da antiga Lei de Imprensa pelo Supremo Tribunal Federal (Lei 5.250/67 – ADPF nº 130/DF)

O direito de resposta era previsto nos arts. 29 a 36 da Lei 5.250/67, declarada não-recepcionada pela Constituição Federal de 1988 (STF, ADPF nº 130/DF).[407] O art. 29, *caput*, da Lei 5.250/67, assim dispunha:

> Tôda pessoa natural ou jurídica, órgão ou entidade pública, que fôr acusado ou ofendido em publicação feita em jornal ou periódico, ou em transmissão de radiodifusão, ou a cujo respeito os meios de informação e divulgação veicularem fato inverídico ou, errôneo, tem direito a resposta ou retificação.

---

[406] Transcrevem-se os citados dispositivos da Lei 5.250/67:
"Art . 30. O direito de resposta consiste:
I - na publicação da resposta ou retificação do ofendido, no mesmo jornal ou periódico, no mesmo lugar, em caracteres tipográficos idênticos ao escrito que lhe deu causa, e em edição e dia normais;
II - na transmissão da resposta ou retificação escrita do ofendido, na mesma emissora e no mesmo programa e horário em que foi divulgada a transmissão que lhe deu causa; ou
III - a transmissão da resposta ou da retificação do ofendido, pela agência de notícias, a todos os meios de informação e divulgação a que foi transmitida a notícia que lhe deu causa.
§ 1º A resposta ou pedido de retificação deve:
a) no caso de jornal ou periódico, ter dimensão igual à do escrito incriminado, garantido o mínimo de 100 (cem) linhas;
b) no caso de transmissão por radiodifusão, ocupar tempo igual ao da transmissão incriminada, podendo durar no mínimo um minuto, ainda que aquela tenha sido menor;
c) no caso de agência de notícias, ter dimensão igual à da notícia incriminada.
§ 2º Os limites referidos no parágrafo anterior prevalecerão para cada resposta ou retificação em separado, não podendo ser acumulados".
Para a consulta da Lei 5.250/67, confira-se: <<http://www.planalto.gov.br/ccivil_03/leis/L5250.htm>>. Acesso em 11.04.2016.

[407] Sobre o assunto, confira-se o Capítulo I, item nº 3.

Os demais dispositivos traziam regras sobre a legitimidade e o procedimento do direito de resposta, tema que será examinado no item nº 5, que trata das inovações da Lei 13.188/15. Por ora, importa afirmar que a Lei 5.250/67, até a promulgação da Lei 13.188/15, era o único marco regulatório do direito de resposta, disciplinando o seu exercício de acordo com as previsões constitucionais que consagravam o instituto.

Ressalte-se, outrossim, que a declaração de inconstitucionalidade da Lei 5.250/67 não atingiu o direito de resposta previsto no art. 58 da Lei 9.504/97, que estabelece as normas para as eleições, tema que não será objeto do presente trabalho.[408]

4.4.1 *Subsistência do direito de resposta: o art. 5º, inciso V, como norma constitucional de eficácia plena*

Apesar da declaração de inconstitucionalidade da Lei 5.250/67, que previa o direito de resposta em seus arts. 29 a 37, referido instituto continuou em vigor no período compreendido entre esta decisão e a vigência da Lei 13.188/15, em 11 de novembro de 2015, como ressalvado no próprio acórdão do Supremo Tribunal Federal.[409] A explicação é que o art. 5º, inciso V, que prevê o direito de resposta, é uma norma constitucional de eficácia plena, ou seja, que independe da integração por uma lei ordinária ou complementar para sua aplicação, ao contrário do que se observa em relação às normas constitucionais de eficácia limitada; conforme destacado no referido julgamento:

---

408 O art. 58, *caput*, da Lei 9.504/97 assim dispõe: "A partir da escolha de candidatos em convenção, é assegurado o direito de resposta a candidato, partido ou coligação atingidos, ainda que de forma indireta, por conceito, imagem ou afirmação caluniosa, difamatória, injuriosa ou sabidamente inverídica, difundidos por qualquer veículo de comunicação social". Os parágrafos 1º a 9º do mesmo dispositivo e o art. 58-A tratam do procedimento do direito de resposta, aplicável tão somente às questões eleitorais.

409 STF, ADPF nº 130/DF, Tribunal Pleno, Rel. Min. Carlos Britto, j. 30.04.2009.

> Aplicam-se as normas da legislação comum, notadamente o Código Civil, o Código Penal, o Código de Processo Civil e o Código de Processo Penal às causas decorrentes das relações de imprensa. O direito de resposta, que se manifesta como ação de replicar ou de retificar matéria publicada é exercitável por parte daquele que se vê ofendido em sua honra objetiva, ou então subjetiva, conforme estampado no inciso V do art. 5º da Constituição Federal. Norma, essa, "de eficácia plena e de aplicabilidade imediata", conforme classificação de José Afonso da Silva. "Norma de pronta aplicação", na linguagem de Celso Ribeiro Bastos e Carlos Ayres Britto, em obra doutrinária conjunta.

A jurisprudência do Superior Tribunal de Justiça e dos Tribunais de Justiça estaduais seguiu a orientação do Supremo Tribunal Federal, concedendo o direito de resposta mesmo com a revogação da Lei 5.250/67, com fundamento no art. 14 do Pacto de San José da Costa Rica (1969), bem como no art. 58 da Lei 9.504/97, este último aplicável por analogia.[410]

Em sentido contrário, do qual se discorda, decidiu-se no processo nº 011.08.001815-8, da 1ª Vara Criminal de Pinheiros, Comarca da Capital paulista, indeferindo-se o direito de resposta por falta de previsão legal,[411] partindo-se da equivocada premissa de que o art. 5º, inciso V seria uma norma constitucional de eficácia limitada.

---

[410] Confira-se, a respeito: STJ, REsp 885.248/MG, Rel. Min. Nancy Andrighi, Terceira Turma, j. 15.12.2009; STJ, RMS 23.369/SP, Rel. Min. Maria Thereza de Assis Moura, Sexta Turma, j. 17.08.2010; TJSP, Ap. 994040678806, Rel. Des. J. L. Mônaco da Silva, Sexta Câmara Cível, j. 27.01.2010. Destaque-se ainda a seguinte decisão do Tribunal de Justiça fluminense, na qual restou consignado que "mesmo sem regulamentação legal, o art. 5º, V, da CRFB, que prevê que é assegurado o direito de resposta, proporcional ao agravo, além da indenização por dano material, moral ou à imagem deve ser aplicado, como forma de garantir uma reparação integral pelo dano moral sofrido pelo autor" (Ap. 0124482-37.2008.8.19.0001, Des. Helena Cândida Lisboa Gaede, Terceira Câmara, j. 14.07.2010).

[411] Decisão citada por Gomes Junior e Chueiri (op. cit.), proferida no dia 18 de março de 2010. Para acessar a íntegra da decisão, confira-se: <<http://s.conjur.com.br/dl/sentenca-rejeita-direito-resposta.pdf>>. Acesso em 11.04.2016.

5 Novo marco regulatório do direito de resposta (Lei 13.188, de 11 de novembro de 2015): inovações em relação à Lei 5.250/67

A Lei 13.188/15, regulamentando o art. 5º, inciso V, da Constituição Federal – o que é perfeitamente admissível, não obstante cuidar-se de norma constitucional de eficácia plena –, passou a disciplinar o direito de resposta ou retificação em matéria divulgada, publicada ou transmitida por veículo de comunicação social (art. 1º), estabelecendo também a proporcionalidade e a gratuidade do exercício desse direito (art. 2º), salvo nos casos de lide temerária, hipótese em que o autor deverá arcar com as custas processuais e ônus da sucumbência (art. 11).

O art. 2º, parágrafo 1º considera matéria "qualquer reportagem, nota ou notícia divulgada por veículo de comunicação social, independentemente do meio ou da plataforma de distribuição, publicação ou transmissão que utilize, cujo conteúdo atente, ainda que por equívoco de informação, contra a honra, a intimidade, a reputação, o conceito, o nome, a marca ou a imagem de pessoa física ou jurídica identificada ou passível de identificação", excluindo-se, nos termos do parágrafo 2º, "os comentários realizados por usuários da *internet* nas páginas eletrônicas dos veículos de comunicação social".

Portanto, embora o novo marco regulatório compreenda as mídias sociais, o direito de resposta não é admitido contra comentários feitos por usuários de *internet*, mas o ofendido poderá acioná-los com fundamento nas regras da responsabilidade civil extracontratual, em busca da reparação do dano moral e material, sem prejuízo da responsabilidade penal proveniente do mesmo fato.[412]

---

[412] Sobre a ontologia dos ilícitos e o princípio da independência relativa entre as instâncias penal, civil e administrativa, confira-se: T. F. Schoedl. *Responsabilidade Penal dos Notários e Registradores*. São Paulo: YK Editora, 2017, p. 48-58; e T. F. Schoedl. *Tipos disciplinares da Lei dos Notários e Registradores (art. 31,*

A nova Lei continua prevendo duas formas de direito de resposta: a) extrajudicial, também chamado de administrativo ou amigável,[413] quando concedido pelo próprio veículo de comunicação que proferiu a ofensa; e b) judicial, quando deferido pelo Poder Judiciário. Nestes termos, o art. 5º dispõe que, se o veículo de comunicação social ou quem por ele responda não divulgar, publicar ou transmitir a resposta ou retificação no prazo de 7 (sete) dias – prazo maior do que o da Lei anterior, que era de 24 horas (art. 31, I, Lei 5.250/67) –contados do recebimento do respectivo pedido, na forma do art. 3º, restará caracterizado o interesse jurídico para a propositura de ação judicial.

Referida norma ofende claramente o art. 5º, inciso XXXV, da Constituição Federal, que consagra o princípio da inafastabilidade da jurisdição: "a lei não excluirá da apreciação do Poder Judiciário lesão ou ameaça a direito".[414] Neste caso, deveria ser aplicada a declaração de inconstitucionalidade parcial sem redução de texto[415]

---

incisos I a V, da Lei 8.935/94): uma abordagem interdisciplinar sob a ótica do Direito Penal e Administrativo. In: A. Del Guércio Neto (coord.); L. B. Del Guércio (coord.). O Direito Notarial e Registral em Artigos, v. II. São Paulo: YK Editora, 2017, p. 441-469.

413 C. R. Barretto. *Direito de Resposta: comentários à Lei n. 13.188/2015*. São Paulo: Letras Jurídicas, 2018, p. 76.

414 Confira-se, a respeito do tema: T. F. Schoedl. *O problema do prazo para o exercício do direito de resposta judicial*. Disponível em <<http://www.cartaforense.com.br/conteudo/artigos/o-problema-do-prazo-para-o-exercicio-do-direito-de-resposta-judicial/18106>>. Acesso em 5.01.2019. Em idêntico sentido: STJ, REsp 469285/SP. Em sentido contrário, entendendo faltar interesse de agir em tal hipótese: L. M. Gomes Junior – M. F. Chueiri, op. cit., p. 59.

415 Por intermédio dessa técnica de julgamento, utilizada nos controles difuso e concentrado de constitucionalidade, o julgador "determina que a norma é constitucional, desde que excluídas algumas de suas interpretações possíveis ou *sua aplicação para um determinado caso concreto*" (T. F. Schoedl, op. cit., 2015b, p. 63 – grifou-se). Para um estudo mais profundo, confira-se: I. G. Martins – G. F. Mendes. *Controle Concentrado de Constitucionalidade: comentários à Lei n. 9868, de 10-11-1999*. 3ª ed. 2ª tiragem. São Paulo: Saraiva, 2009, p. 462.

para possibilitar o imediato direito de resposta judicial, ainda que não haja recusa do veículo ofensor, notadamente nos casos de lesão grave e de difícil reparação que não permitam ao ofendido aguardar aquele prazo de 7 dias. Mesmo antes do advento da Lei 13.188/15, o Superior Tribunal de Justiça já havia decidido que:

> [...] não há necessidade de anterior investida extrajudicial, nem tampouco, comprovação nos autos de resposta negativa, ao pedido do autor, para que seja legitimado o ingresso em Juízo, uma vez que está assegurado o acesso ao Judiciário, sempre que houver lesão ou ameaça a direito no art. 5º, inciso XXXV da Constituição Federal de 1988.[416]

A legitimidade do pedido de direito de resposta, tanto extrajudicial como judicial, será, em regra, do ofendido, mas a Lei também o admite: a) pelo representante legal do ofendido incapaz ou da pessoa jurídica; b) pelo cônjuge, descendente, ascendente ou irmão do ofendido que esteja ausente do País ou tenha falecido depois do agravo, mas antes de decorrido o prazo de decadência do direito de resposta ou retificação (art. 2º, *caput*, e art. 3º, § 2º, I e II).

Como se percebe, a nova Lei focou sua proteção apenas nos direitos individuais da pessoa atingida pela matéria ofensiva (física ou jurídica), deixando, pois, de tutelar o direito difuso à informação verdadeira. Perdeu-se, pois, a oportunidade de se criarem mecanismos de tutela coletiva, com o objetivo de preservar o direito da sociedade de não ser enganada por notícias falsas, remetendo a controvérsia à disciplina integrada do Código de Defesa do Consumidor e da Lei 7.347/85, como já afirmado.[417]

É de se destacar o veto ao parágrafo 3º, do art. 5º, que assim dispunha: “Tratando-se de veículo de mídia televisiva ou radiofônica,

---

416 REsp 401358/PB, Rel. Min. Carlos Fernando Mathias – juiz federal convocado do TRF 1ª Região, Quarta Turma, j. 05.03.2009.

417 Confira-se o iem nº 4.

o ofendido poderá requerer o direito de dar a resposta ou fazer a retificação pessoalmente". Nas razões do veto, constou o seguinte: "Ao não definir critérios para a participação pessoal do ofendido, o dispositivo poderia desvirtuar o exercício do direito de resposta ou retificação. Além disso, o projeto já prevê mecanismos para que tal direito seja devidamente garantido". Correto o veto, pois tal dispositivo representava um retrocesso, estabelecendo um procedimento semelhante ao da chamada *personal attack rule*, teoria norte-americana abandonada no ano de 1987.[418]

5.1 Competência para a ação de direito de resposta

Com a declaração de inconstitucionalidade da Lei 5.250/67, a competência para o processo e julgamento da ação de direito de resposta passou a ser do juízo cível, e não mais do criminal, mesmo porque, como adverte Barretto, ainda que configurado eventual delito contra a honra, "a questão tem foros de agravo aos direitos da personalidade, buscando o ofendido a tutela judicial para preservar a sua honra e imagem, direitos estes que gozam de proteção na esfera civil".[419] Neste mesmo sentido decidiu o Tribunal de Justiça do Distrito Federal:

> Direito de resposta (art. 5º, inciso V, da Constituição Federal). Competência. 1. Diante da decisão exarada pelo Supremo Tribunal Federal, nos autos da Argüição de Descumprimento de Preceito Fundamental nº 130, no sentido da não recepção em bloco da Lei nº 5.260/67 pela nova ordem constitucional, a competência para o processamento e julgamento do direito de resposta (art. 5º, inciso V, da Constituição Federal) passou a ser do juízo cível. 2. Absolutamente incompetente o juízo criminal perante o qual tramitou ação com pedido de res-

---

418 Sobre o assunto, vide item nº 1.

419 Op. cit., p. 102.

posta, dá-se provimento ao recurso para anular o processo e determinar sua redistribuição a uma das varas cíveis.[420]

A competência territorial é do juízo do domicílio do ofendido, ou, se este preferir, o do lugar onde o agravo tenha apresentado maior repercussão, conforme determina o art. 5º, parágrafo 1º, da Lei 13.188/15.

5.2 Prazo para o exercício do direito de resposta

O direito de resposta deve ser exercitado no prazo decadencial de 60 dias – mesmo prazo da Lei anterior (art. 29, § 2º, Lei 5.250/67) –, contados da data de cada publicação, mediante correspondência enviada com aviso de recebimento ao órgão que veiculou a matéria ofensiva (art. 3º, *caput*).

De acordo com Gomes Junior e Chueiri, no período compreendido entre a declaração de inconstitucionalidade da Lei 5.250/67 e a promulgação da Lei 13.188/15, deveria ser aplicado o prazo geral de 10 anos, previsto no art. 205 do Código Civil,[421] entendimento do qual se discorda, uma vez que tal prazo é excessivamente longo e desvirtua a natureza do instituto, devendo ser aplicado o mesmo prazo da pretensão de reparação civil, ou seja, de 3 anos (CC, art. 206, § 3º, V), ainda que este último tenha natureza prescricional, e não decadencial.

A Lei silencia quanto ao prazo do direito de resposta judicial, sendo desarrazoado concluir que seria o mesmo do extrajudicial, ou seja, 60 dias, como se houvesse um único prazo global para o ofendido, primeiramente, promover o direito de resposta extrajudicial, e,

---

[420] TJDF, Proc. nº 20070111045370APR, Rel. Des. Getulio Pinheiro, 2ª Turma Criminal, j. 08.04.2010.

[421] Op. cit., p. 38. O art. 205 do Código Civil assim dispõe: "A prescrição ocorre em dez anos, quando a lei não lhe haja fixado prazo menor".

em seguida, com a negativa da publicação, propor a ação judicial,[422] como determina o inconstitucional art. 5º, *caput*, da Lei 13.188/15, já examinado.

Adotada esta interpretação, a vítima sequer teria o prazo de 60 dias para o direito de resposta extrajudicial, mas sim de 53 dias, restando apenas mais 7 dias para aguardar a negativa e propor a ação judicial, o que, decisivamente, não parece ser a melhor exegese, devendo ser aplicado o mesmo art. 206, parágrafo 3º, inciso V, do Código Civil, por analogia, conferindo-se à vítima o prazo de 3 anos para ajuizar a ação. Ademais, como já se afirmou,

> o prazo de 60 dias é extremamente exíguo para se preparar uma ação judicial – até mesmo no mandado de segurança, que envolve apenas questões de direito necessárias à comprovação da ofensa a direito líquido e certo, o prazo é de 120 dias (Lei 12.016/09, art. 23), enquanto no direito de resposta há necessidade do autor comprovar a ofensa produzida pelo veículo de comunicação, o que demanda maior tempo para se preparar a ação [...] a própria interpretação literal do art. 3º, *caput*, da Lei 13.188/15, que menciona a necessidade da vítima exercer o direito de resposta "*mediante correspondência com aviso de recebimento encaminhada diretamente ao veículo de comunicação social*", deixa claro que o referido prazo de 60 dias não se refere à ação de direito de resposta, a qual, até onde se tem conhecimento, não pode ser ajuizada por esta via, assim como nenhuma outra providência jurisdicional. Disso resulta que tal prazo só pode dizer respeito ao direito de resposta extrajudicial, pois, este sim, deve ser exercitado mediante correspondência com aviso de recebimento, seja por uma simples carta encaminhada ao veículo ofensor, seja por uma notificação mais elaborada.[423]

---

[422] Neste sentido: H. D. Souza – T. J. M. M. Carvalho. *Lei do Direito de Resposta viola liberdade de imprensa*. Disponível em <<https://www.conjur.com.br/2015-nov-30/lei-direito-resposta-viola-liberdade-imprensa>>. Acesso em 23.01.2018.

[423] T. F. Schoedl, op. cit., 2018.

Importante mencionar a posição intermediária de Barretto, segundo o qual o prazo do direito de resposta judicial seria de 60 dias, iniciando-se após o término do prazo de 7 dias, destinado à publicação do direito de resposta extrajudicial (art. 5º, *caput*).[424]

Já o parágrafo 3º, do art. 3º, do mesmo diploma, determina, de maneira canhestra, que, "no caso de divulgação, publicação ou transmissão continuada e ininterrupta da mesma matéria ofensiva, o prazo será contado da data em que se iniciou o agravo". Canhestra porque a Lei deixou a vítima desprotegida, pois o prazo decadencial de 60 dias deveria iniciar-se após a cessação das ofensas continuadas, adotando-se a mesma regra de prescrição que rege os crimes permanentes (CP, art. 111, III).[425]

Ademais, a interpretação literal do art. 3º, parágrafo 3º, da Lei 13.188/15 conduz ao absurdo de possibilitar o reconhecimento da decadência mesmo estando em curso a ofensa continuada, pois o prazo é contado "da data em que se iniciou o agravo", contrariando o princípio geral de direito segundo o qual a pretensão nasce com a violação do direito: "Violado o direito, nasce para o titular a pretensão, a qual se extingue, pela prescrição, nos prazos a que aludem os arts. 205 e 206" (CC, art. 189).

5.3 Procedimento do direito de resposta

O art. 4º, incisos I a III, e parágrafos 1º a 4º, da Lei 13.188/15 traz o regramento do direito de resposta, de tal modo que ele seja

---

424 Op. cit., p. 76 e 100.

425 Transcreve-se o dispositivo citado:
"CP, art. 111. A prescrição, antes de transitar em julgado a sentença final, começa a correr:
[...]
III - nos crimes permanentes, do dia em que cessou a permanência".
Crimes permanentes são aqueles cujo momento consumativo se prolonga no tempo, v.g., sequestro e cárcere privado (CP, art. 148).

"proporcional ao agravo" (CF, art. 5º, V), basicamente repetindo as disposições da Lei 5.250/67, porém, tratando do agravo veiculado pela *internet*, considerando inexistente o direito de resposta que não atenda às exigências legais (§ 3º). Transcreve-se o art. 4º da Lei 13.188/15:

> A resposta ou retificação atenderá, quanto à forma e à duração, ao seguinte:
> I - praticado o agravo em mídia escrita ou na internet, terá a resposta ou retificação o destaque, a publicidade, a periodicidade e a dimensão da matéria que a ensejou;
> II - praticado o agravo em mídia televisiva, terá a resposta ou retificação o destaque, a publicidade, a periodicidade e a duração da matéria que a ensejou;
> III - praticado o agravo em mídia radiofônica, terá a resposta ou retificação o destaque, a publicidade, a periodicidade e a duração da matéria que a ensejou.
> § 1º Se o agravo tiver sido divulgado, publicado, republicado, transmitido ou retransmitido em mídia escrita ou em cadeia de rádio ou televisão para mais de um Município ou Estado, será conferido proporcional alcance à divulgação da resposta ou retificação.
> § 2º O ofendido poderá requerer que a resposta ou retificação seja divulgada, publicada ou transmitida nos mesmos espaço, dia da semana e horário do agravo.
> § 3º A resposta ou retificação cuja divulgação, publicação ou transmissão não obedeça ao disposto nesta Lei é considerada inexistente.
> § 4º Na delimitação do agravo, deverá ser considerado o contexto da informação ou matéria que gerou a ofensa.

Ao comentarem a Lei anterior, Gomes Junior e Chueiri já advertiam que o direito de resposta

> [...] deve ser veiculado de modo a potencializar os seus efeitos, e isso somente pode ser alcançado se for possível, ao requerente, esclarecer com a mesma amplitude das ofensas ou da informação reconhecidamente equivocada (inidônea).

> Assim, se a notícia foi publicada na primeira página, idêntica prerrogativa é assegurada ao titular do direito de resposta. No mesmo sentido com relação aos caracteres, que devem ser do mesmo tamanho [...] Já em se tratando de transmissão por radiodifusão, o prazo é o mesmo daquela (transmissão) que estiver sendo questionada. Se for insuficiente somente o juiz que irá analisar o pedido em sede judicial poderá decidir se excessivo ou não, já que realmente não há qualquer regra específica.[426]

Ressalte-se, por outro lado, que o direito de resposta não se presta a legitimar ofensas consistentes em injúrias, difamações ou calúnias, mas tão somente a corrigir inverdades ou equívocos contidos na matéria jornalística; por conta disso, se o ofendido encaminha ao veículo ofensor uma carta ou notificação contendo expressões daquela natureza, poderá ser responsabilizado nas esferas civil e penal, conforme as circunstâncias.

A nova Lei, acertadamente, deixou de prever as hipóteses de inadmissibilidade do direito de resposta, ao contrário do que fazia a Lei 5.250/67 (art. 34, I a V),[427] limitando-se a afirmar que "na delimitação do agravo, deverá ser considerado o contexto da informação ou matéria que gerou a ofensa" (art. 4º, § 4º); no entanto, as hipó-

---

426 Op. cit., p. 45 e 47.

427 Assim dispunha o art. 34 da Lei 5.250/67:
"Será negada a publicação ou transmissão da resposta ou retificação:
I - quando não tiver relação com os fatos referidos na publicação ou transmissão a que pretende responder;
II - quando contiver expressões caluniosas, difamatórias ou injuriosas sôbre o jornal, periódico, emissora ou agência de notícias em que houve a publicação ou transmissão que lhe deu motivos, assim como sôbre os seus responsáveis, ou terceiros;
III - quando versar sôbre atos ou publicações oficiais, exceto se a retificação partir de autoridade pública;
IV - quando se referir a terceiros, em condições que criem para êstes igual direito de resposta;
V - quando tiver por objeto crítica literária, teatral, artística, científica ou desportiva, salvo se esta contiver calúnia, difamação ou injúria".

teses previstas na revogada Lei de Imprensa poderão ser utilizadas para nortear a decisão do magistrado, salvo a que vedava o direito de resposta contra atos e publicações oficiais (inciso III), de manifesta inconstitucionalidade.[428]

Embora a Lei 13.188/15 não tenha disposição semelhante à do art. 30, parágrafo 8º, da Lei 5.250/67,[429] que vedava a réplica pelo veículo de comunicação e assegurava novo direito de resposta em favor do ofendido, a mesma consequência deverá ser aplicada, tendo como fundamento o art. 4º, parágrafo 3º, do novo diploma, que considera inexistente a resposta ou retificação publicada em desacordo com a Lei, permitindo assim novo direito de resposta.

Estabeleceu-se um rito especial e prazos mais céleres para a apreciação do direito de resposta judicial, vedando-se ainda a aplicação de determinados institutos de Direito Processual Civil (art. 5º, § 2º, I a III),[430] devendo a ação ser processada no prazo máximo de 30 dias, com a citação do responsável pelo veículo de comunicação no prazo de 24 horas e contestação em 3 dias (art. 6º, I e II) – pela sistemática da Lei anterior, a contestação deveria ser apresentada em 5 ou 15 dias, conforme admitida ou não a medida cautelar. Forçoso concluir que o prazo de contestação é extremamente exíguo, ainda que

---

428 L. M. Gomes Junior – M. F. Chueiri, op. cit., p. 96.

429 Dispunha o art. 30, parágrafo 8º, da Lei 5.250/67: "A publicação ou transmissão da resposta ou retificação, juntamente com comentários em caráter de réplica, assegura ao ofendido direito a nova resposta".

430 Transcreve-se o referido dispositivo:
"Art. 5º [...]
§ 2º A ação de rito especial de que trata esta Lei será instruída com as provas do agravo e do pedido de resposta ou retificação não atendido, bem como com o texto da resposta ou retificação a ser divulgado, publicado ou transmitido, sob pena de inépcia da inicial, e processada no prazo máximo de 30 (trinta) dias, vedados:
I - a cumulação de pedidos;
II - a reconvenção;
III - o litisconsórcio, a assistência e a intervenção de terceiros".

computados somente os dias úteis (CPC, art. 219),[431] dificultando, de certa forma, o exercício da ampla defesa pelo veículo de comunicação, inclusive, tal dispositivo é objeto de ações diretas de inconstitucionalidade no Supremo Tribunal Federal (ADIn 5418 e 5436).

Permite-se a antecipação de tutela,[432] desde que haja prova da "verossimilhança da alegação ou justificado receio de ineficácia do provimento final" – requisitos alternativos –,[433] devendo a resposta ou retificação ser publicada no prazo máximo de 10 dias, podendo o juiz fixar multa diária ao réu, independentemente de pedido do autor, ou outra medida destinada ao efetivo cumprimento da decisão (art. 7º, *caput* e §§ 3º e 4º).[434] Em contrapartida, admite-se a atribuição de efeito suspensivo por órgão colegiado de Tribunal, desde que verificada a "plausibilidade do direito invocado e a urgência na concessão da medida" (art. 10).

A nova Lei não prevê disposição semelhante à do art. 33 da Lei 5.250/67: "Reformada a decisão do juiz em instância superior, a emprêsa que tiver cumprido a ordem judicial de publicação ou transmissão da resposta ou retificação terá ação executiva para haver do autor da resposta o custo de sua publicação, de acôrdo com a tabela de preços para os seus serviços de divulgação". Fazendo-se uma interpretação histórica e teleológica, conclui-se que a reforma da decisão pelas instâncias superiores não impõe ao autor a obrigação de arcar com as custas da publicação da resposta ou retificação, salvo quando sua conduta configurar lide temerária, nos termos do art. 11, *caput* e parágrafo único, da Lei 13.188/15.[435] A nova sistemática

---

[431] Transcreve-se o art. 219 do Código de Processo Civil: "Na contagem de prazo em dias, estabelecido por lei ou pelo juiz, computar-se-ão somente os dias úteis. Parágrafo único. O disposto neste artigo aplica-se somente aos prazos processuais".

[432] Sobre a tutela provisória e suas espécies, confira-se o item nº 7.

[433] C. R. Barreto, op. cit., p. 144.

[434] A Lei 5.250/67 cuidava da multa diária em seu art. 32, parágrafo 5º, letras "a" e "b".

[435] Dispõe o art. 11 da Lei 13.188/67: "A gratuidade da resposta ou retificação divulgada pelo veículo de comunicação, em caso de ação temerária, não abrange as custas processuais nem exime o autor do ônus da sucumbência.

é muito bem-vinda, pois sua finalidade é justamente não inibir o exercício do direito de resposta.

5.4 Cumulação do direito de resposta com a reparação de danos

Há uma inovação importante no que diz respeito ao pedido de reparação de danos morais, materiais ou à imagem, admitindo-se a cumulação somente se o autor da ação abrir mão do rito especial previsto na Lei 13.188/15, hipótese em que o processo seguirá o rito ordinário, conforme o art. 12, *caput*;[436] já o parágrafo 1º, diversamente da revogada Lei de Imprensa e para evitar discussões, dispõe que "o ajuizamento de ação cível ou penal contra o veículo de comunicação ou seu responsável com fundamento na divulgação, publicação ou transmissão ofensiva não prejudica o exercício administrativo ou judicial do direito de resposta ou retificação previsto nesta Lei".

Vê-se, portanto, que, ao contrário do revogado art. 29, parágrafo 3º, da Lei 5.250/67, que determinava a extinção do direito de resposta "com o exercício de ação penal ou civil contra o jornal, periódico, emissora ou agência de notícias, com fundamento na publicação ou transmissão incriminada", não há mais prejudicialidade entre os pedidos de direito de resposta e de reparação de danos, ou ainda, entre aquele e a ação penal, mesmo porque os seus fundamentos são distintos, como já afirmado; todavia, o autor não poderá valer-se do rito mais célere da Lei 13.188/15, quando optar pela cumulação dos pedidos, hipótese em que poderá utilizar a tutela antecipada para o exercício do direito de resposta, com fundamento

---

Parágrafo único. Incluem-se entre os ônus da sucumbência os custos com a divulgação, publicação ou transmissão da resposta ou retificação, caso a decisão judicial favorável ao autor seja reformada em definitivo".

436 Transcreve-se o citado dispositivo: "Os pedidos de reparação ou indenização por danos morais, materiais ou à imagem serão deduzidos em ação própria, salvo se o autor, desistindo expressamente da tutela específica de que trata esta Lei, os requerer, caso em que o processo seguirá pelo rito ordinário".

no art. 300 do novo Código de Processo Civil, como será examinado mais adiante.[437]

5.5 Impactos sociais esperados da Lei 13.188/15

Ainda é cedo para se chegar a uma conclusão sobre eventuais benefícios trazidos pelo novo marco regulatório do direito de resposta (Lei 13.188/15), que mal completou 3 anos de vigência. No entanto, certo é que a problemática relacionada às ofensas proferidas por veículos de comunicação necessitava de mecanismos legais mais eficientes, especialmente para conferir maior celeridade ao direito de resposta, tanto extrajudicial como judicial, buscando torná-lo, efetivamente, "proporcional ao agravo", como determina a Constituição Federal (art. 5º, V).

A revogada Lei 5.250/67 não conferia à vítima de ofensas e inverdades publicadas nos meios de comunicação uma proteção célere e eficaz, daí a necessidade de um aperfeiçoamento e melhor adaptação à realidade brasileira, onde a produção de atos ilícitos revela-se uma atividade lucrativa e compensatória para os veículos de comunicação.

Apesar da aparente boa intenção do legislador, não faltaram críticas no meio jornalístico, especialmente dos proprietários de grandes veículos de comunicação social, praxe comum num País contaminado pela falta de ética, onde muitas organizações contam com a ineficácia do Poder Judiciário para perpetuarem suas práticas ilícitas. A respeito de tais críticas, Luis Nassif constata ter havido

> [...] a mesma grita quando o Código de Defesa do Consumidor foi implementado no Brasil. Era o país antigo, de economia fechada e sem direitos do consumidor, reagindo contra os ventos da modernidade. Alegava-se que cuidados adicionais encareceriam os produtos a ponto de afastar os consumidores; os custos seriam excessivos etc.

---

[437] Sobre o tema, vide item nº 7.

> Ocorreu que de lá para cá foi o aumento gradativo da qualidade dos produtos, empurrados pelas exigências do consumidor, devidamente amparados por lei.[438]

O mesmo jornalista já avalia alguns resultados positivos decorrentes da nova Lei, como reduzir "drasticamente o esgoto vindo dos jornais, a adjetivação sem sentido, os ataques não-fundamentados", concluindo que, "com essa limitação ao seu poder de denegrir, manipular ou mentir, certamente restará aos grupos de mídia se restringir ao seu ofício nobre: informar e argumentar de forma civilizada".[439]

É exatamente o que se espera da Lei 13.188/15: mais do que conferir à vítima um remédio eficaz para a defesa de seus direitos, combater a causa do problema, fazendo com que as organizações de comunicação social adotem maior cautela nas suas investigações e afirmações, com respeito à ética jornalística e ao princípio da imparcialidade.[440] Todavia, deve ser registrada a advertência de Montesquieu sobre a relação entre a mudança das leis e os comportamentos, em lição sempre atual:

> Quando se quer mudar os costumes e os modos, eles não se devem mudar pelas leis; tal coisa pareceria tirânica demais; é melhor mudá-los com outros costumes e outros modos.
> Assim, quando um príncipe quer fazer grandes mudanças em sua nação, é preciso que reforme pelas leis o que foi estabelecido pelas leis, e que mude pelas maneiras o que foi estabelecido pelas maneiras; é muito má política mudar pelas leis o que deveria ser mudado pelas maneiras.[441]

---

438 *Mídia: quem tem medo do Direito de Resposta.* Disponível em <<http://outras-palavras.net/outrasmidias/destaque-outras-midias/midia-quem-tem-medo--do-direito-de-resposta/>>. Acesso em 27.11.2015.

439 Ibid.

440 Neste sentido, cumpre mencionar o art. 4º do Código de Ética dos Jornalistas, já referido: "O compromisso fundamental do jornalista é com a verdade no relato dos fatos, deve pautar seu trabalho na precisa apuração dos acontecimentos e na sua correta divulgação". Disponível em <<http://www.fenaj.org.br/federacao/cometica/codigo_de_etica_dos_jornalistas_brasileiros.pdf>>. Acesso em 12.08.2010.

441 Op. cit., p. 247.

Apesar do Supremo Tribunal Federal entender que a liberdade de imprensa é um direito fundamental autorregulável e que o direito de resposta é veiculado por uma norma constitucional de eficácia plena, a regulação desse instituto era necessária, evitando-se assim discussões a respeito de sua admissibilidade e da forma de seu exercício.

Até a promulgação do novo marco regulatório do direito de resposta (Lei 13.188, de 11 de novembro de 2015), não existiam mecanismos legais - judiciais ou extrajudiciais - eficientes para proporcionar à vítima uma tutela efetiva, pois, apesar da maioria das decisões judiciais permitir que tal direito fosse exercitado em dimensão ou tempo iguais aos da matéria ofensiva, a falta de celeridade acabava deixando o instituto muitas vezes sem sentido para a vítima, impedindo o imediato retorno à posição inicial (*status quo ante*), pressuposto da devida reparação aos direitos da personalidade.[442]

Por tal razão, muitos autores já defendiam a utilização das tutelas de urgência (tutela antecipada ou medida cautelar),[443] "sob pena do direito de resposta perder sua maior utilidade, que é o esclarecimento imediato", como bem ponderado por Gomes Junior e Chueiri.[444] É exatamente esta barreira que deverá ser superada pela Lei 13.188/15, que procurou, essencialmente, conferir maior celeridade aos pedidos de direito de resposta.

6 O princípio da celeridade processual ou da razoável duração do processo como utopia (CF, art. 5º, LXXVIII - EC 45/2004)

Entre todos os direitos fundamentais positivados na Constituição Federal, o da razoável duração do processo ou da celeridade

---

442 A respeito do tema, confira-se o Capítulo III, item nº 3.2.

443 Sobre esta possibilidade, vide item nº 7.

444 Op. cit., p. 63.

processual talvez seja aquele impregnado com maior carga de utopia, princípio veiculado pelo art. 5º, inciso LXXVIII (acrescentado pela EC 45/04): "a todos, no âmbito judicial e administrativo, são assegurados a razoável duração do processo e os meios que garantam a celeridade de sua tramitação".

A norma constitucional, apesar de bem intencionada e de ir ao encontro das lições de Theodoro Júnior – segundo o qual, muito mais importante do que admitir recursos, "é garantir que a solução final e definitiva da causa seja proporcionada aos litigantes no menor espaço de tempo possível" –,[445] obviamente ainda não encontrou reflexo no mundo real; como já se advertiu,

> [...] o que se vê não é uma solução concreta para tal problema, mas sim a atribuição da responsabilidade de uma instituição democrática para outra: as partes acusam o Poder Judiciário pela demora nos julgamentos; este critica o Poder Legislativo, por não criar leis que diminuam a possibilidade de recursos, que por sua vez culpa os procuradores por fazerem uso abusivo dos recursos previstos em lei. Em verdade, a responsabilidade é de todas as pessoas e poderes, pois apesar de não ser a regra, muitos juízes e membros do Ministério Público demoram para proferir suas manifestações processuais; o Poder Legislativo, por seu turno, considerando que uma parcela mínima de seus integrantes possui conhecimento jurídico-processual, edita leis ineficientes e que apenas incentivam o manejo de recursos pelas partes; estas, finalmente, interpõem diversos recursos com caráter protelatório, mesmo sabedoras, na maioria das vezes, que a parte contrária é merecedora do direito controvertido.[446]

Afonso da Silva, por sua vez, salienta que "não basta uma declaração formal de um direito ou de uma garantia individual para que,

---

[445] H. THEODORO JÚNIOR. *As Novas Reformas do Código de Processo Civil.* Rio de Janeiro: Forense, 2007, p. 79.

[446] T. F. SCHOEDL, op. cit., 2015b, p. 723.

num passe de mágica, tudo se realize como declarado".[447] No caso da celeridade processual, embora se trate de um direito fundamental positivado na Constituição Federal, inexistem garantias legais que assegurem a sua efetiva observância no caso concreto, o que contribui para o prolongamento das demandas e o descrédito da Justiça. Além disso, o adjetivo empregado pelo legislador constitucional, ao normatizar este direito fundamental ("razoável"), certamente é uma porta aberta para legitimar a morosidade processual, sempre sob o famigerado argumento da "complexidade da causa".

Espera-se, todavia, uma mudança neste quadro com o novo Código de Processo Civil, que, além de consagrar o princípio da razoável duração do processo em dois dispositivos (arts. 4º e 6º),[448] adotou a possibilidade do julgamento de processos em bloco para aplicação de tese jurídica firmada em julgamento de casos repetitivos, garantida a prioridade na tramitação (CPC, art. 12, § 2º, II),[449] procurando assim tornar a celeridade processual uma realidade.

---

447 Op. cit., p. 432.

448 Transcrevem-se os dispositivos citados do Código de Processo Civil:
"Art. 4º As partes têm o direito de obter em prazo razoável a solução integral do mérito, incluída a atividade satisfativa.
[...]
Art. 6º Todos os sujeitos do processo devem cooperar entre si para que se obtenha, em tempo razoável, decisão de mérito justa e efetiva".

449 O art. 12 do Código de Processo Civil estabelece uma ordem cronológica para o julgamento de processos pelos juízes e tribunais, nos termos seguintes:
"Os juízes e os tribunais atenderão, preferencialmente, à ordem cronológica de conclusão para proferir sentença ou acórdão.
§ 1º A lista de processos aptos a julgamento deverá estar permanentemente à disposição para consulta pública em cartório e na rede mundial de computadores.
§ 2º Estão excluídos da regra do caput:
I - as sentenças proferidas em audiência, homologatórias de acordo ou de improcedência liminar do pedido;
II - o julgamento de processos em bloco para aplicação de tese jurídica firmada em julgamento de casos repetitivos;
III - o julgamento de recursos repetitivos ou de incidente de resolução de demandas repetitivas;
IV - as decisões proferidas com base nos arts. 485 e 932;
V - o julgamento de embargos de declaração;

Já o art. 976 do Código de Processo Civil estabelece o incidente de resolução de demandas repetitivas, desde que preenchidas as seguintes condições (incisos I e II): a) efetiva repetição de processos que contenham controvérsia sobre a mesma questão unicamente de direito; e b) risco de ofensa à isonomia e à segurança jurídica. De acordo com essa nova sistemática, os processos individuais e coletivos ficam suspensos, uma vez admitido o incidente pelo relator (CPC, art. 982, I). Segundo Viafore, citando as lições de Dedier Júnior,

> [...] trata-se, na essência, de um incidente para uniformizar a jurisprudência, mas antecipadamente, pois, ao invés de julgar múltiplas apelações de sentenças discrepantes, o tribunal determina previamente a tese de direito que considera correta [...] É o que acontece nos litígios de massa, como as causas previdenciárias, as tributárias, as que envolvem servidores públicos, consumidores ou outros agrupamentos humanos. Nessas causas, discute-se normalmente a mesma tese jurídica, distinguindo-se apenas os sujeitos da relação jurídica.[450]

VI - o julgamento de agravo interno;
VII - as preferências legais e as metas estabelecidas pelo Conselho Nacional de Justiça;
VIII - os processos criminais, nos órgãos jurisdicionais que tenham competência penal;
IX - a causa que exija urgência no julgamento, assim reconhecida por decisão fundamentada.
§ 3º Após elaboração de lista própria, respeitar-se-á a ordem cronológica das conclusões entre as preferências legais.
§ 4º Após a inclusão do processo na lista de que trata o § 1º, o requerimento formulado pela parte não altera a ordem cronológica para a decisão, exceto quando implicar a reabertura da instrução ou a conversão do julgamento em diligência.
§ 5º Decidido o requerimento previsto no § 4º, o processo retornará à mesma posição em que anteriormente se encontrava na lista.
§ 6º Ocupará o primeiro lugar na lista prevista no § 1º ou, conforme o caso, no § 3º, o processo que:
I - tiver sua sentença ou acórdão anulado, salvo quando houver necessidade de realização de diligência ou de complementação da instrução;
II - se enquadrar na hipótese do art. 1.040, inciso II".

[450] D. Viafore. *Anotações aos artigos 976 a 987.* In: Novo Código de Processo Civil Anotado/OAB. Porto Alegre: OAB RS, 2015, p. 738.

Apesar dessa novidade ser bem-vinda, justamente por possibilitar a realização de julgamentos de maneira mais célere e homogênea, ela dificilmente será aplicada às tutelas destinadas à defesa dos direitos da personalidade violados pelo exercício do direito de informar (tutela preventiva, reparação de danos e direito de resposta), uma vez que nestes casos a controvérsia não se resume a questões unicamente de direito, como exige o art. 976, inciso I, do Código de Processo Civil.

7 A INEFICÁCIA DA PRESTAÇÃO JURISDICIONAL: AS TUTELAS PROVISÓRIAS, A VARIÁVEL "TEMPO" E AS PERSPECTIVAS SOBRE O NOVO CÓDIGO DE PROCESSO CIVIL

No que se refere à ação de direito de resposta, o maior obstáculo à efetiva proteção dos direitos da personalidade é o tempo transcorrido entre a ofensa e o exercício do direito de resposta, tornando-o muitas vezes sem sentido para o ofendido, justamente em razão do desvirtuamento de sua natureza de direito natural, semelhante à legítima defesa.[451]

É certo que o devido processo legal e todos os princípios dele decorrentes, notadamente o contraditório, a ampla defesa e o duplo grau de jurisdição, devem ser sempre respeitados, mas no Brasil há uma forte tendência legislativa e judicial à superproteção do ofensor – na mesma linha de superproteção do criminoso –, retardando-se a efetiva entrega do bem da vida ao titular do direito violado e contribuindo para o descrédito da Justiça.

Sobre a relevância e os perigos da variável "tempo" nos processos judiciais, destaque-se a lição de Theodoro Júnior:

> O transcurso do tempo exigido para a tramitação processual pode acarretar, e frequentemente acarreta ou enseja,

[451] MIRANDA, 1959, *apud* P. L. NOGUEIRA, op. cit., p. 32.

> variações irremediáveis não só nas coisas como nas pessoas e relações jurídicas substanciais envolvidas no litígio, como, por exemplo, a deterioação, o desvio, a morte, a alienação etc., que, não obstados, acabam por inutilizar a solução final do processo, em muitos casos.
>
> Parece lógico que, ao Estado, como detentor da jurisdição, não basta garantir a tutela jurídica; não basta instituir o processo e assegurar o socorro a ele por meio da ação.
>
> Para consecução do objetivo maior do processo, que é a paz social, por intermédio da manutenção do império da lei, não se pode contentar com a simples outorga à parte do direito de ação. Urge assegurar-lhe, também, e principalmente, o atingimento do fim precípuo do processo, que é a solução "justa" da lide".[452]

Com efeito, a jurisdição é uma espécie de serviço público, e, como tal, deve ser prestada com celeridade e eficiência, nos termos dos arts. 5º, inciso LXXVIII, e 37, *caput*, da Constituição Federal.[453] Como já afirmado, o tempo médio de tramitação de um processo judicial no Brasil – considerando aqueles afetos à Justiça Estadual, competente, via de regra, para as ações de reparação indenizatórias e de direito de resposta – é de 7 anos e 7 meses, o que certamente representa um convite à perpetuação das ofensas proferidas por veículos de comunicação.[454]

Diante deste quadro, faz-se necessário verificar se é possível, diante do sistema normativo brasileiro, a concessão do direito de

---

452 H. Theodoro Júnior. *Curso de Direito Processual Civil: Processo de Execução e Cumprimento da Sentença, Processo Cautelar e Tutela de Urgência*. 48ª ed. rev. e atual. Rio de Janeiro: Forense, 2013, v. 2, p. 508.

453 Dispõe o art. 37, *caput*, da Constituição Federal: "A administração pública direta e indireta de qualquer dos Poderes da União, dos Estados, do Distrito Federal e dos Municípios obedecerá aos princípios de legalidade, impessoalidade, moralidade, publicidade e eficiência [..]"

454 Confira-se, a respeito, o Capítulo III, item nº 5. No citado relatório do CNJ, igualmente não existem dados específicos sobre a tramitação das ações de direito de resposta. Disponível em <<http://www.cnj.jus.br/programas-e-acoes/pj-justica-em-numeros>>. Acesso em 29.05.2017.

resposta em sede de tutela antecipada, quando manejado cumulativamente com o pedido de reparação de danos – não regido, portanto, pela Lei 13.188/15, nos termos de seu art. 12, *caput*.[455]

Os arts. 294 e segs. do novo Código de Processo Civil cuidam da denominada tutela provisória, compreendendo: a) tutela de urgência, que pode ser antecipada ou cautelar (arts. 300 a 310); b) tutela da evidência (arts. 311). A tutela antecipada e a tutela cautelar são, portanto, espécies de tutela de urgência, tratando-se da concessão de uma providência jurisdicional de forma antecipada e provisória, visando assegurar o direito da parte que a requereu, desde que observados dois requisitos, aplicáveis a ambas (CPC, art. 300, *caput*):[456]

a) *Fumus boni juris*: consiste na probabilidade ou plausibilidade do direito invocado, ou seja, a possibilidade de que este direito, do qual a parte diz ser merecedora, realmente exista; como observa Frederico Marques, tal exigência decorre do devido processo legal, pois não se pode impor uma providência cautelar – que por natureza atinge o direito da parte contrária – sem que ao menos exista um potencial direito a ser protegido;[457]
b) *Periculum in mora*: é o risco de dano irreparável ou de difícil reparação – o "perigo de dano ou o risco ao resultado útil do processo", como diz a Lei –, caso a providência jurisdicional seja concedida somente ao final da demanda; Theodoro Júnior salienta que "para obtenção da tutela cautelar, a parte deverá demonstrar fundado temor de que, enquanto aguarda a tutela definitiva, venham a faltar as circunstâncias de fato favoráveis à própria tutela".[458]

---

455 Vide item nº 5.3.

456 Transcreve-se o dispositivo citado do Código de Processo Civil: "A tutela de urgência será concedida quando houver elementos que evidenciem a probabilidade do direito e o perigo de dano ou o risco ao resultado útil do processo".

457 J. F. Marques. *Instituições de Direito Processual Civil.* 1ª ed. rev., atual. e compl. por Ovídio Rocha Barros Sandoval. Campinas: Millennium, 1999, v. 5, p. 436.

458 Op. cit., 2013, p. 519.

Existem, contudo, importantes diferenças entre as tutelas antecipada e cautelar:[459] a) na tutela antecipada, o juiz concede provisoriamente a solução desejada pela parte, enquanto a tutela cautelar é instrumental, visando apenas assegurar a eficácia do provimento pleiteado no processo principal, preservando pessoas, bens e provas;[460] b) somente a tutela cautelar pode ser concedida de ofício; c) na tutela antecipada não se aplica o princípio da fungibilidade, pois ao juiz é vedado conceder providência diversa daquela pleiteada pela parte, sob pena de ofensa ao princípio da ação ou demanda (CPC, art. 2º);[461] ressalte-se, todavia, que o novo Código de Processo Civil passou a admitir a fungibilidade entre as tutelas cautelar e antecipada de forma bilateral (art. 305, § único), ao contrário do Código anterior, que somente a permitia quando o autor requeresse a tutela antecipada (art. 273, § 7º).[462]

---

459 T. F. Schoedl, op. cit., 2015b, p. 754 e 790 (diferenças adaptadas ao novo Código de Processo Civil).

460 Como adverte Theodoro Júnior, ao se referir à instrumentalidade – ou bi-instrumentalidade –, o processo cautelar não tem um fim em si mesmo, pois não visa declarar um direito, mas apenas preservar o bem da vida disputado no processo principal (op. cit., 2013, p. 510).

461 Dispõe o art. 2º do Código de Processo Civil: "O processo começa por iniciativa da parte e se desenvolve por impulso oficial, salvo as exceções previstas em lei".

462 Transcrevem-se os dispositivos citados:
"CPC, art. 305: A petição inicial da ação que visa à prestação de tutela cautelar em caráter antecedente indicará a lide e seu fundamento, a exposição sumária do direito que se objetiva assegurar e o perigo de dano ou o risco ao resultado útil do processo.
Parágrafo único. Caso entenda que o pedido a que se refere o caput tem natureza antecipada, o juiz observará o disposto no art. 303".
"CPC/1973, art. 273, § 7º: Se o autor, a título de antecipação de tutela, requerer providência de natureza cautelar, poderá o juiz, quando presentes os respectivos pressupostos, deferir a medida cautelar em caráter incidental no processo ajuizado".
Mesmo sob a égide do Código de 1973, Nery Junior e Andrade Nery já admitiam tal possibilidade: "Caso o autor ajuíze ação cautelar incidental, mas o juiz verifique ser caso de tutela antecipada, deverá transformar o pedido cautelar em pedido de tutela antecipada. Isso ocorre, por exemplo, quando a cautelar tem natureza satisfativa. Dado que os requisitos da tutela antecipada são mais rígidos

O novo Código de Processo Civil, lamentavelmente, manteve o requisito da reversibilidade na tutela antecipada (art. 300, § 3º) – previsto no art. 273, parágrafo 2º, do Código de Processo Civil de 1973 –,[463] vedando a concessão dessa medida quando não for possível reverter os efeitos da decisão. Transcreve-se o mencionado dispositivo: "A tutela de urgência de natureza antecipada não será concedida quando houver perigo de irreversibilidade dos efeitos da decisão".

No caso do pedido de direito de resposta, trata-se de um obstáculo que poderá ser considerado insuperável pelo magistrado, pois, com o seu deferimento e exercício prévios, não seria possível o retorno ao estado anterior, caso o pedido seja julgado improcedente ao final da demanda.

Na jurisprudência do Supremo Tribunal Federal não existe sequer um único julgado no qual tenha sido deferido o direito de resposta mediante antecipação de tutela, exatamente por conta do

---

que os da cautelar, ao receber o pedido cautelar como antecipação de tutela o juiz deve dar oportunidade ao requerente para que adapte o seu requerimento, inclusive para que possa demonstrar e comprovar a existência dos requisitos legais para a obtenção da tutela antecipada. A cautelar só deverá ser indeferida se não puder ser adaptada ao pedido de tutela antecipada, ou se o autor se negar a proceder à adaptação" (N. Nery Junior – A. Nery. *Código de Processo Civil Comentado e Legislação Extravagante.* 13ª ed. rev., atual. e ampl. São Paulo: RT, 2013, p. 640). No mesmo sentido: M. V. R. Gonçalves. *Novo Curso de Direito Processual Civil: Execução e Processo Cautelar.* 7ª ed. São Paulo: Saraiva, 2010, v. 1, p. 283-284. Em sentido contrário: T. F. Schoedl, op. cit., p. 2015b, p. 755.

463 Assim dispunha o art. 273, parágrafo 2º, do Código de Processo Civil de 1973: "O juiz poderá, a requerimento da parte, antecipar, total ou parcialmente, os efeitos da tutela pretendida no pedido inicial, desde que, existindo prova inequívoca, se convença da verossimilhança da alegação e:
I - haja fundado receio de dano irreparável ou de difícil reparação; ou
II - fique caracterizado o abuso de direito de defesa ou o manifesto propósito protelatório do réu.
[...]
§ 2º Não se concederá a antecipação da tutela quando houver perigo de irreversibilidade do provimento antecipado".

requisito da reversibilidade da medida.[464] Já no Superior Tribunal de Justiça há um julgado no qual o subprocurador-geral da República, Ronaldo Bonfim dos Santos, havia obtido o direito de resposta em tutela antecipada junto ao Tribunal de Justiça do Distrito Federal, em detrimento da Editora Abril, determinando-se a publicação na íntegra de sua petição inicial de 41 laudas, medida que o Superior Tribuna de Justiça considerou desproporcional, suspendendo sua eficácia, considerando ainda a violação do requisito da reversibilidade, previsto no art. 273, parágrafo 2º, do revogado Código de Processo Civil.[465]

Entre os Tribunais estaduais, destaque-se o julgado do Tribunal de Justiça de São Paulo, que manteve decisão de primeira instância que concedeu tutela antecipada na sentença – e não no início da ação –, possibilitando o imediato exercício do direito de resposta, antes do exame do apelação.[466]

Em outra decisão do mesmo Tribunal, em ação manejada ainda sob a regência da antiga Lei de Imprensa (Lei 5.250/67), foi cassada a tutela antecipada concedida no início da demanda, que havia deferido o direito de resposta, sob o argumento de que o seu deferimento antes de realizado o contraditório é medida excepcional, devendo ser reservada apenas aos casos em que outros valores constitucionais de idêntica envergadura possam ser comprometidos, reconhecendo-se ainda a falta de verossimilhança das alegações do autor.[467]

No Tribunal de Justiça do Distrito Federal foi determinada a reforma de decisão de primeiro grau que havia deferido a antecipação

---

[464] Todos os processos analisados são anteriores à vigência da recente Lei 13.188/15, e, como já visto, referido diploma passou a admitir a tutela antecipada nas ações de direito de resposta de rito especial (art. 7º, *caput* e §§ 3º e 4º).

[465] AgRg na MC 6417/DF, Rel. Min. Sálvio de Figueiredo Teixeira, Quarta Turma, j. 26.06.2003.

[466] TJSP, Agravo de Instrumento 0212100-86.2012.8.26.0000, Comarca de Bauru, Rel. Des. Galdino Toledo Júnior, Nona Câmara, j. 27.11.2012.

[467] TJSP, Agravo de Instrumento 551.277-4/1-00, Comarca de São Paulo, Rel. Des. José Roberto Bedran, Segunda Câmara, j. 29.04.2008.

de tutela para o exercício do direito de resposta, exatamente sob o argumento de que "exercido no limiar da relação processual, o direito de resposta não poderá ser revertido na hipótese de improcedência do pedido, de maneira que seu deferimento em sede de tutela antecipada esbarra no disposto no § 2º do artigo 273 do Estatuto Processual Civil".[468]

Como se vê, são raras as decisões concessivas do direito de resposta em sede de tutela antecipatória, geralmente proferidas por magistrados de primeira instância, justamente porque, em regra, costumam ter maior contato com os problemas e aflições da população, adotando assim uma postura mais humana e dinâmica, mas suas decisões acabam sendo reformadas pelas instâncias superiores.

Levando em consideração a variável "tempo" nos processos relacionados – ressaltando-se, mais uma vez, a natureza qualitativa do presente trabalho –, e tomando-se como exemplo o processo nº 0212100-86.2012.8.26.0000, do Tribunal de Justiça do Estado de São Paulo (aquele que apresentou um melhor resultado para a vítima), verifica-se a seguinte cronologia: a) ação proposta em 12 de janeiro de 2012; b) sentença proferida em 23 de julho de 2012, concedendo desde logo o direito de resposta, em sede de tutela antecipada; c) julgamento de agravo de instrumento pelo Tribunal de Justiça em 27 de novembro do mesmo ano, mantendo a decisão de primeira instância que deferiu o direito de resposta; e d) processo ainda em fase de execução, quanto aos danos morais fixados na mesma sentença.[469]

Contudo, na grande maioria das ações de direito de resposta, promovidas antes da vigência da Lei 13.188/15, o autor teve o

---

468 TJDF, Agravo de Instrumento 20140020101973AGI, Rel. Des. James Eduardo Oliveira, Quarta Turma, j. 29.07.2015.

469 Disponível em <<https://esaj.tjsp.jus.br/cpopg/show.do?processo.codigo=1ZZ0C00TK0000&processo.foro=71&conversationId=&dadosConsulta.localPesquisa.cdLocal=71&cbPesquisa=NMPARTE&dadosConsulta.tipoNuProcesso=UNIFICADO&dadosConsulta.valorConsulta=Octane+Motors+Ltda+&uuidCaptcha=&pbEnviar=Pesquisar&paginaConsulta=1>>. Acesso em 30.05.2017.

pedido de antecipação de tutela indeferido, sujeitando-se a uma longa espera pelo trânsito em julgado da decisão de mérito para, só então, exercitar o seu direito, o qual, muitas vezes, acaba perdendo sentido, desvirtuando-se a própria natureza do instituto.[470]

A escassez de decisões concessivas do direito de resposta mediante tutela antecipada se deve, aparentemente, à influência do Positivismo Jurídico, responsável por um forte apego dos magistrados à letra fria da Lei, fenômeno que acarreta a preservação, na extensa maioria das vezes, da liberdade de imprensa em detrimento dos direitos da personalidade do ofendido. Neste sentido cumpre mencionar a acertada crítica de Dworkin sobre o modelo de regras estabelecido pelo Positivismo Jurídico:

> Sua representação do direito como um sistema de regras tem exercido um domínio tenaz sobre nossa imaginação, talvez graças a sua própria simplicidade. Se nos livrarmos desse modelo de regras, poderemos ser capazes de construir um modelo mais fiel à complexidade e sofisticação de nossas próprias práticas.[471]

Mais adiante, o mesmo autor propõe um modelo de Direito Constitucional alinhado com a Filosofia, com base nas lições de Rawls e através de uma teoria dos direitos morais contra o Estado, como parte dessa agenda, na mesma linha do que se observou quando da aproximação do Direito com a Economia e Sociologia Jurídicas.[472]

Não se pretende, de forma alguma, defender um "Neoconstitucionalismo extremado", mediante nefastas inovações hermenêuticas que desprezam totalmente as regras positivadas, gerando acentuada insegurança jurídica, mas apenas que, em alguns casos, a aplicação

---

470 Confira-se, neste sentido: TJSP, Processo nº 2158563-73.2014.8.26.0000, Rel. Des. Miguel Brandi, j. 11.08.2015.

471 Op. cit., p. 71-72.

472 Ibid., p. 233-234.

dos princípios constitucionais – expressos ou implícitos – possa corrigir as imperfeições da Lei e fazer Justiça no caso concreto.[473]

De outra parte, como já afirmado, existe um claro receio de que qualquer decisão inibidora do direito de informar seja qualificada como "censura judicial"; no entanto, conforme entendimento majoritário, o direito de resposta encontra-se em "relação de estreita conexidade" com a liberdade de imprensa,[474] não se tratando de um mecanismo inibidor desse direito fundamental, como pretendido por Sankievicz.[475]

Em verdade, o requisito da reversibilidade não deve ser interpretado literalmente, sob pena de conduzir a situações de manifesta injustiça, ocasionando danos maiores do que a *eventual* irreversibilidade da decisão, caso o pedido seja julgado improcedente ao final da demanda, mesmo porque tal requisito, segundo Nery Junior e Andrade Nery, "não é óbice intransponível à concessão do adiantamento, pois, caso o autor seja vencido na demanda, deve indenizar a parte contrária pelos prejuízos que ela sofreu com a execução da medida",[476] daí por que alguns autores vêm admitindo a utilização da tutela antecipada ou cautelar nas ações de direito de resposta não regidas pelo rito especial, sob pena do instituto "perder sua maior utilidade que é o esclarecimento imediato", como afirmado por Gomes Junior e Chueiri.[477]

Tanto o revogado art. 273, parágrafo 2º, do Código de Processo Civil de 1973, como no art. 300, parágrafo 3º, do Código de

---

473 Ao contrário do que se propõe no presente trabalho, Kelsen sequer concebe a existência de normas injustas no ordenamento jurídico (op. cit., 1998, p. 9-10

474 Miranda, 1959, *apud* P. L. Nogueira, op. cit., p. 32.

475 Op. cit., p. 28.

476 Op. cit., p. 638. Não obstante, Gonçalves traz alguns exemplos de provimentos jurisdicionais irreversíveis e que assim inviabilizam a concessão de tutela antecipada: separação judicial, divórcio, anulação de casamento e investigação de paternidade (op. cit., p. 275).

477 Op. cit., p. 63.

Processo Civil atual, estabelecem uma restrição legal em desconformidade com um direito fundamental - no caso, com o direito de resposta –, de modo que o magistrado poderá, sim, superar esta barreira, reconhecendo a eficácia dos direitos constitucionais mesmo contra disposição expressa de lei.[478]

Neste caso, deve-se permitir a aplicação da equidade, definida por Aristóteles como a "correção da justiça legal" –[479] ou dos "rigores da lei", conforme Bittar,[480] ou ainda, a "aplicação da justiça no caso concreto", segundo Diniz –,[481] possibilitando a imediata e eficaz proteção do direito da vítima; conforme Bittar,

> [...] a necessidade de aplicação da equidade decorre do fato de que as leis prescrevem conteúdos de modo genérico, indistintamente, dirigindo-se a todos, sem diferenciar, portanto, possíveis nuances e variações concretas, fáticas, fenomênicas, de modo que surgem casos para os quais, se aplicada a lei

---

478 Sobre tal possibilidade, confira-se: J. J. G. Canotilho, op. cit., p. 192.

479 Op. cit., p. 336.

480 Op. cit., p. 62.

481 *Curso de Direito Civil Brasileiro: Teoria Geral do Direito Civil.* 27ª ed. São Paulo: Saraiva, 2010, v. 1, p. 83. Segundo Aristóteles, "se o justo e o eqüitativo são diferentes, um deles não é bom; e, se ambos são bons, têm de ser a mesma coisa.
São estas, pois, as considerações que dão origem ao problema em torno do eqüitativo. Em certo sentido, todas elas são corretas e não se opõem umas às outras; porque o eqüitativo, embora superior a uma espécie de justiça, é justo, e não é como coisa de classe diferente que é melhor do que o justo. A mesma coisa, pois, é justa e eqüitativa, e, embora ambos sejam bons, o eqüitativo é superior.
O que faz surgir o problema é que o eqüitativo é justo, porém não o legalmente justo, e sim uma correção da justiça legal [...] A razão disso é que toda lei é universal, mas a respeito de certas coisas não é possível uma afirmação universal que seja correta. Nos casos, pois, em que é necessário falar de modo universal, mas não é possível fazê-lo corretamente, a lei considera o caso mais usual, se bem que não ignore a possibilidade de erro. E nem por isso tal modo de proceder deixa de ser correto, pois o erro não está na lei, nem no legislador, mas na natureza da própria coisa, já que os assuntos práticos são dessa espécie por natureza" (op. cit., p. 336). Após tratar de tal problema, o mesmo autor conclui que a equidade é uma espécie de justiça e não uma diferente disposição de caráter (p. 337).

(*nómos*) em sua generalidade (*Kathólou*), estar-se-á a causar uma injustiça por meio do próprio justo legal.[482]

A aplicação da equidade, em tal hipótese, encontra fundamento no próprio princípio da igualdade, conferindo uma imediata e eficaz proteção aos direitos da personalidade violados pelo abuso do direito de informar, pois o comando geral e abstrato previsto no art. 300, parágrafo 3º, do Código de Processo Civil cria um obstáculo inconstitucional para a defesa daqueles direitos. Esta possibilidade vai exatamente ao encontro das lições de Bobbio, que, evoluindo em seus estudos rumo a uma teoria funcional do Direito, pondera que

> [...] o direito atua, geralmente, por normas gerais e abstratas, que se adaptam mal à complexidade das situações concretas e criam desigualdade entre iguais e igualdade entre desiguais: por mais que o juiz tenha a melhor intenção de fazer justiça, tal fim freqüentemente se torna impossível pela própria estrutura das normas jurídicas.[483]

Mas este obstáculo certamente deverá ser superado pela Lei 13.188/15, que criou um rito mais célere para os pedidos judiciais de direito de resposta e possibilitou a antecipação de tutela sem necessidade de comprovação do requisito da reversibilidade dos efeitos da decisão (art. 7º, *caput* e §§ 3º e 4º), cabendo ao ofendido buscar a reparação dos danos, quando cabível, em ação própria, como determina o art. 12, *caput*, daquele diploma.

Outro grande aliado do ofendido, instituído pelo novo Código de Processo Civil, é a tutela da evidência, que, embora também seja uma espécie de tutela provisória, possui requisitos menos rígidos em comparação às tutelas cautelar e antecipada, nos termos do art. 311:

---

482 Op. cit., p. 62.

483 N. Bobbio. *Da estrutura à função: novos estudos de teoria do direito*. Trad. de Daniela Beccaccia Versiani; rev. técnica de Orlando Seixas Bechara, Renata Nagamine. Barueri, SP: Manole, 2007, p. 94.

> A tutela da evidência será concedida, independentemente da demonstração de perigo de dano ou de risco ao resultado útil do processo, quando:
> I - ficar caracterizado o abuso do direito de defesa ou o manifesto propósito protelatório da parte;
> II - as alegações de fato puderem ser comprovadas apenas documentalmente e houver tese firmada em julgamento de casos repetitivos ou em súmula vinculante;
> III - se tratar de pedido reipersecutório fundado em prova documental adequada do contrato de depósito, caso em que será decretada a ordem de entrega do objeto custodiado, sob cominação de multa;
> IV - a petição inicial for instruída com prova documental suficiente dos fatos constitutivos do direito do autor, a que o réu não oponha prova capaz de gerar dúvida razoável.
> Parágrafo único. Nas hipóteses dos incisos II e III, o juiz poderá decidir liminarmente.

Na tutela da evidência, portanto, a Lei dispensa o requisito do *periculum in mora*, satisfazendo-se apenas com a plausibilidade do direito invocado pela parte, desde que verificadas algumas daquelas condições previstas nos incisos I, II e IV, já que o inciso III cuida de hipótese específica relacionada ao contrato de depósito.

Como ressalta Trindade dos Santos, a tutela da evidência caracteriza-se pela "acentuada probabilidade de existência do direito do autor ou pelo elevado valor humano desse direito, a merecer proteção provisória independentemente de qualquer aferição de perigo de dano",[484] mecanismo perfeitamente aplicável aos pedidos de direito de resposta não regidos pelo procedimento especial da Lei 13.188/15.

Tal novidade pode ser considerada uma evolução da chamada "teoria dos vasos comunicantes",[485] segundo a qual, quanto maior

---

[484] P. J. T. Santos. *Anotações ao art. 311.* In: Novo Código de Processo Civil Anotado/OAB. Porto Alegre: OAB RS, 2015, p. 251.

[485] Gordillo, 2003, *apud* F. L. Yarshell. *Requisitos da tutela de urgência e a teoria dos vasos comunicantes.* Jornal Carta Forense, jul. 2011, p. A4.

a probabilidade ou verossimilhança do direito invocado pela parte (*fumus boni juris*), menor a exigência da situação de risco de dano irreparável (*periculum in mora*) para a concessão da tutela provisória, sendo a recíproca também verdadeira; como já se afirmou,

> [...] quando o juiz verificar que um dos requisitos da medida cautelar está caracterizado à exaustão, poderá ele compensar a falta do outro requisito, deferindo a medida cautelar pleiteada. Não são raras as hipóteses em que a parte comprova claramente um dos requisitos da tutela cautelar - especialmente a verossimilhança das alegações - mas não consegue demonstrar o "periculum in mora", vendo seu pedido de liminar ou de medida cautelar ser negado, estando assim obrigada a aguardar por anos a solução da controvérsia, mesmo sabendo que sua pretensão é amparada por lei.[486]

Ressalte-se que o inciso I repetiu disposição contida no revogado Código de Processo Civil (art. 273, II), que admitia a tutela antecipada quando houvesse abuso do direito de defesa ou protelação do feito pela parte, enquanto as demais hipóteses de cabimento são novidades no sistema jurídico brasileiro, sendo que os incisos II e IV, eventualmente, poderão fundamentar o pedido de direito de resposta do ofendido, sem o pesado fardo de se comprovar a reversibilidade dos efeitos da decisão, como se verifica na tutela antecipada (CPC, art. 300, § 3º).

Vê-se, portanto, que apesar do novo Código de Processo Civil ter mantido algumas disposições de seu antecessor que dificultam a entrega imediata do bem da vida - ainda que provisória -, há uma forte tendência no sentido de reduzir a demora dos processos, mas ainda é cedo para se apresentar uma conclusão a respeito, pois o referido diploma mal completou 3 anos de vigência.

---

486 T. F. Schoedl, op. cit., 2015b, p. 792.

8 ANÁLISE DE CONTEÚDO DAS ENTREVISTAS SEMIESTRUTURADAS REALIZADAS COM VÍTIMAS DE OFENSAS E PRÉ-CONDENAÇÕES PROFERIDAS POR VEÍCULOS DE COMUNICAÇÃO

A ideia inicial da pesquisa que originou esta obra era entrevistar os ex-proprietários da Escola Base, caso já referido nos Capítulos I e III.[487] No entanto, após um contato pessoal com o advogado constituído numa das ações judiciais promovidas contra um veículo de comunicação, o mesmo informou que o casal de ex-proprietários já havia falecido (2007 e 2014) – informação confirmada através de uma busca na *internet* –[488] e que o único autor da ação ainda vivo é muito "fechado" e raramente conversa com alguém sobre o caso. Por tais razões, não foi possível realizar as entrevistas com aquelas vítimas.

Não obstante, logrou-se realizar duas entrevistas semiestruturadas com vítimas de pré-condenações e ofensas proferidas por veículos de comunicação no Brasil. Decidiu-se realizar entrevistas com policiais militares justamente porque se trata de uma categoria profissional que, sistematicamente, é vítima de ataques proferidos por veículos de comunicação, decorrência natural de um País caracterizado pela total inversão de valores morais.

Para manter a cientificidade da pesquisa, as entrevistas não tiveram por escopo fazer um juízo de valor sobre as condutas dos entrevistados, mas apenas obter informações no sentido de satisfazer duas questões norteadoras: a) se a vítima propôs ações de reparação de danos e de direito de resposta contra veículos de comunicação, qual foi o resultado, o tempo transcorrido e sua satisfação com a prestação jurisdicional; e b) se a implantação de uma tecnologia social *on line* destinada ao exercício do direito de resposta seria bem

---

487 Vide, respectivamente, o Capítulo I, item nº 9.1, e Capítulo III, item nº 5.

488 Disponível em <<http://g1.globo.com/sao-paulo/noticia/2014/05/morre-em-sao-paulo-proprietario-da-escola-base.html>>. Acesso em 08.06.2016.

aceita pelo entrevistado, funcionando como mecanismo extrajudicial de defesa de direitos.[489]

Antes da entrevista, procedeu-se a um pré-teste com quatro voluntários - aqui chamados de "W", "X", "Y" e "Z" -, através do aplicativo *Whatsapp*, propondo-se que os mesmos, hipoteticamente, considerassem que foram vítimas de ofensas proferidas por algum veículo de comunicação, levando em consideração, para atender às variáveis relacionadas à satisfação com a prestação jurisdicional e à aceitação da mencionada tecnologia social, outras situações em que necessitaram dos serviços do Poder Judiciário. No pré-teste, as questões foram simplificadas da seguinte forma:

a) Quando o entrevistado foi condenado por antecipação pela imprensa, utilizou algum mecanismo legal (judicial ou extrajudicial) para sua defesa?
b) Caso tenha sido obtida uma decisão judicial favorável, qual o tempo transcorrido desde a ofensa até o efetivo cumprimento da decisão?
c) Este resultado foi satisfatório e eficiente para a proteção dos direitos do entrevistado?
d) Qual a opinião do entrevistado sobre a criação de uma tecnologia social *on line* centralizada, destinada ao exercício do direito de resposta?

Quanto à questão "a", todos os entrevistados responderam que ajuizaram ações judiciais para buscar a reparação de seus direitos, revelando assim que a via judicial ainda é a mais procurada para a solução de conflitos.

Em relação ao tempo transcorrido desde a propositura da ação até o efetivo cumprimento da decisão (questão "b"), houve acentua-

489 Referida tecnologia, como já afirmado, foi requisito da dissertação de Mestrado que originou o presente trabalho, exatamente por conta do formato interdisciplinar da pesquisa.

da diversidade nas respostas, pois "W" afirmou que a reparação do dano demorou mais de 2 anos e menos de 5; "X" afirmou que o tempo transcorrido foi maior que 1 ano e menor que 2; "Y" afirmou que o processo demorou mais de 5 anos e menos de 10; e "Z" afirmou que o processo demorou mais de 10 anos.

Apesar da diversidade das respostas e considerando que os entrevistados levaram em conta outras situações em que necessitaram da prestação jurisdicional – que podem ter uma menor ou maior complexidade –, observa-se que metade dos entrevistados afirmou que o tempo transcorrido foi maior do que 5 anos, o que certamente é bem representativo da morosidade da prestação jurisdicional brasileira.

Quanto à satisfação com a prestação jurisdicional (questão "c"), "W", "Y" e "Z" a consideraram insatisfatória e ineficiente, enquanto "X", mesmo tendo afirmado que o tempo transcorrido do seu processo foi maior do que o de "W", a considerou razoável.

Finalmente, no que se refere à opinião dos entrevistados sobre a criação de uma tecnologia social *on line* centralizada, destinada ao exercício do direito de resposta (questão "d"), todos a julgaram necessária, inclusive aquele que considerou a prestação jurisdicional razoável ("X").

A análise de conteúdo da entrevista semiestruturada realizada com David Salomão dos Santos Lima,[490] policial militar que, em 2017, assumiu o mandato de vereador em Vitória da Conquista/BA, revela que o entrevistado, embora considere ter sido vítima de ofensas e pré-condenações proferidas pela Rede Globo de Televisão,[491] ainda

---

490 Vide Anexo I, com a íntegra da referida entrevista.

491 O entrevistado, ao ser questionado se já foi vítima de ofensas e pré-condenações proferidas por veículos de comunicação, assim respondeu: "*Sim. Em 2012, quando foi divulgado, de forma descontextualizada, um diálogo pela Rede Globo e por outros veículos de menor importância, no qual eu e um colega defendíamos os direitos dos policiais militares do Estado da Bahia. Quando disse que queimaria duas corretas, foi para defender meus colegas grevistas que ocupavam a Assembleia, em legítima defesa, pois o governador havia emitido uma ordem manifesta-*

não promoveu nenhuma ação judicial. Por outro lado, considerou que os meios legais destinados à defesa dos direitos violados pelo abuso do direito de informar são eficazes, mas isso, segundo o entrevistado, depende de quem encontra-se no pólo passivo da demanda, pois quando este é ocupado por organizações com forte poder econômico, tais mecanismos, na prática, tendem a ser menos eficazes.

Além disso, na época das ofensas, o entrevistado valeu-se de uma modalidade de direito de resposta extrajudicial, assegurado por um grupo de jornalistas independentes e exercitado no *youtube*, conseguindo assim amenizar o impacto da reiteração das ofensas, entendendo assim que as mídias sociais desempenham uma importante função no sentido de possibilitar que a vítima exercite o seu direito de resposta contra grandes veículos de comunicação.

Por fim, o entrevistado demonstrou receptividade à tecnologia social *on line* destinada ao exercício do direito de resposta, afirmando ser "*necessária a criação de mecanismos extrajudiciais, especialmente por meio de blogs na internet, pois através das mídias sociais o cidadão pode exercer o seu direito de resposta contra os 'gigantes da imprensa'*", e que "*só quem passou por uma situação de violação de direitos sabe o que isso significa*". Relatou ainda que na época das ofensas, certamente teria utilizado este mecanismo extrajudicial para a defesa de seus direitos, especialmente por não ter logrado acesso a um meio legal eficaz, em razão dos poderes econômicos envolvidos no caso.

Já o entrevistado Maurício Bijarta Ferraioli,[492] tenente da Polícia Militar do Estado de São Paulo, que, no ano de 2014, foi alvo de notícias veiculadas no *site* do PSOL, dando conta de que teria agredido manifestantes em São Bernardo do Campo, durante uma

---

mente ilegal de execução mediante tiros, dirigida ao Exército, mas essa ordem não foi mencionada, propositadamente, pela Rede Globo, que exibiu trechos da escuta telefônica, que aliás estava sob sigilo, fazendo-o, portanto, de forma descontextualizada" (vide Anexo I).

492 Para consultar a íntegra da referida entrevista, vide Anexo III.

ação policial,[493] revelou ter promovido uma ação de reparação de danos morais em face do referido partido político, perante o Juizado Especial Cível, obtendo a condenação do mesmo ao pagamento da quantia de R$ 18.000,00.

O entrevistado afirmou que a referida ação teve 7 anos de tramitação, considerando a prestação jurisdicional extremamente morosa, além reputar o valor da indenização desproporcional (para menos), em comparação ao dano sofrido pela publicação da notícia reconhecida como inverídica na sentença – nas próprias palavras do entrevistado, "*houve morosidade no meu processo, mesmo em se tratando de Juizado Especial Cível. Além disso, o valor da indenização não foi proporcional ao mal que me fora causado pela matéria ofensiva*". Além disso, manifestou indignação pelo fato do magistrado ter negado o pedido de multa contra a permanência da notícia falsa na *internet*.

Ao final, o entrevistado afirmou que deveriam ser criados mecanismos extrajudiciais mais céleres para o exercício do direito de resposta, pois, ele mesmo, na época das ofensas, não teve tal oportunidade, concluindo que certamente teria utilizado uma tecnologia social *on line* com esta finalidade, pois, segundo ele, "*providências na esfera extrajudicial ajudam a melhorar a situação de demora na prestação jurisdicional*".

---

493 No *site* do PSOL, noticiou-se que o entrevistado, resistente a qualquer negociação, "aspergiu gás pimenta no rosto de Vinícius (Vina) Guerrero, da direção do CA de Jornalismo, lançou bombas de efeito moral e ordenou a prisão do estudante Valmor Isolanni, escolhido aleatoriamente". Ainda segundo o referido *site*, o entrevistado permitiu que um dos manifestantes fosse espancado, o que desencadeou uma intensa revolta, culminando com a prisão de Anderson Mangolin, coordenador do PSOL em São Bernardo do Campo, que teria sido agredido, juntamente com outros detidos na manifestação. O entrevistado e os demais policiais foram acusados pelo *site* de terem agravado os danos realizados pelos manifestantes numa viatura, além de terem subtraído o cartão de uma câmera fotográfica que teria provas da ação policial supostamente desproporcional (vide Anexo III). Disponível em <<http://www.psol50.org.br/blog/2006/04/01/militantes-sao-presos-e-agredidos-pela-pm-em-manifestacao-de-estudantes/>>. Acesso em 22.11.2016.

Vê-se, portanto, que as entrevistas semiestruturadas deixaram evidentes dois pontos fundamentais: a insatisfação com a qualidade da prestação jurisdicional brasileira (variáveis "tempo" e "valor") e a receptividade a novos mecanismos extrajudiciais, inclusive em relação à tecnologia social *on line* proposta na pesquisa que originou esta obra, o que também restou comprovado pelas entrevistas realizadas durante a Residência Social.[494]

9 Mecanismos extrajudiciais de combate à morosidade: a necessidade de uma tecnologia social destinada ao exercício do direito de resposta

O exame da legislação, da jurisprudência e a análise de conteúdo das entrevistas semiestruturadas demonstram que a prestação jurisdicional brasileira, via de regra, é ineficaz para a devida proteção dos direitos da personalidade da pessoa ofendida por veículos de comunicação, especialmente àquela que responde a procedimentos investigatórios ou processos judiciais.

No que se refere às reparações de danos, o valor das indenizações não produz o efeito inibitório esperado, tornando a produção do ato ilícito uma atividade compensatória ("dano eficiente").[495] O problema do tempo necessário para a efetiva reparação do dano também é uma constante e vem comprovado pela jurisprudência examinada, não sendo possível afirmar se o novo Código de Processo Civil trará ou não uma proteção mais eficaz às vítimas.[496]

Quanto ao direito de resposta, há que se separar dois momentos distintos: antes e depois da vigência da Lei 13.188, de 11 de novembro de 2015. Com a declaração de inconstitucionalidade da antiga Lei de Imprensa pelo Supremo Tribunal Federal (Lei 5.250/67

---

494 Vide Anexos V e VII.

495 Confira-se, a esse respeito, o Capítulo III, item nº 4.

496 Vide item nº 7.

– ADPF nº 130/DF), a imediata concessão desse passou a depender da tutela antecipada, havendo uma enorme dificuldade para o autor superar o requisito da reversibilidade da medida (CPC/1973, art. 273, § 2º) – referida norma foi repetida pelo art. 300, parágrafo 3º, do novo Código de Processo Civil. Uma alternativa conferida ao autor encontra-se na chamada tutela da evidência, estabelecida pelo art. 311 do novo Código de Processo Civil, que dispensa tanto o requisito da reversibilidade como o próprio *periculum in mora*.

Com o advento da Lei 13.188/15, criou-se um rito especial mais célere para a ação de direito de resposta, pelo qual o autor, igualmente, não precisa cumprir o requisito da reversibilidade; somente quando optar pela cumulação com a reparação de danos em ação própria, pelo rito ordinário, deverá observar tal requisito, nos termos do art. 12 da mesma Lei, quando então deverá valer-se da antecipação de tutela.

Embora ainda seja cedo para uma análise definitiva, ao que tudo indica, a Lei 13.188/15 deverá conferir maior celeridade e eficácia ao direito de resposta, desde que o ofendido opte pelo rito especial. Não obstante, a possibilidade do juiz negar o pedido em sede liminar e a dificuldade do autor conseguir superar o requisito da reversibilidade – ou enquadrá-lo na tutela da evidência –, quando manejado com a reparação de danos, ainda justificam a criação de mecanismos extrajudiciais destinados ao exercício do direito de resposta, como, aliás, ficou demonstrado pelo exame da jurisprudência e das entrevistas semiestruturadas. Este mecanismo extrajudicial pode consistir numa tecnologia social *on line*, a ser administrada por um *mediador-gestor*, com atuação independente de poderes econômicos, o que preservaria sua imparcialidade e possibilitaria uma resposta mais dinâmica e efetiva à vítima de ofensas proferidas por veículos de comunicação.[497]

---

[497] Como já afirmado, o último Capítulo, dedicado à tecnologia social *on line* destinada ao exercício do direito de resposta, e que teve como desafio alinhar Direito e Tecnologias Sociais, foi excluído da presente obra e integrará um artigo a ser publicado em espaço destinado à Gestão Social.

ASPECTOS PROBATÓRIOS E A IMPORTÂNCIA DA ATA NOTARIAL COMO MEIO DE PROVA: A EXPERIÊNCIA DURANTE A RESIDÊNCIA SOCIAL

1 Uma breve introdução

Nos quatro primeiros Capítulos, discorreu-se, respectivamente, sobre a liberdade de imprensa, a colisão entre direitos fundamentais, o conflito entre os direitos da personalidade e a liberdade de imprensa, e o direito de resposta, mediante uma abordagem interdisciplinar envolvendo as ciências do Direito e do Jornalismo, com breves incursões na área de Gestão Social.

O presente Capítulo é dedicado aos aspectos probatórios relacionados à proteção dos direitos da personalidade violados pelo abuso do direito de informar, e foi produzido durante a Residência Social (RS), desenvolvida junto ao Cartório Arthur Del Guércio Neto – Tabelionato de Notas e de Protestos de Letras e Títulos de Itaquaquecetuba, entre os dias 19 e 28 de abril de 2017, com especial atenção à ata notarial, relevante meio de prova que pode ser utilizado pelas vítimas.

A Residência Social, segundo Fischer e Melo, é uma "tecnologia social cuja finalidade é articular conhecimentos teóricos e práticos, análise e intervenção organizacional para a formação de gestores sociais em nível de graduação e pós-graduação".[498] Como ressaltam Schommer e França Filho,

> [...] a ideia de uma prática de residência social enquanto atividade contribuindo para a formação de gestores sociais representa uma iniciativa bastante inovadora. Tal idéia inspirou-se, parcialmente, na residência médica, que é uma prática realizada no último ano da formação em medicina, e que consiste num conjunto de atividades eminentemente práticas que são desenvolvidas pelo formando, sob a tutoria de professores supervisores [...] Tal princípio de aprendizagem pode ser lido ou entendido, também, nos termos de uma pedagogia paulofreiriana. Desse modo, poderíamos sugerir que, nesse processo, o estudante é educado ao passo que também educa, numa relação a qual supõe reciprocidade entre todos os atores envolvidos, que se compromete com o processo de aprendizagem, levando seus saberes e participando da construção de novos. Este parece refletir o real sentido de um saber que se constrói.[499]

Segundo os mesmos autores, a RS guarda íntima relação com pesquisas desenvolvidas mediante observação participante e também com as de tipo pesquisa-ação, mas nada impede que tal metodologia seja aplicada em outras modalidades de pesquisa, como a que originou esta obra, aliando-se assim o conhecimento teórico às ações efetivas promovidas junto à organização acolhedora, buscando-se, através de uma abordagem interdisciplinar, promover a troca de

---

498 T. Fischer – V. P. Melo. *Programa de Desenvolvimento e Gestão Social: uma Construção Coletiva.* In: T. Fischer (org) – S. Roesch (org.) – V. P. Melo (org.). Gestão do Desenvolvimento Territorial e Residência Social: Casos para Ensino. Salvador: EDUFBA, CIAGS/UFBA, 2006, p. 31.

499 P. C. Schommer – G. C. França Filho. *A Metodologia da Residência Social e a Aprendizagem em Comunidades de Prática.* In: T. Fischer (org.) – S. Roesch (org.) – V. P. Melo (org.). Gestão do Desenvolvimento Territorial e Residência Social: Casos para Ensino. Salvador: EDUFBA, CIAGS/UFBA, 2006, p. 68-69.

informações e de conhecimentos entre os envolvidos, com benefícios mútuos, tanto às partes como ao próprio avanço do conhecimento.[500]

Foi levando em conta tais diretrizes que se escolheu a referida serventia extrajudicial para a realização da RS, tendo em vista que a atividade notarial vem contribuindo de forma decisiva para a "desjudicialização", definida pelo Prof. Arthur Del Guércio Neto, durante sua entrevista, como o "fenômeno consistente em deixar para o Poder Judiciário somente aqueles casos nos quais seja imprescindível a sua atuação",[501] indo ao encontro do que se propôs na pesquisa que originou esta obra, ou seja, fomentar a criação de mecanismos extrajudiciais destinados à defesa de direitos fundamentais.

O mesmo professor e jurista faz uma advertência sobre o excessivo número de processos submetidos ao crivo do Poder Judiciário, fazendo com que outro grande número de litígios mais relevantes deixem de ser solucionados em tempo razoável,[502] de tal sorte que "esse binômio fez com que certos procedimentos fossem desjudicializados, cenário em que figuram como protagonistas as serventias extrajudiciais".[503]

---

500 Ibid., p. 68-69. Schommer e França Filho enumeram os seguintes elementos da Residência Social (op. cit., p. 71): a) diferentes saberes; b) diferentes níveis de abordagem da realidade; e c) atividades de ensino, pesquisa e extensão. Mais aiante, os mesmos autores advertem que "o termo prática (mundo da ação) é muitas vezes usado como antônimo de teoria, idéia, ideal (mundo do pensamento e do discurso). Na abordagem de aprendizagem em comunidades de prática, não há dicotomias entre ação e conhecimento, saber e fazer, atividade manual e atividade mental, concreto e abstrato, teórico e prático, ideais e realidade, contemplação e envolvimento, abstração e experiência. O processo de engajamento na prática envolve a pessoa com um todo. Entender e experimentar estão em constante interação, são mutuamente constituídos" (p. 73).

501 Vide Anexo V.

502 Ao arrepio do já mencionado princípio da celeridade processual ou da razoável duração do processo (CF, art. 5º, LXXVIII). Sobre o tema, confira-se o Capítulo IV, item nº 6.

503 Neste sentido, importantes alterações legislativas foram promovidas antes mesmo do advento do novo Código de Processo Civil, como a Lei 11.441/07, que

Outra relevante função dos Tabelionatos de Notas é a lavratura da ata notarial, que representa um importante meio de prova em favor da vítima de ofensas ou pré-condenações proferidas por veículos de comunicação, justamente por se tratar de um documento dotado de fé pública – aliás, é um instrumento de extrema utilidade para a defesa de qualquer direito, daí por que acabou sendo normatizado, como meio de prova, pelo novo Código de Processo Civil, em seu art. 384, sobre o qual se tratará mais adiante.[504]

Antes disso, é necessário discorrer sobre o sistema de apreciação das provas que rege o Direito Processual brasileiro (penal e civil), tratando-se, em seguida, da fé pública inerente à atividade notarial e registral, da importância da ata notarial e da possibilidade de sua utilização na defesa dos direitos da personalidade violados pelo abuso do direito de informar, incorporando-se assim questões de natureza probatória ao presente trabalho.

As informações contidas no presente Capítulo foram obtidas tanto através da revisão bibliográfica e pesquisa documental, como da própria vivência na organização acolhedora, inclusive aquelas decorrentes de entrevistas semiestruturadas com o Prof. Arthur Del Guércio Neto e seu substituto legal naquela serventia, o Prof. Lucas Barelli Del Guércio.[505]

2 A PROVA E OS SISTEMAS DE APRECIAÇÃO

A prova é conceituada por Amaral Santos como a "soma dos fatos produtores da convicção, apurados no processo".[506] O mesmo

---

passou a admitir a separação, o divórcio e o inventário extrajudiciais, desde que obedecidos alguns requisitos, além da Lei 12.767/12, que, entre outras disposições, permitiu o protesto de certidão da dívida ativa, eficaz instrumento de recuperação de créditos públicos.

504 Vide item nº 5.

505 Vide, a esse respeito, os Anexos nº V e VII.

506 M. A. Santos. *Primeiras Linhas de Direito Processual Civil.* 20ª ed. Rev. e atual. São Paulo: Saraiva, 1999, v. 1, p. 329. Como bem ressaltado por Theodoro Júnior,

autor afirma que a prova tem um sentido objetivo, pois respeito aos diversos meios destinados ao convencimento do magistrado, e outro subjetivo, relacionado à convicção formada no espírito do juiz. Como salientam Cintra, Grinover e Dinamarco,

> [...] toda pretensão prende-se a algum fato, ou fatos, em que se fundamenta. Deduzindo sua pretensão em juízo, ao autor da demanda incumbe afirmar a ocorrência do fato que lhe serve de base, qualificando-o juridicamente e dessa afirmação extraindo as consequências jurídicas no seu pedido de tutela jurisdicional.[507]

No que se refere às ações de reparação de danos e de direito de resposta, deverá o autor comprovar o ato ilícito ou a inverdade da notícia, cabendo ao veículo de comunicação demonstrar a existência de fato impeditivo, modificativo ou extintivo daquele direito – p. ex., comprovando que a notícia publicada não era inverídica –, seguindo-se a regra do art. 373, *caput*, incisos I e II, do Código de Processo Civil, que cuida do ônus da prova. "Ônus", conforme Amaral Santos, origina-se do latim *onus*, com sentido de carga, fardo, peso, enquanto o "ônus probatório" (*onus probandi*) significa a "necessidade de fornecer a prova destinada à formação da convicção do juiz quanto aos fatos alegados pelas partes".[508]

"enquanto o processo de execução é voltado para a satisfação do direito do credor e atua sobre *bens*, o processo de conhecimento tem como objeto as *provas* dos fatos alegados pelos litigantes, de cuja apreciação o juiz deverá definir a solução jurídica para o litígio estabelecido entre as partes" (H. Theodoro Júnior. *Curso de Direito Processual Civil: Teoria Geral do Processo Civil, Processo de Conhecimento e Procedimento Comum.* 57ª ed. rev., atual e ampl. Rio de Janeiro: Forense, 2016, v. 1, p. 868). Isso porque no processo de execução há mera crise de satisfação de um direito já reconhecido ao exequente, enquanto no processo de conhecimento, o que se busca é exatamente reconhecer ou negar o direito invocado pela parte.

507 A. C. A. Cintra – A. P. Grinover – C. R. Dinamarco. *Teoria Geral do Processo.* 14ª ed. São Paulo: Malheiros, 1998, p. 347.

508 Op. cit., p. 344.

Não existe, contudo, como esclarece Theodoro Júnior, "um dever de provar, nem à parte contrária assiste o direito de exigir a prova do adversário",[509] mas a parte que deixa de comprovar as suas alegações deverá sujeitar-se a uma possível sentença contrária à sua pretensão.

O Código de Processo Civil assim distribui o ônus da prova, nos termos do art. 373, *caput*, incisos I e II, normatizando a clássica fórmula de Chiovenda:[510]

> CPC, Art. 373. O ônus da prova incumbe:
> I - ao autor, quanto ao fato constitutivo de seu direito;
> II - ao réu, quanto à existência de fato impeditivo, modificativo ou extintivo do direito do autor.

Essa distribuição do ônus da prova, segundo Cintra, Grinover e Dinamarco, "repousa principalmente na premissa de que, visando à vitória na causa, cabe à parte desenvolver perante o juiz e ao longo do procedimento uma atividade capaz de criar em seu espírito a convicção de julgar favoravelmente".[511]

Ressalte-se que o mesmo art. 373 do novo Código de Processo Civil, em seus parágrafos 1º e 3º, admite a distribuição dinâmica do ônus probatório, inclusive por convenção das partes, daí por que, doutrinariamente, se reconhece a existência de uma distribuição *estática* e outra *dinâmica* deste ônus.[512] Transcrevem-se os citados dispositivos do art. 373 Código de Processo Civil:

---

[509] H. Theodoro Júnior, op. cit., 2016, p. 893. Segundo o mesmo autor, "a conclusão acerca do tema do ônus da prova, embora cogitado no direito processual de forma expressa e direta, é que suas regras não são exclusivas nem do direito material nem do direito processual. Trata-se de normas de natureza mista, uma vez que, embora sua aplicação ocorra no processo, têm vínculo indissociável com o direito substancial. Afinal, a prova reclamada pelo processo refere-se a *fatos jurídicos*, cuja regulação pertence ao direito material" (p. 895).

[510] Ibid., p. 902.

[511] Op. cit., p. 349.

[512] H. Theodoro Júnior, op. cit., 2016, p. 900-916.

> § 1º. Nos casos previstos em lei ou diante de peculiaridades da causa relacionadas à impossibilidade ou à excessiva dificuldade de cumprir o encargo nos termos do caput ou à maior facilidade de obtenção da prova do fato contrário, poderá o juiz atribuir o ônus da prova de modo diverso, desde que o faça por decisão fundamentada, caso em que deverá dar à parte a oportunidade de se desincumbir do ônus que lhe foi atribuído.
>
> [...]
>
> § 3º. A distribuição diversa do ônus da prova também pode ocorrer por convenção das partes, salvo quando:
>
> I - recair sobre direito indisponível da parte;
>
> II - tornar excessivamente difícil a uma parte o exercício do direito.

Outra hipótese de alteração do ônus probatório encontra-se no art. 6º, inciso VIII, do Código de Defesa do Consumidor, diploma que enumera entre os direitos básicos do consumidor "a facilitação da defesa de seus direitos, inclusive com a inversão do ônus da prova, a seu favor, no processo civil, quando, a critério do juiz, for verossímil a alegação ou quando for ele hipossuficiente, segundo as regras ordinárias de experiências".

Há alguns sistemas que orientam o juiz no momento de examinar uma determinada prova, cada um com métodos próprios, destacando-se:[513]

a) Sistema ético ou pagão: para julgar, o magistrado utiliza critérios empíricos, como no clássico exemplo em que o acusado por estupro é colocado próximo à suposta vítima nua, verificando se ele se excita ou não, condenando-o na primeira hipótese;
b) Sistema religioso: para proferir o julgamento, o juiz convoca uma entidade divina, sem apreciar a prova de maneira técnica;

[513] J. F. Mirabete. *Processo Penal*. 18ª ed. rev. e atual. por Renato N. Fabbrini. São Paulo: Atlas, 2006, p. 259-260.

c) Sistema da íntima convicção ou da certeza moral do juiz: neste caso, o magistrado julga de acordo com sua convicção, mas sem necessidade de fundamentar a decisão, bastando, pois, condenar ou absolver o réu; trata-se da chamada "valoração *secundum conscientiam*",[514] aplicada somente aos jurados no procedimento do Tribunal do Júri, pois, para estes, ao contrário do juiz-presidente, basta apenas responder "sim" ou "não" aos quesitos formulados (CPP, art. 483, *caput* e §§ 1º a 6º);[515] neste mesmo sentido a lição de Frederico Marques:

---

514 A. C. A. Cintra – A. P. Grinover – C. R. Dinamarco, op. cit., p. 351.

515 Transcreve-se o citado dispositivo do Código de Processo Penal (redação da Lei 11.689/08):

"Art. 483. Os quesitos serão formulados na seguinte ordem, indagando sobre:

I – a materialidade do fato;

II – a autoria ou participação;

III – se o acusado deve ser absolvido;

IV – se existe causa de diminuição de pena alegada pela defesa;

V – se existe circunstância qualificadora ou causa de aumento de pena reconhecidas na pronúncia ou em decisões posteriores que julgaram admissível a acusação.

§ 1º A resposta negativa, de mais de 3 (três) jurados, a qualquer dos quesitos referidos nos incisos I e II do caput deste artigo encerra a votação e implica a absolvição do acusado.

§ 2º Respondidos afirmativamente por mais de 3 (três) jurados os quesitos relativos aos incisos I e II do caput deste artigo será formulado quesito com a seguinte redação:

O jurado absolve o acusado?

§ 3º Decidindo os jurados pela condenação, o julgamento prossegue, devendo ser formulados quesitos sobre:

I – causa de diminuição de pena alegada pela defesa;

II – circunstância qualificadora ou causa de aumento de pena, reconhecidas na pronúncia ou em decisões posteriores que julgaram admissível a acusação.

§ 4º Sustentada a desclassificação da infração para outra de competência do juiz singular, será formulado quesito a respeito, para ser respondido após o 2º (segundo) ou 3º (terceiro) quesito, conforme o caso.

§ 5º Sustentada a tese de ocorrência do crime na sua forma tentada ou havendo divergência sobre a tipificação do delito, sendo este da competência do Tribunal do Júri, o juiz formulará quesito acerca destas questões, para ser respondido após o segundo quesito.

> Como o júri decide segundo sua íntima convicção e dá seu veredicto respondendo, negativa ou afirmativamente, a quesitos, em votação secreta, é mais que evidente que esse veredicto não pode ser motivado. Sendo assim, a exigência de fundamentação da sentença (Código de Processo Penal, artigo 381, nº III) tem de ser devidamente adaptada, desde que se trate de sentença do júri. Por esse motivo, o juiz, ao lavrar a sentença, apenas se reportará à resposta dos jurados, sendo obrigado, porém, a dar as razões que o levaram a impor a pena no grau e na forma constantes da decisão, e igualmente o motivo de aplicação de medida de segurança e penas acessórias.[516]

d) Sistema da prova legal, tarifada ou da certeza moral do legislador: a própria Lei estabelece uma hierarquia entre os diversos meios de prova admitidos, cabendo ao magistrado seguir essa diretriz ao proferir o julgamento, e.g., se uma Lei estipulasse que a confissão tem maior valor do que a prova testemunhal, porém, menor importância do que o exame pericial; segundo Demercian e Maluly,

> [...] logo se percebeu que esse sistema dava azo a muitas injustiças, diante da impossibilidade de o juiz investigar de forma mais ampla e livre os fatos e dar-lhes o valor que viesse a merecer de acordo com sua sua fundamentada decisão. Estava prejudicada, a toda evidência, a investigação da verdade real.[517]

e) Sistema do livre convencimento motivado ou da persuasão racional do juiz: neste caso, o juiz tem ampla liberdade para julgar, sem estar vinculado a uma escala de valores prevista

---

§ 6º Havendo mais de um crime ou mais de um acusado, os quesitos serão formulados em séries distintas".

516 J. F. Marques. *Elementos de Direito Processual Penal.* 1ª ed. 2ª tiragem. Campinas: Bookseller, 1998, v. 3, p. 226.

517 P. H. Demercian – J. A. Maluly. *Curso de Processo Penal.* 9ª ed rev. e atual. Rio de Janeiro: Forense, 2014, p. 330.

em Lei, mas ele deverá, em contrapartida, fundamentar a sua decisão; foi o sistema adotado como regra na legislação brasileira, tanto no processo penal como civil (CF, art. 93, IX);[518] quanto ao primeiro, o art. 155, *caput*, do Código de Processo Penal, dispõe que "o juiz formará sua convicção pela livre apreciação da prova produzida em contraditório judicial, não podendo fundamentar sua decisão exclusivamente nos elementos informativos colhidos na investigação, ressalvadas as provas cautelares, não repetíveis e antecipadas"; quanto ao segundo, o art. 369 do novo Código de Processo Civil declara que "as partes têm o direito de empregar todos os meios legais, bem como os moralmente legítimos, ainda que não especificados neste Código, para provar a verdade dos fatos em que se funda o pedido ou a defesa e influir eficazmente na convicção do juiz", enquanto o art. 371, do mesmo diploma, proclama que "o juiz apreciará a prova constante dos autos, independentemente do sujeito que a tiver promovido, e indicará na decisão as razões da formação de seu convencimento".

Como advertem Kümpel, Schoedl e Borgarelli, há uma importante diferença entre aquelas esferas do Direito:[519] enquanto no processo penal vigora o princípio da verdade real ou substancial, devendo o magistrado buscar a realidade dos acontecimentos, no processo

---

518 O art. 93, inciso IX, da Constituição Federal (redação da EC 45/04), assim dispõe: "Todos os julgamentos dos órgãos do Poder Judiciário serão públicos, e fundamentadas todas as decisões, sob pena de nulidade, podendo a lei limitar a presença, em determinados atos, às próprias partes e a seus advogados, ou somente a estes, em casos nos quais a preservação do direito à intimidade do interessado no sigilo não prejudique o interesse público à informação". Portanto, a crença popular no sentido de que "a confissão é a rainha das provas", ou de que "a testemunha é a prostituta das provas", não possui qualquer juridicidade.

519 V. F. Kümpel – T. F. Schoedl – B. A. Borgarelli. *O caso Eliza Samúdio e a revogação de certidão de óbito: uma abordagem interdisciplinar – Parte III*. Disponível em <<http://www.migalhas.com.br/arquivos/2016/11/art20161116-02.pdf >>. Acesso em 18.04.2017.

civl, via de regra, aplica-se o princípio da verdade formal ou processual, ou seja, aquela trazida pelas partes, presumindo-se verdadeiros os fatos não contestados pela parte contrária, salvo algumas exceções (CPC, arts. 341, I a III, 344 e 345, I a IV).[520]

Este tratamento diverso nas duas searas processuais, segundo os mesmos autores, decorre do acréscimo de um elemento fundamental: no processo civil bastam a jurisdição, o processo e a ação, enquanto no processo penal exige-se também a defesa.[521]

Afirmou-se que o sistema do livre convencimento motivado foi adotado como *regra* porque, em alguns casos, a Lei exige uma prova

---

520 Transcrevem-se os citados dispositivos do Código de Processo Civil:
"Art. 341. Incumbe também ao réu manifestar-se precisamente sobre as alegações de fato constantes da petição inicial, presumindo-se verdadeiras as não impugnadas, salvo se:
I - não for admissível, a seu respeito, a confissão;
II - a petição inicial não estiver acompanhada de instrumento que a lei considerar da substância do ato;
III - estiverem em contradição com a defesa, considerada em seu conjunto.
[...]
Parágrafo único. O ônus da impugnação especificada dos fatos não se aplica ao defensor público, ao advogado dativo e ao curador especial.
Art. 344. Se o réu não contestar a ação, será considerado revel e presumir-se-ão verdadeiras as alegações de fato formuladas pelo autor.
Art. 345. A revelia não produz o efeito mencionado no art. 344 se:
I - havendo pluralidade de réus, algum deles contestar a ação;
II - o litígio versar sobre direitos indisponíveis;
III - a petição inicial não estiver acompanhada de instrumento que a lei considere indispensável à prova do ato;
IV - as alegações de fato formuladas pelo autor forem inverossímeis ou estiverem em contradição com prova constante dos autos".

521 Op. cit., 2016b. Conforme Cintra, Grinover e Dinamarco, "no processo penal, porém, o fenômeno é inverso: só excepcionalmente o juiz penal se satisfaz com a verdade formal, quando não disponha de meios para assegurar a verdade real (CPP, art. 386, inc. VI). Assim, p. ex.: absolvido o réu, não poderá ser instaurado novo processo criminal pelo mesmo fato, após a coisa julgada, ainda que venham a ser descobertas provas concludentes contra ele. É uma concessão à verdade formal, ditada por motivos políticos" (op. cit., p. 65, com referência à redação anterior à Lei 11.690/08 – atual art. 386, inciso VII, do CPP).

específica para comprovar um determinado fato. Na esfera processual penal, o próprio *caput* do art. 155, do Código de Processo Penal, acima citado, determina, imperativamente, que o magistrado não poderá fundamentar a sua decisão, exclusivamente, nos elementos colhidos durante a investigação preliminar (inquérito policial ou outro procedimento de natureza investigatória), enquanto o art. 158 do mesmo diploma, ao tratar dos delitos não-transeuntes, dispõe que "quando a infração deixar vestígios, será indispensável o exame de corpo de delito, direto ou indireto, não podendo supri-lo a confissão do acusado", sob pena de nulidade (CPP, art. 564, III, "b"), de modo que tal prova somente poderá ser suprida pela indiciária ou testemunhal quando os vestígios houverem desaparecido (CPP, art. 167).[522]

Já na seara civil, o art. 108 do Código Civil estabelece que "não dispondo a lei em contrário, a escritura pública é essencial à validade dos negócios jurídicos que visem à constituição, transferência, modificação ou renúncia de direitos reais sobre imóveis de valor superior a trinta vezes o maior salário mínimo vigente no País", não se satisfazendo, portanto, com os demais meios de prova.

3 Os meios de prova

Como afirmado no item anterior, o sistema processual brasileiro adotou o livre convencimento motivado – ou persuasão racional – para orientar o magistrado no momento da apreciação da prova, adotando-se o princípio da atipicidade, ou seja, os meios de prova não se esgotam naqueles previstos expressamente na legislação,

[522] Sobre este tema específico, confira-se: V. F. Kümpel – T. F. Schoedl – B. A. Borgarelli. *O caso Eliza Samúdio e a revogação de certidão de óbito: uma abordagem interdisciplinar – Parte I.* Disponível em <<http://www.migalhas.com.br/Registralhas/98,MI247511,31047-O+caso+Eliza+Samudio+e+a+revogacao+de+certidao+de+obito+Uma+abordagem>>. Acesso em 18.04.2017.

podendo as partes utilizarem outros para comprovarem as suas alegações, reconhecendo-se assim as chamadas provas inominadas.

O único limite encontra-se na Constituição Federal, que veda tanto as provas ilícitas (obtidas com violação de normas de direito material), como as ilegítimas (produzidas com ofensa a normas de direito processual), conforme o art. 5º, inciso LVI: "são inadmissíveis, no processo, provas obtidas por meios ilícitos", proibindo-se ainda as chamadas provas ilícitas por derivação, objeto da teoria dos frutos da árvore envenenada (*fruits of the poisonous tree*).[523]

Uma vez observado este limite, a parte poderá produzir qualquer prova, compreendendo tanto aquelas normatizadas pelos arts. 384 e segs., do Código de Processo Civil (ata notarial, depoimento pessoal, confissão, exibição de documento ou coisa, documentos, testemunhas, perícias e inspeção judicial), como as reguladas pelos arts. 158 e segs. do Código de Processo Penal (perícias, interrogatório, confissão, declarações do ofendido, testemunhas, reconhecimento de pessoas e coisas, acareação, documentos, indícios e busca e apreensão), além das provas inominadas, v.g., uma filmagem que respeite o direito à intimidade.

No tocante à proteção dos direitos da personalidade ofendidos por veículos de comunicação, há uma ampla gama de meios probatórios colocados ao alcance da vítima, como a prova testemunhal e uma gravação de vídeo que demonstre a ofensa (prova inominada). Outro importante meio de prova à disposição da vítima é a ata notarial, sobre a qual se discorrerá mais adiante.[524]

Deve-se admitir ainda a aplicação da já mencionada distribuição dinâmica do ônus da prova, descrita no art. 373, parágrafo 1º, do Código de Processo Civil: "Nos casos previstos em lei *ou diante de*

---

523 Para uma análise mais profunda do tema, confira-se: V. F. Kümpel – T. F. Schoedl – B. A. Borgarelli, op. cit., 2016b.

524 Vide item nº 5.

peculiaridades da causa relacionadas à impossibilidade ou à excessiva dificuldade de cumprir o encargo nos termos do caput ou à maior facilidade de obtenção da prova do fato contrário, poderá o juiz atribuir o ônus da prova de modo diverso, desde que o faça por decisão fundamentada, caso em que deverá dar à parte a oportunidade de se desincumbir do ônus que lhe foi atribuído" (grifou-se).

Exemplificando, se um veículo de comunicação que explora mídia televisiva publica uma notícia inverídica em prejuízo de determinada pessoa, mas esta não consegue obter nenhuma prova relacionada à notícia – como uma gravação ou reprodução da notícia pela *internet* –, pode o juiz determinar a distribuição dinâmica do *onus probandi*, impondo à empresa-ré que junte aos autos a matéria relacionada à pretensão do autor, sem que isto importe em ofensa ao princípio do contraditório e da ampla defesa.

4 A fé pública inerente à atividade notarial e registral

Os notários e registradores são profissionais do Direito dotados de fé pública, exercendo, por delegação do Estado, as atividades notariais e de registro, conforme o art. 3º da Lei 8.935/94. Referido diploma, qualificado como Lei geral dos notários e registradores, regulamenta o art. 236 da Constituição Federal, que assim dispõe:

> Os serviços notariais e de registro são exercidos em caráter privado, por delegação do Poder Público.
> § 1º Lei regulará as atividades, disciplinará a responsabilidade civil e criminal dos notários, dos oficiais de registro e de seus prepostos, e definirá a fiscalização de seus atos pelo Poder Judiciário.
> § 2º Lei federal estabelecerá normas gerais para fixação de emolumentos relativos aos atos praticados pelos serviços notariais e de registro.
> § 3º O ingresso na atividade notarial e de registro depende de concurso público de provas e títulos, não se permitindo que

> qualquer serventia fique vaga, sem abertura de concurso de provimento ou de remoção, por mais de seis meses.

De acordo com o art. 5º, incisos I a VII, da Lei 8.935/94, as chamadas serventias extrajudiciais compreendem os seguintes profissionais: a) tabeliães de notas; b) tabeliães e oficiais de registro de contratos marítimos; c) tabeliães de protesto de títulos; d) oficiais de registro de imóveis; e) oficiais de registro de títulos e documentos e civis das pessoas jurídicas; f) oficiais de registro civis das pessoas naturais e de interdições e tutelas; e g) oficiais de registro de distribuição.

Adotando-se a classificação dos agentes públicos proposta por Di Pietro,[525] referidos profissionais do Direito encontram-se incluídos entre os particulares em colaboração com o Estado, mediante delegação *sui generis*,[526] justamente porque se tratam de particulares que exercem função pública, a chamada "função híbrida ou bifronte".[527] Referindo-se ao notário, Loureiro observa que, por conta da natureza bifronte de sua função,

> [...] o regime jurídico desse profissional do direito é formado em parte pelo direito administrativo e em parte pelo

---

525 M. S. Z. Di Pietro. *Direito Administrativo.* 24ª ed. São Paulo: Atlas, 2011, p. 525-534.

526 Como ressaltado por Loureiro, "ao contrário dos demais delegatários, concessionários ou permissionários do serviço público, a atividade profissional exercida pelos notários não é material (como as obras e serviços concedidos pelo Estado) e sim de natureza jurídica e intelectual, tais como: prestar consultoria, formalizar juridicamente a vontade das partes; intervir nos atos e negócios jurídicos a que as partes devam ou queiram dar forma legal ou autenticidade, entre outras [...] Essa característica coloca-o em uma posição diferenciada em relação aos demais particulares em colaboração com a Administração, quando se trata de submeter os notários a regimes administrativos próprios dos funcionários públicos ou dos concessionários e permissionários de serviços públicos" (L. G. Loureiro. *Manual de Direito Notarial: da atividade e dos documentos notariais.* Salvador: JusPODIVM, 2016, p. 72).

527 R. Dip. *Registros Públicos: A trilogia do camponês de Andorra e outras reflexões; Títulos e documentos – Imóveis – Civil.* Campinas: Millenium, 2003, p. 194; e L. G. Loureiro, op. cit., p. 68.

> direito privado, que é o campo do direito em que atuam. Nas suas relações com o Estado, como o acesso à função pública, a outorga da delegação, a responsabilidade administrativa e funcional e à sujeição à Fiscalização pelo Poder Judiciário. Inclusive, como prestam serviço público, os atos do notário podem ser impugnados por mandado de segurança, quando forem ilegais e causarem danos a direitos líquidos e certos de particulares.[528]

A fé pública é um dos pilares da atividade notarial e registral. Fé é a crença em algo; segundo a Bíblia Sagrada, trata-se do "firme fundamento das coisas que se esperam e a prova das coisas que se não veem" (Hb 11, 1).[529] Já a fé pública é definida por Rocco como a "confiança que a sociedade deposita nos objetos, sinais, firmas exteriores (moedas, emblemas, documentos), aos quais o Estado, mediante o direito, privado ou público, atribui valor probatório, e também o crédito ou crença dos cidadãos nas relações da vida comercial e industrial".[530]

Afirmou-se que a fé pública é um dos pilares da atividade notarial e registral exatamente porque, em razão dela, os atos praticados por tais profissionais conferem maior segurança jurídica, sendo que em muitos casos não se trata de uma faculdade conferida ao cidadão, mas sim de uma imposição legal. O art. 3º da Lei 8.935/94 dispõe expressamente que o "notário, ou tabelião, e oficial de registro, ou registrador, são profissionais do direito, *dotados de fé pública*, a quem é delegado o exercício da atividade notarial e de registro" (grifou-se).

Vicente Amadei ressalta a tríplice concepção de fé pública no Direito:[531] a) como "qualidade atribuída, juridicamente, a determinados

---

528 Op. cit., p. 71.

529 *A Bíblia Sagrada – Harpa Sagrada*. Barueri, SP: Sociedade Bíblica do Brasil, Rio de Janeiro: Casa Publicadora das Assembléias de Deus, 2009, p. 1587.

530 ROCCO, 1913, *apud* E. M. NORONHA. *Direito Penal*. 20ª ed. rev. e atual. por Adalberto José Q. T. de Camargo Aranha. São Paulo: Saraiva, 1995, v. 4, p. 99.

531 V. A. AMADEI. *A fé pública nas notas e nos registros*. In: C. Y. M. YOSHIDA (coord.) – M. FIGUEIREDO (coord.) – V. A. AMADEI (coord.). Direito Notarial e Registral Avançado. São Paulo: Editora Revista dos Tribunais, 2014, p. 42.

entes sociais ou pessoas naturais, pela qual se afirma o testemunho de autoridade, socialmente confiável e portador de veracidade", v.g., ao se afirmar que o tabelião de notas possui fé pública; b) como "objeto ou conteúdo indutor de veracidade, inerente ao testificado por determinadas autoridades, na forma jurídica adequada", p.ex., quando se diz que a escritura tem fé pública; e c) como "crença garantida, confiança coletiva assegurada, confiabilidade tutelada pelo direito, estado jurídico de convicção universal na testificação de determinadas autoridades", e.g., quando se afirma que as autoridades e o povo em geral depositam fé pública nos atos notariais e nas certidões dos registros públicos.

Lamanauskas, referindo-se às lições de Seabra Lopes, assim diferencia a fé pública registral da notarial:

> A primeira, significa a presunção legal da veracidade do conteúdo dos registros, da existência dos direitos reais que constituem e a titularidade destes, ou seja, a presunção "da verdade e exactidão da situação jurídica resultante dos factos inscritos". Defende haver uma dupla presunção: da integralidade do registro ("nada existe para além dele") e da exatidão do registro ("conforme à realidade extra-registral"). Em relação à fé pública notarial, o autor conceitua como a presunção legal da verdade dos atos praticados e fatos atestados pelo notário, a partir de sua percepção, e das declarações com autoria indetificada em documentos escritos e assinados.[532]

Tamanha é a relevância da fé pública que o Código Penal brasileiro dedica um Título inteiro à proteção desse bem jurídico, tipificando crimes relacionados à moeda falsa, falsidade de títulos e outros papéis públicos, falsidade documental e outras condutas correlatas (Título X, CP, arts. 289 a 311-A).

---

[532] M. F. Lamanauskas. *A pedra angular da atividade notarial e registral.* In: A. Del Guércio Neto (coord.) – L. B. Del Guércio (coord.). O Direito Notarial e Registral em Artigos. São Paulo: YK Editora, 2016, p. 158.

Quanto à proteção dos direitos da personalidade, a fé pública tem fundamental importância, especialmente quando materializada na ata notarial, documento que pode ser considerado imprescindível para a proteção desses direitos, como se pretende demonstrar.

5 A ata notarial como meio de prova e sua normatização pelo novo Código de Processo Civil

A lavratura de atas notariais é um dos atos de atribuição dos notários, ou, mais especificamente, dos tabeliães de notas, conforme o art. 7º, inciso III, da Lei 8.935/94, dispositivo que enumera as funções desse profissional do Direito:

> Lei 8.935/94. Art. 7º. Aos tabeliães de notas compete com exclusividade:
> I - lavrar escrituras e procurações, públicas;
> II - lavrar testamentos públicos e aprovar os cerrados;
> III - *lavrar atas notariais*;
> IV - reconhecer firmas;
> V - autenticar cópias.
> Parágrafo único. É facultado aos tabeliães de notas realizar todas as gestões e diligências necessárias ou convenientes ao preparo dos atos notariais, requerendo o que couber, sem ônus maiores que os emolumentos devidos pelo ato (grifou-se).

A ata notarial é definida por Del Guércio Neto como "um instrumento, mediante o qual o Tabelião capta um fato ou situação, relatando-o em seu livro de Notas, de forma imparcial".[533] Oportuna foi a inserção do adjetivo "imparcial" no referido conceito, pois, ao lavrar a ata notarial, o tabelião de notas transcreve o fato ou ato submetido ao seu crivo com absoluta independência, o que constitui,

---

[533] A. Del Guércio Neto. *Contos e Causos Notariais*. São Paulo: YK Editora, 2016, p. 29.

aliás, a "pedra angular da atividade notarial e registral", eis que relacionada à fé pública do referido profissional, como bem ressaltado por Lamanauskas,[534] ou seja, ele não atua como mandatário do solicitante do serviço.[535] Portanto, quando o tabelião transcreve o ato ou fato submetido à sua apreciação, ele não deverá fazer nenhum juízo de valor,[536] exatamente para manter a neutralidade do documento.

O novo Código de Processo Civil normatizou a ata notarial como meio de prova, nos termos do art. 384, *caput*: "A existência e o modo de existir de algum fato podem ser atestados ou documentados, a requerimento do interessado, mediante ata lavrada por tabelião". Já o parágrafo único do mesmo dispositivo dispõe que "dados representados por imagem ou som gravados em arquivos eletrônicos poderão constar da ata notarial", o que revela o dinamismo norteador deste meio de prova, fruto da atividade dos tabeliães de notas.

Muito embora a normatização da ata notarial como meio de prova seja recente, o Prof. Arthur Del Guércio Neto, durante sua entrevista, ponderou que, "*em verdade, elas já estavam previstas no CPC/1973, através de uma leitura conjunta de seu art. 364, combinado com os arts. 6º e 7º, inciso III, da Lei 8.935/94*".[537] Correto tal entendimento, por três razões: a) o Código de Processo Civil de

---

534 Op. cit., p. 152-156.

535 Neste ponto, faz-se mister ressaltar a lição de Lamanauskas, segundo o qual "o juiz não pode estar submetido a pressões políticas, interesses de grupos de poder, ou qualquer outra forma coativa, para que possa julgar um caso concreto e proferir suas decisões. O mesmo se passa com o notário e o registrador ao decidir um caso concreto, a partir de sua qualificação jurídica prudencial, prestando ao usuário um atendimento que deve ser isonômico" (op. cit., p. 165). Referida independência, aliás, vem consagrada pelo art. 28 da Lei 8.935/94: "Os notários e oficiais de registro gozam de *independência* no exercício de suas atribuições, têm direito à percepção dos emolumentos integrais pelos atos praticados na serventia e só perderão a delegação nas hipóteses previstas em lei" (grifou-se).

536 R. Pedroso – M. F. Lamanauskas. *Direito Notarial e Registral Atual.* 2ª ed. rev. e atual. Rio de Janeiro: Forense; São Paulo: Método, 2015, p. 281.

537 Conforme entrevista contida no Anexo V.

1973, em seu art. 364, dispunha que "o documento público faz prova não só da sua formação, mas também dos fatos que o escrivão, o tabelião, ou o funcionário declarar que ocorreram na sua presença"; b) o documento público é aquele elaborado por agente público competente, no exercício da função e de acordo com as formalidades legais,[538] incluindo-se, portanto, a ata notarial; c) os tabeliães de notas são agentes públicos, classificados como particulares em colaboração com o Estado, os quais exercem função híbrida, entre as quais se inclui a lavratura de atas notariais (CF, art. 236, e Lei 8.935/94, arts. 6º e 7º, III).

Desse modo, a interpretação conjunta dos referidos dispositivos autoriza o entendimento no sentido da previsão da ata notarial como meio de prova antes da vigência do novo Código de Processo Civil, muito embora se reconheça a conveniência de sua previsão expressa no art. 384, a fim de evitar possíveis discussões.

A grande vantagem da ata notarial, segundo Del Guércio Neto,[539] está no fato de tal documento ser dotado de fé pública, característica inerente à atividade notarial, conforme já examinado,[540] presumindo assim verdadeiros os fatos nela documentados – presunção, todavia, *juris tantum*, ou seja, que admite prova em contrário.[541]

Em entrevista concedida durante a Residência Social, o Prof. Arthur Del Guércio Neto assim sintetizou a importância das atas notariais, inclusive no tocante à proteção dos direitos da personalidade violados pelo abuso do direito de informar:

> *A importância das atas notariais é enorme, pois, de forma rápida e momentânea, elas ajudam as pessoas a constituírem provas para futuras ações judiciais, constituindo uma prova*

---

538 T. F. Schoedl, op. cit., 2015b, p. 327.

539 Op. cit., p. 29.

540 Vide item anterior.

541 H. Theodoro Júnior, op. cit., 2016, p. 942.

pré-constituída, especialmente nas ações indenizatórias, alcançando, principalmente, fatos contidos na internet, v.g., ofensas e fotos, permitindo que a vítima se dirija ao Cartório de sua confiança, onde em poucos minutos poderá ser lavrada a ata notarial, com a descrição pormenorizada do ocorrido [...] As atas notariais têm um relevante papel na proteção dos direitos da personalidade, pois muitas pessoas, até a difusão do conhecimento deste meio de prova, praticavam diversas ofensas pela internet, sem uma resposta à altura em favor da vítima, que dependia da morosa prestação jurisdicional para constituir a prova do ato ilícito, o que permitia, muitas vezes, que a ofensa fosse retirada da internet pelo seu autor. Hoje, havendo uma ofensa contida em site, blog, facebook, etc., basta que a vítima se dirija a um Tabelionato de Notas de sua confiança e solicite a imediata lavratura da ata notarial, a qual constitui prova plena. Já prestei vários serviços neste sentido, sendo que as vítimas costumam relatar que a ata notarial teve importância fundamental no processo judicial.[542]

Constatou-se durante a Residência Social que a organização acolhedora (Cartório Arthur Del Guércio Neto – Tabelionato de Notas e de Protestos de Letras e Títulos de Itaquaquecetuba) funciona das 9h às 17h, recebendo cerca de quinhentas pessoas por dia, as quais solicitam os mais diversos serviços notariais, em busca de maior segurança jurídica, exatamente em razão da fé pública inerente a tal atividade.[543]

O setor de Notas-Escrituras lavra, em média, cinco atas notariais por mês, a maioria delas tendo por objeto fatos ou atos contidos

---

542 Vide Anexo V, com a íntegra da entrevista.

543 Referida serventia extrajudicial divide-se em três setores: a) Notas-Firmas, responsável por atos notariais extraprotocolares; b) Notas-Escrituras, tendo por finalidade praticar atos notariais protocolares; c) Protesto, cujo escopo é dar publicidade a dívidas com origem em títulos de crédito e outros documentos. Esses três setores, reunidos, realizam em média cerca de quinhentos atendimentos por dia, sendo que a referida organização é detentora do selo ISO 9001, por conta da excelência na prestação do serviço.

na *internet* e relacionadas à proteção dos direitos da personalidade, entre outros fatos aos quais os solicitantes desejam conferir fé pública.

Pelo que se apurou durante a imersão na organização acolhedora, a ata notarial é um importante aliado da pessoa, pois, ainda que o sistema jurídico brasileiro não estabeleça qualquer hierarquia entre os meios de prova, é evidente que o fato de tal documento ser dotado de fé pública e de ser elaborado com a tecnicidade inerente aos tabeliães de notas, pessoas submetidas a rigoroso concurso público de provas e títulos, certamente representa uma vantagem ao solicitante, facilitando a comprovação de um determinado ato ou fato de relevância jurídica.

Além das informações veiculadas na *internet*, Theodoro Júnior enumera alguns fatos e atos que podem ser comprovados por intermédio da ata notarial:[544] a) diligências de constatação, v.g., cores dos uniformes de frentistas para comprovar concorrência desleal e descumprimento de decisão judicial de obrigação de derrubar cercas e porteiras; b) declaração de testemunhas, sendo juntadas no processo como peças informativas; c) reuniões assembleares; e d) confissão.

Apesar da enorme importância da ata notarial na defesa dos direitos da personalidade violados pelo abuso do direito de informar, deve ser feita uma ressalva: ainda que se trate de um documento dotado de fé pública, seu conteúdo não vincula o magistrado, o qual poderá decidir livremente, de acordo com as demais provas existentes no processo, fundamentando a sua decisão, como decorrência do sistema do livre convencimento motivado ou da persuasão racional, que não estabelece qualquer hierarquia entre os diversos meios de prova.[545] Vale aqui a advertência de Theodoro Júnior: "o notário não dá autenticidade ao fato, apenas o relata *com autenticidade*",[546] ao contrário do que se observa em relação à escritura pública.

---

544 Op. cit., 2016, p. 943.

545 Vide item nº 2.

546 Op. cit., 2016, p. 942.

CONSIDERAÇÕES FINAIS

Pretendeu-se demonstrar, através de uma abordagem interdisciplinar envolvendo Direito, Jornalismo e Gestão Social, que, no cenário atual brasileiro, a prestação jurisdicional é ineficaz para a proteção dos direitos da personalidade violados pelo abuso do direito de informar, considerando-se as pessoas que respondem a procedimentos investigatórios ou judiciais, propondo-se assim a criação de um mecanismo extrajudicial para a proteção daqueles direitos, qual seja, uma tecnologia social *on line* destinada ao exercício do direito de resposta.

Partindo-se da premissa de que a referida abordagem interdisciplinar somente foi possível com um distanciamento do Positivismo Jurídico e consequente adesão ao Jusnaturalismo, o qual concebe um Direito muito além das normas positivadas, fundamentado também em princípios implícitos, cuja função é conferir maior proteção, podem ser extraídas as seguintes considerações finais:

1) A liberdade de imprensa, assim como qualquer direito fundamental, não é um direito absoluto, pois o seu exercício encontra limites nos demais direitos fundamentais consagrados pela Constituição Federal, especialmente na proteção dos direitos da personalidade (dignidade da pessoa humana, honra, imagem, vida privada e intimidade);

2) Apesar da liberdade de imprensa constituir um dos pilares da democracia, sua qualificação metafórica como "quarto poder" deve ser desmistificada, tendo em vista a íntima relação entre os

veículos de comunicação e os grandes agentes econômicos, fazendo com que estes desembolsem significativas quantias para anunciarem seus produtos e serviços nos espaços ou tempos destinados à publicidade, o que muitas vezes compromete a imparcialidade e até mesmo a veracidade da notícia;

3) No mundo contemporâneo, essa delicada relação entre a imprensa e seus patrocinadores marca a substituição do suplício da Idade Média pela exploração midiática da pessoa investigada ou processada, pois, embora se admita uma crítica mais aguda, o direito de informar não legitima pré-condenações, ofensas, deturpações e invasões da privacidade. Além do aporte de capital dar sustentabilidade econômica a essa espécie de ato ilícito, quando comparado às irrisórias quantias fixadas em ações indenizatórias, há também uma justificativa psicológica, que consiste na satisfação de grande parte da população em se deleitar com a desgraça alheia, permitindo que os veículos de comunicação se aproveitem dessa incivilidade para elevarem seus índices de audiência, desvirtuando-se a natureza da imprensa como instrumento da democracia;

4) A vedação constitucional à censura estatal não impediu que se constituísse uma outra espécie de censura, ou seja, aquela orquestrada pelos próprios veículos de comunicação, pois estes, atendendo apenas aos seus interesses e de seus patrocinadores, elegem quais fatos serão noticiados e como o serão, muitas vezes omitindo e distorcendo a verdade. Nesse contexto, as mídias sociais têm desempenhado um importante papel, notadamente no sentido de democratizar a informação e permitir que os fatos acobertados ou distorcidos pelos meios tradicionais cheguem ao conhecimento do público, característica que deverá ser incorporada pela tecnologia social *on line* proposta na pesquisa que originou esta obra;

5) Apesar do princípio da atualidade da notícia conferir um viés mais dinâmico à liberdade de imprensa, não exigindo que o jornalista ou repórter adote todas as formalidades inerentes às

investigações e processos judiciais, a atividade jornalística deve respeitar o princípio da presunção de inocência e os direitos da personalidade, pois tais direitos não são simplesmente suprimidos por conta da episódica condição da pessoa como investigada ou processada;

6) Sob o aspecto dogmático-constitucional, o estudo da colisão entre direitos fundamentais deve ter como ponto de partida o reconhecimento da relatividade dessa categoria jurídica, como decorrência do Jusnaturalismo e do próprio Neoconstitucionalismo, além da diferenciação entre regras e princípios. Nestes termos, o conflito entre regras jurídicas e o conflito entre princípios são solucionados por métodos distintos: no primeiro caso, duas regras não podem ter validade simultânea, pois uma delas deve ser declarada inválida, segundo os critérios aplicáveis à antinomia (hierárquico, cronológico ou da especialidade), ou então constituir exceção à outra; já no segundo, admite-se o chamado sopesamento, levando-se em conta as circunstâncias do caso concreto, conforme a teoria da ponderação, não havendo necessidade de que um dos princípios em conflito seja declarado inválido ou que constitua exceção do outro;

7) A teoria da ponderação deve ser complementada pela teoria do abuso de direito, segundo a qual os direitos devem ser exercitados de acordo com os fins sociais a que se destinam, de tal sorte que o abuso também configura uma espécie de ato ilícito, conferindo direito à indenização;

8) Nas questões envolvendo a liberdade de imprensa e os direitos da personalidade, em princípio, há um conflito entre princípios, pois as normas constitucionais que veiculam tais direitos consagram disposições abstratas e finalísticas, apesar dessa distinção não ficar tão clara, daí por que se costuma afirmar que neste caso também existe um conflito entre regras. Mas, uma vez reconhecido que se trata de um conflito entre princípios, a aplicação de cada um deles deve ser ponderada no caso concreto, não sendo possível estabelecer-se uma solução no plano abstrato, seja em favor da liberdade de imprensa, seja em benefício dos direitos da personalidade;

9) Deve ser reconhecida a natureza pré-normativa dos direitos da personalidade e sua anterioridade à liberdade de imprensa, mas isso não os coloca em situação de superior hierarquia no plano abstrato. Esses direitos, que decorrem do simples fato da pessoa existir, compreendendo a dignidade da pessoa humana e a proteção da vida privada, intimidade, honra e imagem, não impedem que se divulguem notícias sobre investigações e processos relacionados a determinada pessoa, desde que observados estes parâmetros, além dos princípios da presunção de inocência e da proporcionalidade;

10) A liberdade de imprensa – ou, mais precisamente, o direito de informar – não é apenas um direito conferido aos veículos de comunicação, sem nenhum dever correlato, devendo compreender, dialeticamente, o direito difuso à informação verdadeira, titularizado por toda população, integrando assim os chamados direitos de terceira dimensão. O Brasil poderia evoluir neste sentido e normatizar esse direito, a exemplo do que se observa na Constituição espanhola, muito embora ele possa ser concebido como decorrência material da própria liberdade de imprensa, independentemente de previsão expressa;

11) Tratando-se, especificamente, do conflito entre a liberdade de imprensa e os direitos da personalidade, há duas teorias norte-americanas que buscam solucioná-lo: a *neutral reportage doctrine* (teoria da reportagem neutra) protege a liberdade de imprensa até mesmo quando a matéria é difamatória, ainda que o jornalista não tenha checado a veracidade da informação, desde que se trate de mera reprodução de fatos narrados por terceiro ou organização proeminente e responsável, teoria amparada num inaceitável e perigoso subjetivismo; já a teoria *actual malice*, de maior aceitação, apesar de conferir ampla proteção à liberdade de imprensa quando a matéria tiver interesse público, deixa de legitimá-la quando ficar comprovado o conhecimento da falsidade da informação pelo jornalista (*knowledge of falsity*);

12) Entre as tutelas legais destinadas à defesa dos direitos da personalidade violados pelo abuso do direito de informar, a preventiva, que compreende as ações cautelares e inibitórias (tutela específica), é a que tem apresentado melhores resultados para a devida proteção da vítima, apesar de algumas decisões serem qualificadas, equivocadamente, como "censura judicial";

13) No que se refere à reparação dos danos morais, tanto o sistema tarifado como o do livre arbitramento ainda não conseguiram proporcionar uma solução mais justa, o que é mais grave quando se ingressa nas ofensas produzidas por veículos de comunicação, as quais se revelam uma atividade lucrativa, exatamente por conta dos irrisórios valores das indenizações, quando comparados àqueles recebidos por estas organizações a título de publicidade. A adoção do sistema do livre arbitramento, além de atentar contra o princípio da igualdade, também permite que o ofensor medite sobre a viabilidade econômica do ato ilícito – não com base na Lei, mas levando em conta a jurisprudência – e este quadro tornou a produção dessa espécie de ato ilícito uma atividade compensatória, fazendo com que os veículos de comunicação prefiram pagar eventuais indenizações a adotar maior cautela nas suas investigações e afirmações, configurando o chamado "dano eficiente";

14) Outro importante fator que contribui para a ineficácia da prestação jurisdicional nas ações de reparação de danos é a indevida intromissão do Superior Tribunal de Justiça e do Supremo Tribunal Federal em sede de recursos especial e extraordinário, respectivamente, a despeito da existência de entendimentos sumulados vedando a apreciação de matéria fática nestes recursos (Súmulas nº 7 do STJ e nº 279 do STF);

15) O direito de resposta pode ser definido como a possibilidade conferida à pessoa ofendida por veículo de comunicação de se defender publicamente, de maneira dinâmica e proporcional, corrigindo inverdades ou distorções contidas na matéria jornalística.

Sua natureza jurídica é de um direito natural semelhante à legítima defesa, devendo ser entendido como um corolário da liberdade de imprensa, e não como um inibidor desse direito, funcionando como um instrumento de preservação da verdade. Para o cabimento do direito de resposta basta que a notícia contenha uma inverdade, sendo desnecessária a caracterização de um ato ilícito ou delito, embora nestes casos se permita a cumulação com a reparação de danos materiais, morais e à imagem; por outro lado, não se admite o direito de resposta apenas para que a pessoa atingida contraponha o seu entendimento ao do autor da notícia;

16) Sob o aspecto dogmático-constitucional, o direito de resposta configura tanto um direito de primeira dimensão, eis que ligado ao ideal de liberdade, como de terceira, justamente porque é possível visualizar no instituto um interesse coletivo na preservação da informação verdadeira, excedendo a esfera individual da pessoa atingida pela notícia;

17) A Constituição Federal de 1988 trouxe duas importantes inovações em relação às Constituições que lhe antecederam: a primeira foi prever o direito de resposta – assim como os demais direitos fundamentais – antes de tratar dos poderes e instituições da República, como decorrência do Jusnaturalismo; a segunda foi o acréscimo da expressão "proporcional ao agravo", pretendendo assim assegurar uma resposta com idêntica dimensão à das ofensas, seja em conteúdo e tamanho, seja em velocidade;

18) A declaração de inconstitucionalidade da antiga Lei de Imprensa pelo Supremo Tribunal Federal (Lei 5.250/67 – ADPF 130/DF) não revogou o direito de resposta, exatamente porque referido instituto é veiculado por uma norma constitucional de eficácia plena, além de estar previsto no Pacto de San Jose da Costa Rica (art. 14), do qual o Brasil é signatário;

19) O novo marco regulatório do direito de resposta (Lei 13.188, de 11 de novembro de 2015) trouxe importantes inovações,

destacando-se a previsão das mídias sociais entre os meios de comunicação, a competência do juízo cível para a ação de direito de resposta, o procedimento especial com prazos mais céleres e a ausência de prejudicialidade entre o pleito indenizatório e o direito de resposta. Como principais defeitos da Lei, podem-se apontar: a) a necessidade de aguardar-se o prazo de 7 dias, contados do indeferimento do pedido de direito de resposta extrajudicial, para que se caracterize o interesse de agir necessário à propositura da ação de direito de resposta (art. 5º, *caput*); e b) as confusas disposições relacionadas ao início do prazo decadencial de 60 dias para o exercício do direito de resposta (art. 3º, § 3º);

20) Como era de se esperar, não faltaram críticas à Lei 13.188/15, especialmente aquelas provenientes de proprietários de grandes veículos de comunicação, acostumados a contar com a ineficácia da prestação jurisdicional e assim fomentar a produção de ofensas e pré-condenações; no entanto, tais críticas não procedem, pois a nova Lei confere maior proteção às vítimas, especialmente por adotar um rito procedimental mais célere;

21) O princípio da razoável duração do processo ou da celeridade processual, embora promovido à categoria de direito fundamental pela EC nº 45/04, continua sendo impregnado de uma considerável carga de utopia, o que espera seja superado a partir do novo Código de Processo Civil, que consagrou diversos institutos e mecanismos que têm por escopo acelerar a tramitação dos processos e reduzir o número de recursos;

22) A concessão do direito de resposta em sede de tutela antecipada, quando manejado com a reparação de danos, encontra um obstáculo no art. 300, parágrafo 3º, do Código de Processo Civil, dispositivo que exige a reversibilidade dos efeitos da decisão, e tal óbice vem sendo interpretado como insuperável pela jurisprudência, muitas vezes em razão do forte apego ao Positivismo Jurídico; contudo, nada impede que se adote a equidade como razão de decidir,

corrigindo os rigores da Lei para que a Justiça seja aplicada no caso concreto, facilitando-se a defesa dos direitos da personalidade da pessoa atingida pela notícia;

23) A ata notarial, recentemente normatizado pelo Código de Processo Civil como meio de prova (art. 384), cuja lavratura compete aos tabeliães de notas, revela-se um importante mecanismo de defesa dos direitos da personalidade violados pelo abuso do direito de informar, seja por conta da fé pública inerente àqueles profissionais, seja por possibilitar uma descrição das ofensas de maneira dinâmica, facilitando a comprovação judicial;

24) A realização da Residência Social junto ao Cartório Arthur Del Guércio Neto (Tabelionato de Notas e de Protestos de Letras e Títulos de Itaquaquecetuba) revelou que grande parte das atas notariais tem por finalidade documentar ofensas proferidas pela *internet*, facilitando a defesa dos direitos da personalidade da vítima, constatando-se ainda que as serventias extrajudiciais possuem um importante papel no tocante ao fenômeno da "desjudicialização", contribuindo para o desafogo do Poder Judiciário, indo exatamente ao encontro do que se propõe na pesquisa que originou o presente tranalho, ou seja, fomentar a criação de mecanismos extrajudiciais destinados à defesa dos direitos da personalidade;

25) O exame da legislação, da jurisprudência e a análise de conteúdo das entrevistas semiestruturadas revelaram que a prestação jurisdicional brasileira, via de regra, é ineficaz para a proteção dos direitos da personalidade de pessoas ofendidas ou pré-condenadas por veículos de comunicação, especialmente aquelas que respondem a procedimentos investigatórios ou processos judiciais, seja considerando a variável "valor" (reparação de danos), seja quanto à variável "tempo" (reparação de danos e direito de resposta), o que legitima a criação de uma tecnologia social *on line*, destinada ao exercício do direito de resposta, estimulando-se a criação de outras tecnologias sociais que busquem solucionar conflitos nas diversas esferas do Direito.

LAYOUT ESTRUTURAL DA TECNOLOGIA SOCIAL PROPOSTA

Segue o *layout* estrutural da tecnologia social *on line* destinada ao exercício do direito de resposta nas próximas páginas, proposta na pesquisa que originou esta obra, contendo a *home page* e uma página interna, designada "www.respostacomdireito.org.br".[547]

[547] Produzido por Criahauz Comunicação Integrada (www.criahauz.com.br).

www.respostacomdireito.org.br
RESPOSTA COM DIREITO
PÁGINA INICIAL
O DIREITO DE RESPOSTA
DIREITOS CONCEDIDOS
ARTIGOS
JURISPRUDÊNCIA
CONTATO
Fundador
Destinado a qualquer pessoa que se sinta ofendida ou pré-julgada por veículos de comunicação impressa ou digital.
Este site é fruto de uma dissertação no Mestrado Interdisciplinar em Desenvolvimento e Gestão Social da Escola de Administração da Universidade Federal da Bahia (UFBA), destinada ao exercício do direito de resposta.
Clique aqui para saber mais
O DIREITO DE RESPOSTA
O direito de resposta é um corolário da liberdade de imprensa e instrumento de preservação da verdade, funcionando como um mecanismo de defesa dos direitos da personalidade da pessoa que é alvo de ofensas ou condenações antecipadas proferidas por veículos de comunicação.
"Plataforma virtual destinada ao exercício do direito de resposta: necessidade diante da ineficácia da prestação jurisdicional".
VEJA MAIS
ARTIGOS
Direito de Resposta
O direito de resposta é um corolário da liberdade de imprensa e instrumento de preservação da verdade.
Veículos de Comunicação
Tutelas legais voltadas à defesa das vítimas de ofensas e condenações antecipadas proferidas por veículos de comunicação são ineficazes.
Exercício do Direito
É assegurado o direito de resposta, proporcional ao agravo, além da indenização por dano material, moral ou à imagem".
FUNDADOR
Promotor de Justiça do Estado de São Paulo. Professor de Direito Penal do Curso Preparatório VFK Educação. Especialista em Direito Penal e Processual Penal pela Universidade Presbiteriana Mackenzie.
LEIA MAIS
DIREITOS CONCEDIDOS
O direito de resposta é um corolário da liberdade de imprensa e instrumento de preservação da verdade, funcionando como um mecanismo de defesa dos direitos da personalidade da pessoa.
LEIA MAIS
JURISPRUDÊNCIA
Definida como o conjunto das soluções dadas pelos tribunais às questões de Direito. Ou, denomina-se o movimento decisório dos tribunais sobre determinado ponto do Direito.
LEIA MAIS
O DIREITO DE RESPOSTA
O direito de resposta é um corolário da liberdade de imprensa e instrumento de preservação da verdade, funcionando como um mecanismo de defesa dos direitos da personalidade da pessoa que é alvo de ofensas ou condenações antecipadas proferidas por veículos de comunicação.
LIBERDADE DE EXPRESSÃO
No art. 5º, inciso V, da Constituição Federal de 1988:
"É assegurado o direito de resposta, proporcional ao agravo, além da indenização por dano material, moral ou à imagem".
CONTATOS
11 3444.433X
11 9.0X00.4343
contato@respostacomdireito.com.br
Brasil | São Paulo | SP
COPYRIGHT ©

www.respostacomdireito.org.br
RESPOSTA COM DIREITO
Search...
PÁGINA INICIAL
O DIREITO DE RESPOSTA
DIREITOS CONCEDIDOS
ARTIGOS
JURISPRUDÊNCIA
CONTATO
O DIREITO DE RESPOSTA
Este site é fruto de uma dissertação no Mestrado Interdisciplinar em Desenvolvimento e Gestão Social da Escola de Administração da Universidade Federal da Bahia (UFBA), destinada ao exercício do direito de resposta.
O direito de resposta é um corolário da liberdade de imprensa e instrumento de preservação da verdade, funcionando como um mecanismo de defesa dos direitos da personalidade da pessoa que é alvo de ofensas ou condenações antecipadas proferidas por veículos de comunicação. Foi previsto pela primeira vez na Constituição de 1934 (art. 113.9) e atualmente vem estabelecido no art. 5º, inciso V, da Constituição Federal de 1988: "é assegurado o direito de resposta, proporcional ao agravo, além da indenização por dano material, moral ou à imagem".
Com a declaração de inconstitucionalidade da antiga Lei de Imprensa pelo Supremo Tribunal Federal (Lei 5.250/67 – ADPF 130), no dia 30 de abril de 2009, o instituto enfrentou um longo período sem regulação – embora permanecesse aplicável –, até que sobreveio a Lei 13.188, de 11 de novembro de 2015, disciplinando o direito de resposta e estabelecendo as formas para o seu exercício.
NEWS
Este site é fruto de minha dissertação no Mestrado Interdisciplinar em Desenvolvimento e Gestão Social da Escola de Administração da Universidade Federal da Bahia (UFBA), com o seguinte título: "Plataforma virtual destinada ao exercício do direito de resposta: necessidade diante da ineficácia da prestação jurisdicional". A hipótese da pesquisa foi comprovar que as tutelas legais voltadas à defesa das vítimas de ofensas e condenações antecipadas proferidas por veículos de comunicação são ineficazes, tendo em vista, principalmente, a morosidade dos processos judiciais, propondo-se a criação de uma tecnologia alternativa para a defesa pública dos direitos daquelas pessoas.
Portanto, este espaço é destinado a qualquer pessoa que se sinta ofendida ou pré-julgada por veículos de comunicação (imprensa escrita, falada e televisiva, incluindo a internet), onde a mesma poderá enviar o texto que contenha o seu direito de resposta e a documentação que comprove a distorção dos fatos noticiados
O DIREITO DE RESPOSTA
O direito de resposta é um corolário da liberdade de imprensa e instrumento de preservação da verdade, funcionando como um mecanismo de defesa dos direitos da personalidade da pessoa que é alvo de ofensas ou condenações antecipadas proferidas por veículos de comunicação.
LIBERDADE DE EXPRESSÃO
No art. 5º, inciso V, da Constituição Federal de 1988:
"É assegurado o direito de resposta, proporcional ao agravo, além da indenização por dano material, moral ou à imagem".
CONTATO
11 3444.433X
11 9.0X00.4343
contato@respostacomdireito.com.br
Brasil | São Paulo | SP
COPYRIGHT ©

REFERÊNCIAS

A Bíblia Sagrada – Harpa Sagrada. Barueri, SP: Sociedade Bíblica do Brasil. Rio de Janeiro: Casa Publicadora das Assembléias de Deus, 2009.

ACQUAVIVA, Marcus Cláudio. *Teoria Geral do Estado*. São Paulo: Saraiva, 1994.

ALBUQUERQUE, Afonso de. *As Três Faces do Quarto Poder*. 2009. Disponível em <<http://www.academia.edu/25956715/As_Três_Faces_Do_Quarto_PODER1>>. Acesso em 1.06.2017.

ALEXY, Robert. *Teoria dos Direitos Fundamentais*. Trad. de Virgílio Afonso da Silva. São Paulo: Malheiros, 2008.

ALVES, Elói. *O Olhar de Lanceta: Ensaios críticos sobre literatura e sociedade*. São Paulo: APMC, 2015.

AMADEI, Vicente. *A fé pública nas notas e nos registros*. In: YOSHIDA, Consuelo Yatsuda Moromizato (coord.); FIGUEIREDO, Marcelo (coord.); AMADEI, Vicente de Abreu (coord.). Direito Notarial e Registral Avançado. São Paulo: Editora Revista dos Tribunais, 2014.

ARISTÓTELES. *Ética a Nicômaco*. Coleção Os Pensadores IV. Rio de Janeiro: Abril Cultural, 1973.

AULETE, Caldas. *Dicionário contemporâneo da língua portuguesa*. 2ª ed. bras. rev., atual. e aumentada por Hamílcar de Garcia. Rio de Janeiro: Delta S.A., 1968, v. 2.

______. *Dicionário contemporâneo da língua portuguesa.* 2ª ed. bras. rev., atual. e aumentada por Hamílcar de Garcia. Rio de Janeiro: Delta S.A., 1968, v. 5.

ÁVILA, Humberto. *Teoria dos Princípios: da definição à aplicação dos princípios jurídicos.* 12ª ed. ampl. São Paulo: Malheiros, 2011.

BALTHAZAR, Ubaldo César. *O Estado Mínimo no contexto da Globalização: a fragmentação dos direitos do cidadão contribuinte.* In: Revista da Faculdade de Direito de Campos. Ano 2, nº 2 e ano 3, nº 3, 2001-2002.

BAPTISTA da SILVA, João. *Reforma do Judiciário (Sem o Controle Externo "híbrido").* Belo Horizonte: Líder, 2004.

BARRAL, Webber Oliveira. *Metodologia da Pesquisa Jurídica.* 4ª ed. rev., atual. e ampl. Belo Horizonte: Del Rey Editora, 2010.

BARRETTO. Carlos Roberto. *Direito de Resposta: comentários à Lei n. 13.188/2015.* São Paulo: Letras Jurídicas, 2018.

BASTOS, Celso Ribeiro. *Hermenêutica e Interpretação Constitucional.* 3ª ed. São Paulo: Celso Bastos Editor, 2002.

BEZERRA, Rodrigo José Rodrigues. *A relevância e o limite da análise econômica do Direito.* In: Informativo Jurídico Consulex. Ano XXVI, nº 3, Brasília, 16.01.2012.

BITTAR, Eduardo C. B. *Teorias sobre a justiça: apontamentos para a História da Filosofia do Direito.* São Paulo: Juarez de Oliveira, 2000.

BOBBIO, Norberto. *A era dos direitos.* Nova ed. trad. de Carlos Nelson Coutinho. Rio de Janeiro: Elsevier, 2004.

______. *Da estrutura à função: novos estudos de teoria do direito.* Trad. de Daniela Beccaccia Versiani; rev. técnica de Orlando Seixas Bechara, Renata Nagamine. Barueri, SP: Manole, 2007.

______. *Estado, governo, sociedade; para uma teoria geral da política.* 9ª ed. Trad. de Marco Aurélio Nogueira. São Paulo: Paz e Terra, 2001.

BONAVIDES, Paulo. *Teoria do Estado.* São Paulo: Saraiva, 1967.

CANOTILHO, J. J. Gomes. *Direito Constitucional.* 5ª ed. Coimbra: Livraria Almedina, 1991.

CAPEZ, Fernando. *Curso de Direito Penal – Parte Geral: arts. 1º a 120.* 14ª ed. São Paulo: Saraiva, 2010, v. 1.

CARLIN, Volnei Ivo (org.). *Grandes Temas de Direito Administrativo: Homenagem ao Professor Paulo Henrique Blasi.* Campinas: Millenium e Conceito, 2009.

CARNELUTTI, Francesco. *As Misérias do Processo Penal.* Campinas: Servanda Editora, 2010.

CARVALHO, Luiz Gustavo Gardinetti Castanho de. *Liberdade de informação e o direito difuso à informação verdadeira.* Rio de Janeiro: Renovar, 2003.

CHEQUER, Cláudio. *A informação midiática não abrange a propagação de boatos.* Jornal Carta Forense, Abril de 2015, p. B10.

CHRISTOFOLETTI, Rogério; LAUX, Ana Paula França. *Confiabilidade, credibilidade e reputação: no jornalismo e na blogsfera.* In: Intercom – Revista Brasileira de Ciências da Comunicação. São Paulo, v. 31, n. 1, p. 29-49, jan./jun., 2008.

CINTRA, Antonio Carlos de Araújo; GRINOVER, Ada Pellegrini; DINAMARCO, Cândido Rangel. *Teoria Geral do Processo.* 14ª ed. São Paulo: Malheiros, 1998.

Código de Ética dos Jornalistas. Disponível em <<http://www.fenaj.org.br/federacao/cometica/codigo_de_etica_dos_jornalistas_brasileiros.pdf>>. Acesso em 12.08.2010.

COMBLIN, José. *O que é a verdade?* Coleção Questões Fundamentais da Fé. Coordenação de Darci Luiz Marin, v. 5. São Paulo: Paulus, 2005.

CURY, Augusto. *O código da inteligência.* Rio de Janeiro: Sextante, 2015.

DAGNINO, Renato. *Tecnologia Social: contribuições conceituais e metodológicas.* Campina Grande: Eduepb; Florianópolis: Insular, 2014.

DALLARI, Dalmo de Abreu. *Elementos de Teoria Geral do Estado.* 29ª ed. São Paulo: Saraiva, 2010.

DEL GUÉRCIO NETO, Arthur. *Contos e Causos Notariais.* São Paulo: YK Editora, 2016.

DEMERCIAN, Pedro Henrique; MALULY, Jorge Assaf. *Curso de Processo Penal.* 9ª ed rev. e atual. Rio de Janeiro: Forense, 2014.

DI PIETRO, Maria Sylvia Zanella. *Direito Administrativo.* 24ª ed. São Paulo: Atlas, 2011.

DINIZ, Maria Helena. *Curso de Direito Civil Brasileiro: Teoria Geral do Direito Civil.* 27ª ed. São Paulo: Saraiva, 2010, v. 1.

DIP, Ricardo. *Registros Públicos: A trilogia do camponês de Andorra e outras reflexões; Títulos e documentos – Imóveis – Civil.* Campinas: Millenium, 2003.

DWORKIN, Ronald. *Levando os direitos a sério.* 3ª ed. trad. Nelson Boeira. São Paulo: Editora WMF Martins Fontes, 2010.

FALCÃO, Rodrigo. *Direito e cultura clássica: interdisciplinaridade e tradição humanística na formação jurídica.* In: Revista de Direito UPIS (Faculdades Integradas), nº 1, Brasília, jan/2003.

FISCHER, Tânia. *Poderes locais, desenvolvimento e gestão – introdução à uma agenda.* In: FISCHER, Tânia (org). Gestão do desenvolvimento e poderes locais: marcos teóricos e avaliação. Salvador: Casa da Qualidade, 2002.

FISCHER, Tânia; MELO, Vanessa Paternostro. *Programa de Desenvolvimento e Gestão Social: uma Construção Coletiva.* In: FISCHER, Tânia (org.); ROESCH, Sylvia (org.); MELO, Vanessa Paternostro (org.). Gestão do Desenvolvimento Territorial e Residência Social: Casos para Ensino. Salvador: EDUFBA, CIAGS/UFBA, 2006, p. 13-41.

FLICK, Uwe. *Introdução à pesquisa qualitativa.* Trad. de Joice Elias Costa. 3ª ed. Porto Alegre: Artmed, 2009.

FOUCAULT, Michel. *Vigiar e Punir: nascimento da prisão.* Trad. de Raquel Ramalhete. 14ª ed. Petrópolis: Vozes, 1996.

FREITAS, Jânio de. *A lição da escola.* Jornal Folha de São Paulo, 10.04.2016, Poder, p. A11.

FREUD, Sigmund. *O mal estar na civilização.* Edição Standard Brasileira das obras psicológicas completas de Sygmund Freud. Volume XXI (1927-1931): O futuro de uma ilusão, o mal estar na civilização e outros trabalhos. Rio de Janeiro: Imago, 1969.

______. *Psicologia de grupo e a análise do ego.* Edição Standard Brasileira das obras psicológicas completas de Sygmund Freud. Volume XVIII (1920-1922): Além do princípio de prazer, psicologia de grupo e outros trabalhos. Rio de Janeiro: Imago, 1969.

GAJANIGO, Paulo Rodrigues; SOUZA, Rogério Ferreira de. *Manifestações sociais e novas mídias: a construção de uma cultura contra-hegemônica (2014).* Disponível em <<http://www.scielo.br/scielo.php?script=sci_arttext&pid=S0103-49792014000300009&lng=pt&nrm=iso>>. Acesso em 02.06.2016.

GODOI, Christiane Kleinubing; MATTOS, Pedro Lincoln C. L. de. *Entrevista qualitativa: instrumento de pesquisa e evento dialógico.* In: SILVA, Aneilson Barbosa de (org.); GODOI, Christiane Kleinubing (org.); BANDEIRA-MELLO, Rodrigo (org.). Pesquisa qualitativa em estudos organizacionais: paradigmas, estratégias e métodos. São Paulo: Saraiva, 2006.

GODOY, Claudio Luiz Bueno de. *A liberdade de imprensa e os direitos da personalidade.* 3ª ed. São Paulo: Atlas, 2015.

GOMES JUNIOR, Luiz Manoel; CHUEIRI, Miriam Fecchio. *Direito de Imprensa e Liberdade de Expressão: soluções teóricas e práticas após a revogação da Lei 5.250, de 09.02.1967.* São Paulo: Editora Revista dos Tribunais, 2011.

GONÇALVES, Carlos Roberto. *Direito Civil Brasileiro: Parte Geral.* 10ª ed. São Paulo: Saraiva, 2012, v. 1.

GONÇALVES, Marcus Vinicius Rios. *Novo Curso de Direito Processual Civil: Execução e Processo Cautelar.* 7ª ed. São Paulo: Saraiva, 2010, v. 1.

GUEDES, Marcelo. *Jurimetria – a estatística do Direito.* Jornal Carta Forense. Out/2016, p. B12.

GUIMARÃES, Cláudio Alberto Gabriel; SILVA, Quezia Jemima Custódio Neto da. *O princípio da presunção de inocência como pressuposto básico de vigência do Estado Democrático de Direito.* In: RAMOS, Paulo Roberto Barbosa (org.); RAMOS, Edith Maria Barbosa (org.); FREIRE, Alexandre Reis Siqueira (org.). O Direito no século XXI: estudos em homenagem ao ministro Edson Vidigal. Florianopolis: Editora Obra Jurídica, 2008, p. 96-108.

HÄBERLE, Peter. *Hermenêutica Constitucional – A sociedade aberta dos intérpretes da Constituição: contribuição para a interpretação pluralista e "procedimental" da Constituição.* Trad. de Gilmar Ferreira Mendes. Porto Alegre: Sergio Antonio Fabris Editor, 1997. Reimp. 2002.

HAESBAERT, Rogério. *Dos múltiplos territórios à multiterritorialidade.* São Paulo, 2005, Anais do X Encontro de Geógrafos da

América Latina. USP. Disponível em <<http://www.anpad.org.br/evento.php?acao=trabalho&cod_edicao_subsecao=39&cod_evento_edicao=8&cod_edicao_trabalho=1419.http://www.planificacion.geoamerica.org/textos/haesbaert_multi.pdf>>. Acesso em 10 jan 2012.

HESSE, Konrad. *A força normativa da Constituição.* Trad. de Gilmar Ferreira Mendes. Porto Alegre: Sergio Antonio Fabris Editor, 1991.

HUNGRIA, Nélson. *Comentários ao Código Penal – Arts. 137 a 154.* 3ª ed. rev. e atual. Rio de Janeiro: Edição Revista Forense, 1955, v. VI.

JESUS, Damásio Evangelista de. *Princípio da Presunção de Inocência.* In: Revista Magister de Direito Penal e Processual Penal, n. 25, ago-set/2008, p. 37-38.

Jornal Folha de São Paulo. *Democracia e Verdade.* 13.02.2014, Opinião, p. A2.

KELSEN, Hans. *O problema da Justiça.* Trad. de João Baptista Machado. 3ª ed. São Paulo: Martins Fontes, 1998.

______. *Teoria Pura do Direito: Introdução à Problemática Científica do Direito.* Trad. de J. Cretella Jr. e Agnes Cretella. 4ª ed. rev. da tradução. São Paulo: Editora Revista dos Tribunais, 2006.

KÜMPEL, Vitor Frederico; ASSIS, Olney Queiroz. *Noções gerais de Direito e Formação Humanística.* São Paulo: YK Editora, 2015.

KÜMPEL, Vitor Frederico; SCHOEDL, Thales Ferri; BORGARELLI, Bruno de Ávila. *O caso Eliza Samúdio e a revogação de certidão de óbito: uma abordagem interdisciplinar – Parte I.* Disponível em <<http://www.migalhas.com.br/Registralhas/98,MI247511,31047-O+caso+Eliza+Samudio+e+a+revogacao+de+certidao+de+obito+Uma+abordagem>>. Acesso em 18.04.2017.

_____. *O caso Eliza Samúdio e a revogação de certidão de óbito: uma abordagem interdisciplinar – Parte III.* Disponível em <<http://www.

migalhas.com.br/arquivos/2016/11/art20161116-02.pdf >>. Acesso em 18.04.2017.

LAMANAUSKAS, Milton Fernando. *A pedra angular da atividade notarial e registral.* In: DEL GUÉRCIO NETO, Arthur (coord.); DEL GUÉRCIO, Lucas Barelli (coord.). O Direito Notarial e Registral em Artigos. São Paulo: YK Editora, 2016, p. 151-178.

LANYI, José Paulo. *Armazém Literário – Bar Bodega: história de uma cobertura criminosa.* Disponível em http://observatoriodaimprensa.com.br/armazem literario/historia_de_uma_cobertura_criminosa/. Acesso em 24.05.2016.

LEISTER, Ana Carolina Corrêa da Costa; WANG, Daniel Wei Liang. *Quando convém fazer um trabalho interdisciplinar e como fazê-lo? Exemplos de Direito e Economia.* In: QUEIROZ, Rafael Mafei Rabelo (org.); FEFERBAUM, Marina (org.). Metodologia Jurídica: um roteiro prático para trabalhos de conclusão de curso. São Paulo: Saraiva, 2012.

LENZA, Pedro. *Direito Constitucional Esquematizado.* 16ª ed. rev., atual. e ampl. São Paulo: Saraiva, 2012.

LIMA, Cláudia do Carmo Nonato. *Jornalistas, blogueiros, migrantes da comunicação: em busca de novos arranjos econômicos para o trabalho jornalístico com maior autonomia e liberdade de expressão.* Tese de Doutorado apresentada ao Programa de Pós-graduação em Ciências da Comunicação da Universidade de São Paulo, 2015.

LÔBO, Paulo. *Direito Civil: Famílias.* 3ª ed. São Paulo: Saraiva, 2010.

LOUREIRO, Luiz Guilherme. *Manual de Direito Notarial: da atividade e dos documentos notariais.* Salvador: JusPODIVM, 2016.

MACHADO, Carlos Augusto Alcântara. *A fraternidade como categoria constitucional.* In: SOUZA, Carlos Aurélio Mota de (coord.);

CAVALCANTI, Thais Novaes (coord.). Princípios Humanistas Constitucionais: Reflexões sobre o humanismo do Século XXI. São Paulo: Letras Jurídicas, 2010, p. 84-85.

MAÑAS, Carlos Vico. *A concepção material do tipo penal.* Revista da Procuradoria Geral do Estado de São Paulo. São Paulo, n. 30, dez. 1988, p.147-151.

MAGNOLI, Demétrio. *O direito à mentira.* Jornal Folha de São Paulo, 26.11.2016, p. A6 (poder).

MARQUES, José Frederico. *Elementos de Direito Processual Penal.* 1ª ed. 2ª tiragem. Campinas: Bookseller, 1998, v. 2.

______. *Elementos de Direito Processual Penal.* 1ª ed. 2ª tiragem. Campinas: Bookseller, 1998, v. 3.

______. *Instituições de Direito Processual Civil.* 1ª ed. rev., atual. e compl. por Ovídio Rocha Barros Sandoval. Campinas: Millennium, 2000, v. 1.

______. *Instituições de Direito Processual Civil.* 1ª ed. rev., atual. e compl. por Ovídio Rocha Barros Sandoval. Campinas: Millennium, 1999, v. 5.

MARTINS, Ives Gandra; Mendes, Gilmar Ferreira. *Controle Concentrado de Constitucionalidade: comentários à Lei n. 9868, de 10-11-1999.* 3ª ed. 2ª tiragem. São Paulo: Saraiva, 2009.

MARTINS, Vera Guimarães. *Coluna Ombudsman: bem-vindo ao festival de barrigadas.* Jornal Folha de São Paulo, 13.09.2015, Poder, p. A8.

MATTAR, Fauze Najib; LIKIO, Celso. *Gestão de marcas na internet: um estudo sobre os valores percebidos pelo consumidor no ambiente virtual.* Disponível em <<http://www.fauze.com.br/htm/Artigos.aspx?ano=2007>>. Acesso em 21.01.2016.

MAZZILLI, Hugo Nigro. *A defesa dos interesses difusos em juízo: meio ambiente, consumidor, patrimônio cultural, patrimônio público e outros interesses.* 26ª ed. rev., ampl. e atual. São Paulo: Saraiva, 2013.

MELLO, Celso Antônio Bandeira de. *Ato Administrativo e Direitos do Administrado.* RT: São Paulo, 1981.

MELLO, Marco Aurélio Bezerra de. *Responsabilidade civil objetiva dos meios de comunicação por ofensa aos direitos da personalidade.* Revista de Direito do Tribunal de Justiça do Estado do Rio de Janeiro, nº 64, 2005, jul-set.

MIRABETE, Júlio Fabbrini. *Processo Penal.* 18 ed. rev. e atual. por Renato N. Fabbrini. São Paulo: Atlas, 2006.

MONTESQUIEU, Charles de Secondar, Baron de. *O Espírito das Leis.* 1ª ed. trad. por Maria Flavia dos Reis Amambahy. Rio de Janeiro: Ideia Jurídica, 2015.

MORAES, Alexandre de. *Direito Constitucional.* 24ª ed. São Paulo: Atlas, 2009.

NASSIF, Luis. *Mídia: quem tem medo do Direito de Resposta.* Disponível em <<http://outraspalavras.net/outrasmidias/destaque-outras-midias/midia-quem-tem-medo-do-direito-de-resposta/>>. Acesso em 27.11.2015.

NERY JUNIOR, Nelson; NERY, Rosa Maria de Andrade. *Código de Processo Civil Comentado e Legislação Extravagante.* 13ª ed. rev., atual. e ampl. São Paulo: RT, 2013.

NICOLESCU, Basarab. *Um novo tipo de conhecimento – Transdisciplinaridade.* 1º Encontro Catalisador do CETRANS – Escola do Futuro – USP. Itatiba, São Paulo – Brasil: abril de 1999.

NOGUEIRA, Paulo Lúcio. *Em defesa da honra (Doutrina, legislação e jurisprudência). Calúnia - Difamação - Injúria - Outras ofensas, direito de resposta, dano moral.* São Paulo: Saraiva, 1995.

NORONHA. Edgard Magalhães. *Direito Penal.* 20ª ed. rev. e atual. por Adalberto José Q. T. de Camargo Aranha. São Paulo: Saraiva, 1995, v. 4.

PADOVANI, Umberto; CASTAGNOLA, Luís. *História da Filosofia.* 25ª ed. São Paulo: Melhoramentos, 2000.

PEDROSO, Regina; LAMANAUSKAS, Milton Fernando. *Direito Notarial e Registral Atual.* 2ª ed. rev. e atual. Rio de Janeiro: Forense; São Paulo: Método, 2015.

PERSON, Luís Sérgio. *O caso dos Irmãos Naves (1967).* Disponível em <<https://www.youtube.com/watch?v=aMrZu0P9ikc>>. Acesso em 24.05.2016.

PIMENTA, Eduardo Goulart; LANA, Henrique Avelino R. P. *Análise Econômica do Direito e sua relação com o Direito Civil Brasileiro.* Revista da Faculdade de Direito da UFMG. Belo Horizonte, Nova Fase, 1962, nº 57, jul-dez, 2010.

POSNER, Richard. *O movimento análise econômica do Direito.* Trad. de Arthur Maria Ferreira Neto. In: TEIXEIRA, Anderson Vichinkeski (org.); OLIVEIRA, Elton Somensi de (org.). Correntes Contemporâneas do Pensamento Jurídico. Barueri: Manole, 2010.

PRECHT, Anna Liza de Freitas. *Para conhecer o mundo além das notícias: um breve estudo sobre o jornalismo investigativo no Brasil.* Monografia de conclusão do curso de Graduação apresentada à Faculdade de Biblioteconomia e Comunicação da Universidade Federal do Rio Grande do Sul, 2013.

RODRIGUES, Silvio. *Direito Civil: Parte Geral.* 34ª ed. atual. São Paulo: Saraiva, 2007, v. 1.

ROESCH, Sylvia Maria Azevedo. *Projeto de estágio do curso de administração: guia para pesquisas, projetos, estágios e trabalhos de conclusão de curso.* Colaboração Grace Vieira Becker, Maria Ivone de Mello. São Paulo: Atlas, 1996;

ROSENVALD, Nelson. *Do direito ao esquecimento ao direito a ser esquecido.* Disponível em <<http://www.cartaforense.com.br/conteudo/artigos/do-direito-ao-esquecimento-ao-direito-a-ser-esquecido/17397>>. Acesso em 19.05.2017.

ROUSSEAU, Jean Jacques. *Do Contrato Social.* Coleção Os Pensadores. Trad. de Lourdes Santos Machado. Introdução e notas de Lourival Gomes Machado. 2ª ed. São Paulo: Abril Cultural, 1978.

SAINT-EXUPÉRY, Antoine de. *O Pequeno Príncipe.* Trad. de Dom Marcos Barbosa. 7ª ed. Rio de Janeiro: Agir, 1960.

SANKIEVICZ, Alexandre. *Concretização do Direito Fundamental à Resposta: quando é devido o direito de resposta?* In: Revista de Direito Público (DPU). Ano VIII, n. 38, Mar-Abr, 2011, p. 27-46.

SANTOS, Antonio Jeová. *Dano moral indenizável.* 4ª ed. rev., ampl. e atual. de acordo com o novo Código Civil. São Paulo: Editora Revista dos Tribunais, 2003.

SANTOS, Christiano Jorge. *Contagem de prazos por dias corridos para recursos extraordinários e especiais criminais.* Disponível em <<https://jus.com.br/artigos/54459/contagem-de-prazos-por-dias-corridos-para-recursos-extraordinarios-e-especiais-criminais>>. Acesso em 4.01.2019.

SANTOS, Moacyr Amaral. *Primeiras Linhas de Direito Processual Civil.* 20ª ed. Rev. e atual. São Paulo: Saraiva, 1999, v. 1.

SANTOS, Milton. *Por uma outra globalização: do pensamento único à consciência universal.* 24ª ed. Rio de Janeiro, São Paulo: Editora Record, 2015.

SANTOS, Paulo Junior Trindade dos. *Anotações ao art. 311.* In: Novo Código de Processo Civil Anotado/OAB. Porto Alegre: OAB RS, 2015.

SCHOEDL, Thales Ferri. *2243 Questões para Concursos Públicos.* São Paulo: YK Editora, 2015.

______. *A compensatória produção de danos morais por veículos de comunicação.* In: PAGLIARINI, Alexandre Coutinho (org.); TOLENTINO, Zelma Tomaz (org.). Direitos Fundamentais e Relações Jurídicas. Rio de Janeiro: LMJ Mundo Jurídico, 2015, p. 225-243.

______. *Controle de constitucionalidade dos tipos penais sob o aspecto material.* In: ARAGÃO, Paulo (coord.); TAYAH, José Marco (coord.); ROMANO, Letícia Danielle (coord.). Reflexiones sobre Derecho Latinoamericano: Estudios en Homenaje al Profesor Ignacio Tedesco. Buenos Aires, São Paulo e Rio de Janeiro: Livre Expressão, 2013, v. 11, p. 507-520.

_____. *O problema do prazo para o exercício do direito de resposta judicial.* Disponível em <<http://www.cartaforense.com.br/conteudo/artigos/o-problema-do-prazo-para-o-exercicio-do-direito-de-resposta-judicial/18106>>. Acesso em 3.01.2019.

_____. *PEC 37/2011: a blindagem do "sistema penal subterrâneo".* Disponível em <<http://www.cartaforense.com.br/m/conteudo/artigos/pec-372011-a-blindagem-do-sistema-penal-subterraneo/11332>>. Acesso em 19.05.2017.

_____. *Responsabilidade Penal dos Notários e Registradores.* São Paulo: YK Editora, 2017.

_____. *Tipos disciplinares da Lei dos Notários e Registradores (art. 31, incisos I a V, da Lei 8.935/94): uma abordagem interdisciplinar sob a ótica do Direito Penal e Administrativo.* In: DEL GUÉRCIO NETO, Arthur (coord.); DEL GUÉRCIO, Lucas Barelli (coord). O Direito Notarial e Registral em Artigos, v. II. São Paulo: YK Editora, 2017, p. 441-469.

SCHOEDL, Thales Ferri; LAMANAUSKAS, Milton Fernando. *Direito Constitucional.* In: PEDROSO, Alberto Gentil de Almeida. Questões Comentadas do Exame Oral – Concursos de Cartórios. São Paulo: YK Editora, 2017.

SCHOMMER, Paula Chies; FRANÇA FILHO, Genauto Carvalho de. *A Metodologia da Residência Social e a Aprendizagem em Comunidades de Prática.* In: FISCHER, Tânia (org.); ROESCH, Sylvia (org.); MELO, Vanessa Paternostro (org.). Gestão do Desenvolvimento Territorial e Residência Social: Casos para Ensino. Salvador: EDUFBA, CIAGS/UFBA, 2006, p. 63-82.

SILVA, José Afonso da. *Curso de Direito Constitucional Positivo.* 33ª ed. rev. e atual. São Paulo: Malheiros, 2010.

SOARES JUNIOR, Jair Sampaio; MARQUES dos SANTOS; Ernani. *Governança Eletrônica: Uma Perspectiva Sociotécnica das Organizações Públicas a partir da Padronização e Interoperabilidade.* Disponível em <<http://www.anpad.org.br/admin/pdf/APS-A3005.pdf>>. Acesso em 22.05.2017.

SOUZA, Hamilton Dias de; CARVALHO, Thúlio José Michilini Muniz de. *Lei do Direito de Resposta viola liberdade de imprensa.* Disponível em <<https://www.conjur.com.br/2015-nov-30/lei-direito-resposta-viola-liberdade-imprensa>>. Acesso em 23.01.2018.

STORDEUR (h.), Eduardo. *Análisis Económico del Derecho: una introducción.* Buenos Aires: Abeledo Perrot, 2011.

SUIAMA, Sergio Gardenghi. *A voz do povo e o dono da voz: o direito de resposta coletiva nos meios de comunicação social.* In: Boletim Científico da Escola Superior do Ministério Público da União. Brasília: ESMPU, v. 11, n. 37. Ed. esp, 2011, p. 107-120.

TAVARES, Everkley Magno Freire; BEZERRA, Gilvanete Correa. *Interdisciplinaridade: uma concepção emergente no ensino superior do Direito.* In: Revista da ESMARN (Escola da Magistratura do Rio Grande do Norte), v. 3, n. 1, Set., 2006, p. 231-240.

TENDLER, Silvio. *Documentário "Encontro com Milton Santos: o mundo global do lado de cá".* Disponível em <<https://www.youtube.com/watch?v=-UUB5DW_mnM>>. Acesso em 08.07.2015.

TELLES JÚNIOR, Goffredo. *Direito subjetivo.* In: FRANÇA, R. Limongi (coord.). Enciclopédia Saraiva do Direito. São Paulo: Saraiva, 1977, v. 28, p. 298-330.

THEODORO JÚNIOR, Humberto. *As Novas Reformas do Código de Processo Civil.* Rio de Janeiro: Forense, 2007.

______. *Curso de Direito Processual Civil: Processo de Execução e Cumprimento da Sentença, Processo Cautelar e Tutela de Urgência.* 48ª ed. rev. e atual. Rio de Janeiro: Forense, 2013, v. 2.

______. *Curso de Direito Processual Civil: Teoria Geral do Processo Civil, Processo de Conhecimento e Procedimento Comum.* 57ª ed. rev., atual e ampl. Rio de Janeiro: Forense, 2016, v. 1.

UNICAMP – Escola de Extensão. *Metodologia de diagnóstico de situações.* Material do curso Gestão Estratégica Pública. Campinas. 2005. Disponível em <<http://www.preac.unicamp.br/.../txt_apoio_metd_diag_situacoes.pdf http://2009.campinas.sp.gov.br/rh/uploads/egds_material/txt_apoio_metd_diag_situacoes.pdf>>. Acesso em 06.06.2015.

VIAFORE, Daniele. *Anotações aos artigos 976 a 987*. In: Novo Código de Processo Civil Anotado/OAB. Porto Alegre: OAB RS, 2015.

VIOLIN, Tarso Cabral. *Uma Análise Crítica do Ideário do "Terceiro Setor" no Contexto Neoliberal e as Parcerias com a Administração Pública*. In: Revista IOB de Direito Administrativo. São Paulo: IOB Thomson, ano 3, nº 27, Março de 2008, p. 62-64.

WARREN, Samuel D.; BRANDEIS, Louis D. *The Right to Privacy*. In: Harvard Law Review, v. IV, n. 5 (Dec. 15, 1890), p. 193-220.

WOLFF, Francis. *A invenção da política*. In: NOVAES, Adauto (org.). A crise do Estado-nação. Rio de Janeiro: Civilização Brasileira, 2003.

______. *Esquecimento da política ou desejo de outras políticas?* In: NOVAES, Adauto (org.). O esquecimento da política. Rio de Janeiro: Agir, 2006.

YARSHELL, Flávio Luiz. *Requisitos da tutela de urgência e a teoria dos vasos comunicantes*. Jornal Carta Forense, jul. 2011, p. A4.

ZANETTI, Fátima. *A problemática da fixação do valor da reparação por dano moral*. São Paulo: LTR, 2009.

ZIMIANI, Doroteu Trentini; HOEPPNER, Márcio Gama. *Interdisciplinaridade no ensino do Direito*. In: Revista UNIPAR, v. 6, n. 2, Abr-jun., 2008, p. 103-107.

ANEXO I
Entrevista semiestruturada com David Salomão Santos Lima

A entrevista semiestruturada foi realizada, via *Messenger*, com David Salomão Santos Lima, advogado, policial da Reserva e presidente da JUSPM (Centro de Assistência aos Policiais Militares e Associados), eleito para o mandato de vereador de Vitória da Conquista/BA, a partir de 1º de janeiro de 2017, que, em 2012, participou de uma greve que tinha por objetivo o cumprimento da Lei GAP IV e V (concessão de gratificação de atividade policial), não observada por Jaques Wagner, então governador do Estado da Bahia, que autorizou uma invasão militar na Assembleia Legislativa, sob a ordem de matar os grevistas.

O general Dias se negou a cumprir a ordem manifestamente ilegal, razão pela qual foi sumariamente exonerado do cargo, segundo Jornal elaborado pelo próprio entrevistado, com a finalidade de exercer o direito de resposta, publicado em Curitiba, no mês de março de 2013. David Salomão, com a intenção de defender os colegas grevistas, afirmou, conforme conversa obtida mediante escuta telefônica: “Olha, se o Governo do Estado invadir a Assembleia, se ele matar polícia aí, se ele derramar sangue, eu vou queimar duas carretas na Rio-Bahia. O governador e o secretário de segurança pública vão ter que mudar de Estado, porque eles irão provocar a maior guerra civil que esse país já viu”.

De acordo com o mesmo Jornal, o inquérito sobre a greve corria sob segredo de justiça, mas a Rede Globo divulgou, “com exclusividade", o conteúdo de escuta telefônica, fazendo-o ainda de forma descontextualizada para colocar a população contra o movimento grevista,[548] após o quê foi decretada a prisão preventiva de David Salomão, que durou 27 dias.

Ao final de todo alarde, os policiais militares conseguiram a promulgação da referida lei, que beneficiou 30.000 policiais militares do Estado da Bahia.

Segue a entrevista:

a) O entrevistado já foi vítima de ofensas ou pré-condenações proferidas por veículos de comunicação ?

Sim. Em 2012, quando foi divulgado, de forma descontextualizada, um diálogo pela Rede Globo e por outros veículos de menor importância, no qual eu e um colega defendíamos os direitos dos policiais militares do Estado da Bahia. Quando disse que queimaria duas carretas, foi para defender meus colegas grevistas que ocupavam a Assembleia, em legítima defesa, pois o governador havia emitido uma ordem manifestamente ilegal de execução mediante tiros, dirigida ao Exército, mas essa ordem não foi mencionada, propositadamente, pela Rede Globo, que exibiu trechos da escuta telefônica, que aliás estava sob sigilo, fazendo-o, portanto, de forma descontextualizada.

b) Quando o entrevistado foi ofendido ou condenado por antecipação por veículos de comunicação, utilizou algum mecanismo legal (judicial ou extrajudicial) para sua defesa?

Um grupo de jornalistas independentes, integrantes do Núcleo de Notícias de Vitória da Conquista, percebeu a pré-condenação e nos procurou para oferecer o direito de resposta extrajudicial, inserindo nossa versão no youtube.[549]

---

548 Confira-se a referida matéria no link <<https://www.youtube.com/watch?v=aNEfjibWxuc>>. Acesso em 13.06.2016.

549 Confira-se, a respeito: <<https://www.youtube.com/watch?v=-qUR8PdZA-U>>. Acesso em 13.06.2016.

c) Em caso afirmativo, qual foi o resultado?

Muitas pessoas tiveram conhecimento de que houve manipulação de nossa fala pela Rede Globo e pelo Governo do Estado da Bahia, de modo que o direito de resposta extrajudicial produziu o efeito de amenizar a reiteração das ofensas por aquele veículo de comunicação.

d) Caso tenha sido obtida uma decisão judicial favorável, qual o tempo transcorrido desde a ofensa até o efetivo cumprimento da decisão?

Ainda não foi proposta ação judicial, mas estou aguardando o momento mais oportuno para acionar tanto a Rede Globo, como a Ordem dos Advogados do Brasil (OAB), que se manteve inerte enquanto eu sofria diversas ilegalidades.

e) Este resultado foi satisfatório e eficiente para a proteção dos direitos do entrevistado? Por quê?

Prejudicada.

f) Qual a opinião do entrevistado sobre os mecanismos legais destinados à proteção dos direitos violados pelo exercício da liberdade de imprensa?

Esses meios são eficazes, mas muitas vezes depende de quem se encontra no pólo passivo da demanda, especialmente quando há uma forte influência de poderes econômicos.

g) A criação de mecanismos extrajudiciais alternativos poderia auxiliar a proteção desses direitos?

Entendo necessária a criação de mecanismos extrajudiciais, especialmente por meio de blogs na internet, pois através das mídias sociais o cidadão pode exercer o seu direito de resposta contra os "gigantes da imprensa".

h) Qual a opinião do entrevistado sobre a criação de uma plataforma virtual centralizada destinada ao exercício do direito de resposta?

Acho interessante, pois não precisamos de muito para exercer o direito de resposta. Só quem passou por uma situação de violação de direitos sabe o que isso significa.

i) O entrevistado, na época em que foi ofendido, teria utilizado um mecanismo dessa natureza? Por quê?

Teria, sim, utilizado, pois não tive acesso a um meio legal eficaz, especialmente por conta dos poderes econômicos envolvidos.

Além disso, após ser indagado sobre algumas ilegalidades que sofreu e sua reação diante das deturpações veiculadas pela imprensa, especialmente pela Rede Globo, o entrevistado assim respondeu:

Fui preso preventivamente em cela comum – mesmo sendo policial – e meu exercício profissional foi cassado pela OAB, sendo que aqueles que me julgaram na época, tanto no âmbito judicial, como administrativo, certamente se influenciaram pelas notícias veiculadas. Somente depois de 2 anos eu consegui restabelecer o meu exercício profissional, mediante ação judicial, por conta da atuação de um jovem juiz que não se deixou influenciar por notícias e poderes econômicos. Tenho, inclusive, um projeto para criar uma associação que realmente atue na defesa dos advogados.

Queria também parabenizar pela iniciativa e incentivar que continue com este projeto, além de pedir aos professores que encarem o Direito como uma ciência libertadora e um sacerdócio, não sendo movidos apenas pelo interesse financeiro. É preciso respeitar os direitos constitucionais, procurando-se um equilíbrio entre os direitos envolvidos.

ANEXO II – TERMO DE AUTORIZAÇÃO PARA UTILIZAÇÃO DE NOME

David Salomão dos Santos Lima, brasileiro, solteiro, advogado, OAB/BA nº 32542, residente e domiciliado na Avenida Brumado, nº 976, térreo, Vitória da Conquista/BA, autoriza o uso de seu nome na dissertação de Mestrado denominada "Plataforma virtual destinada ao exercício do direito de resposta: necessidade diante da ineficácia da prestação jurisdicional", elaborada por Thales Ferri Schoedl, sob a orientação do Dr. Deraldo Dias de Moraes Neto, como requisito parcial para a obtenção do título de Mestre em Desenvolvimento e Gestão Social, pela Escola de Administração da Universidade Federal da Bahia (UFBA).

São Paulo, 17 de novembro de 2016.

DAVID SALOMÃO DOS SANTOS LIMA

ANEXO III

Entrevista semiestruturada com Maurício Bijarta Ferraioli

A entrevista semiestruturada foi realizada, via *WhatsApp*, com Maurício Bijarta Ferraioli, tenente da Polícia Militar do Estado de São Paulo, que, no dia 29 de março de 2014, comandou uma operação policial na Via Anchieta, São Bernardo do Campo, contra estudantes da Universidade Metodista que protestavam contra o aumento da mensalidade e outros assuntos correlatos, bloqueando totalmente o tráfego naquela importante rodovia do Estado de São Paulo.

No *site* do PSOL, foi noticiado que o entrevistado, resistente a qualquer negociação, "aspergiu gás pimenta no rosto de Vinícius (Vina) Guerrero, da direção do CA de Jornalismo, lançou bombas de efeito moral e ordenou a prisão do estudante Valmor Isolanni, escolhido aleatoriamente".[550] Ainda segundo o referido *site*, o entrevistado permitiu que um dos manifestantes fosse espancado, o que desencadeou uma intensa revolta, culminando com a prisão de Anderson Mangolin, coordenador do PSOL em São Bernardo do Campo, que teria sido agredido, juntamente com outros detidos na manifestação. O entrevistado e os demais policiais foram acusados pelo *site* de terem agravado os danos produzidos pelos manifestantes numa

550 Disponível em <<http://www.psol50.org.br/blog/2006/04/01/militantes-sao-presos-e-agredidos-pela-pm-em-manifestacao-de-estudantes/>>. Acesso em 22.11.2016.

viatura, além de terem subtraído o cartão de uma câmera fotográfica que teria provas da ação policial supostamente desproporcional.

Em razão das notícias veiculadas no referido *site*, o entrevistado promoveu uma ação de reparação de danos morais no Juizado Especial Cível da Comarca de São Bernardo Campo, cujo pedido foi julgado procedente, condenando-se o PSOL ao pagamento de cerca de R$18.000,00.

Segue a entrevista:

a) O entrevistado já foi vítima de ofensas ou pré-condenações proferidas por veículos de comunicação ?

Sim.

b) Quando o entrevistado foi ofendido ou condenado por antecipação por veículos de comunicação, utilizou algum mecanismo legal (judicial ou extrajudicial) para sua defesa?

Sim, promovi uma ação de reparação de danos no Juizado Especial Cível.

c) Em caso afirmativo, qual foi o resultado?

O PSOL foi condenado ao pagamento de cerca de R$ 18.000,00, a título de indenização por danos morais que eu sofri.

d) Caso tenha sido obtida uma decisão judicial favorável, qual o tempo transcorrido desde a ofensa até o efetivo cumprimento da decisão?

Quase 7 anos.

e) Este resultado foi satisfatório e eficiente para a proteção dos direitos do entrevistado? Por quê?

Em parte, pois não foi deferido o pedido de multa por conta da continuação da veiculação da matéria ofensiva na internet.

f) Qual a opinião do entrevistado sobre os mecanismos legais destinados à proteção dos direitos violados pelo exercício da liberdade de imprensa?

Houve morosidade no meu processo, mesmo em se tratando de Juizado Especial Cível. Além disso, o valor da indenização não foi proporcional ao mal que me fora causado pela matéria ofensiva.

g) A criação de mecanismos extrajudiciais alternativos poderia auxiliar a proteção desses direitos? Qual a opinião do entrevistado sobre a criação de uma plataforma virtual centralizada destinada ao exercício do direito de resposta?

Sim, pois poderia ser criado um mecanismo mais rápido para o exercício do direito de resposta. Eu mesmo não tive tal oportunidade. Além disso, providências na esfera extrajudicial ajudam a melhorar a situação de demora na prestação jurisdicional.

i) O entrevistado, na época em que foi ofendido, teria utilizado um mecanismo dessa natureza? Por quê?

Sim, dependendo do dano sofrido, provavelmente para ter um direito de resposta.

ANEXO IV – TERMO DE AUTORIZAÇÃO PARA UTILIZAÇÃO DE NOME

Maurício Bijarta Ferraioli, brasileiro, casado, militar, residente e domiciliado na Rua Sete de Setembro, nº 46, Rudge Ramos, São Bernardo do Campo, SP. Autoriza o uso de seu nome na dissertação de Mestrado denominada "Plataforma virtual destinada ao exercício do direito de resposta: necessidade diante da ineficácia da prestação jurisdicional", elaborada por Thales Ferri Schoedl, sob a orientação do Dr. Deraldo Dias de Moraes Neto, como requisito parcial para a obtenção do título de Mestre em Desenvolvimento e Gestão Social, pela Escola de Administração da Universidade Federal da Bahia (UFBA).

São Paulo, 21 de abril de 2017.

MAURÍCIO BIJARTA FERRAIOLI

ANEXO V
Entrevista semiestruturada com o Prof. Arthur Del Guércio Neto

a) Por que o senhor escolheu exercer a função de notário?

Costumo dizer que foi a profissão de notário que acabou me escolhendo e não o contrário, pois eu não a almejava durante a Faculdade de Direito; no entanto, optei por abrir o meu leque e fui aprovado no concurso público há mais de 12 anos. Logo no início da carreira, eu já visualizava diversos pontos positivos, notadamente no sentido de auxiliar as pessoas, e o que mais me apaixonou foi exatamente poder solucionar os problemas das pessoas de maneira rápida e eficiente.

b) Qual a importância das serventias extrajudiciais?

A importância delas é enorme, pois são pilares do fenômeno da "desjudicialização". Por conta do princípio da capilaridade dos Cartórios (estão presentes em todas as cidades), elas são um apoio nos vários momentos importantes da vida da pessoa, desde o nascimento, passando pelo casamento, união estável, aquisição de bens, etc., até a morte, oferecendo assim a segurança necessária para todos estes fatos e atos jurídicos.

c) O que significa "desjudicialização", tema que o senhor aborda em diversos artigos? Como as serventias extrajudiciais podem contribuir para este fenômeno?

A desjudicialização é um fenômeno consistente em deixar para o Poder Judiciário somente aqueles casos nos quais seja imprescindível a sua atuação. Os Cartórios Extrajudiciais, como já afirmado, são pilares da desjudicialização, e existe um movimento crescente de fatos e atos jurídicos que passaram a migrar da esfera judicial para as serventias extrajudiciais, o que, efetivamente, contribui para o desafogo do Poder Judiciário, que se encontra abarrotado de processos. Exemplos: escrituras de inventário e divórcio, proporcionando maior rapidez aos solicitantes, além do próprio protesto de certidões de dívida ativa, que vem reduzindo o número de execuções fiscais.

d) Qual a importância das atas notariais?

As atas notariais são um potente meio de prova. Em verdade, elas já estavam previstas no CPC/1973, através de uma leitura conjunta de seu art. art. 364, combinado com os arts. 6º e 7º, inciso III, da Lei 8.935/94, sendo prevista de maneira expressa pelo art. 384 do novo Código de Processo Civil.[551] *A importância das atas notariais é*

[551] Transcrevem-se os citados dispositivos:
"CPC/1973. Art. 363. O documento público faz prova não só da sua formação, mas também dos fatos que o escrivão, o tabelião, ou o funcionário declarar que ocorreram em sua presença.
Lei 8.935/94.
Art. 6º. Aos notários compete:
I - formalizar juridicamente a vontade das partes;
II - intervir nos atos e negócios jurídicos a que as partes devam ou queiram dar forma legal ou autenticidade, autorizando a redação ou redigindo os instrumentos adequados, conservando os originais e expedindo cópias fidedignas de seu conteúdo;
III - autenticar fatos.
Art. 7º Aos tabeliães de notas compete com exclusividade:
[...]
III - lavrar atas notariais.
CPC/2015. Art. 384. A existência e o modo de existir de algum fato podem ser atestados ou documentados, a requerimento do interessado, mediante ata lavrada por tabelião.
Parágrafo único. Dados representados por imagem ou som gravados em arquivos eletrônicos poderão constar da ata notarial".

enorme, pois, de forma rápida e momentânea, elas ajudam as pessoas a constituírem provas para futuras ações judiciais, constituindo uma prova pré-constituída, especialmente nas ações indenizatórias, alcançando, principalmente, fatos contidos na internet, v.g., ofensas e fotos, permitindo que a vítima se dirija ao Cartório de sua confiança, onde em poucos minutos poderá ser lavrada a ata notarial, com a descrição pormenorizada do ocorrido.

e) De que maneira as atas notariais poderiam contribuir para a proteção dos direitos da personalidade violados pelo abuso do direito de informar, praticado por veículos de comunicação? O senhor já teve alguma experiência neste sentido, seja elaborando uma ata notarial, seja como vítima?

A importância das atas notariais na proteção dos direitos da personalidade é enorme, pois muitas pessoas, até a difusão do conhecimento deste meio de prova, praticavam diversas ofensas pela internet, sem uma resposta à altura em favor da vítima, que dependia da morosa prestação jurisdicional para constituir a prova do ato ilícito, o que permitia, muitas vezes, que a ofensa fosse retirada da internet pelo seu autor. Hoje, havendo uma ofensa contida em site, blog, facebook, etc., basta que a vítima se dirija a um Tabelionato de Notas de sua confiança e solicite a imediata lavratura da ata notarial, a qual constitui prova plena. Já prestei vários serviços neste sentido, sendo que as vítimas costumam relatar que a ata notarial teve importância fundamental no processo judicial.

f) Qual sua opinião sobre os mecanismos legais destinados à proteção dos direitos violados pelo exercício da liberdade de imprensa?

Apesar de eu não ser um profundo conhecedor do tema, o que posso observar é que tais mecanismos têm um efeito muito tardio. A imprensa muitas vezes é cruel, expondo fatos sem uma maior riqueza de detalhes, expondo também a vida da pessoa atingida pela notícia, sendo que a resposta judicial ocorre num momento tão posterior que o dano dificilmente será reparado, especialmente através da indenização e do direito de resposta, não havendo um efetiva restauração dos direitos da personalidade.

g) A criação de mecanismos extrajudiciais alternativos poderia auxiliar a proteção desses direitos?

Sim, com certeza absoluta, pois isso traria uma maior celeridade na resposta, auxiliando a proteção dos direitos da personalidade. Um dos grandes problemas dos mecanismos judiciais, como já afirmado, é a demora, a qual poderia ser combatida através da criação de mecanismos extrajudiciais alternativos.

h) Qual sua opinião sobre a criação de uma plataforma virtual centralizada destinada ao exercício do direito de resposta?

Seria um caminho muito importante, dentro dessa perspectiva dos mecanismos extrajudiciais de proteção aos direitos da personalidade, podendo ser utilizada pelos mais variados ofendidos, que são inúmeros. A centralização proposta é muito importante, pois permitiria que os abusos cometidos pelos veículos de comunicação e os direitos de resposta concedidos estivessem concentrados num único local, conferindo maior visibilidade, o que é fundamental quando se trata de direito de resposta, justamente porque a visibilidade dos meios de comunicação já é ampla, o que exige uma mecânica extrajudicial que esteja à altura, sem que as respostas estejam distribuídas em vários territórios, comprometendo a sua força.

ANEXO VI – TERMO DE AUTORIZAÇÃO PARA UTILIZAÇÃO DE NOME

Arthur Del Guércio Neto, brasileiro, casado, tabelião, domiciliado na Rua Uberlândia, 240, Itaquaquecetuba/SP, autoriza o uso de seu nome na dissertação de Mestrado denominada "Plataforma virtual destinada ao exercício do direito de resposta: necessidade diante da ineficácia da prestação jurisdicional", elaborada por Thales Ferri Schoedl, sob a orientação do Dr. Deraldo Dias de Moraes Neto, como requisito parcial para a obtenção do título de Mestre em Desenvolvimento e Gestão Social, pela Escola de Administração da Universidade Federal da Bahia (UFBA).

São Paulo, 24 de abril de 2017.

ARTHUR DEL GUÉRCIO NETO

ANEXO VII

Entrevista semiestruturada com o Prof. Lucas Barelli Del Guércio

a) Por que o senhor escolheu exercer a função de notário, e, anteriormente, a de registrador?

Escolhi tais funções para poder auxiliar a sociedade, as pessoas, a fim de que elas tenham os seus direitos observados.

b) Qual a importância das serventias extrajudiciais? Qual a sua função na organização acolhedora?

As serventias extrajudiciais contribuem de maneira efetiva no sentido da proteção dos direitos, possibilitando ainda um contato mais direto com os cidadãos, facilitando a orientação e a prevenção dos litígios. Minhas funções estão relacionadas à área de notas, desde o primeiro atendimento até a lavratura final da escritura, procuração, ata notarial, etc., além de fazer a conferência de todos os atos notariais. Também presto algumas orientações nas áreas de autenticação, reconhecimento de firmas e protestos.

c) Como as serventias extrajudiciais contribuem para o fenômeno da desjudicialização?

As serventias extrajudiciais possuem a função de prevenir os litígios, contribuindo para o fenômeno da desjudicialização, aproximando a sociedade dos notários e registradores. Os funcionários dessas serventias devem abraçar esta ideia de coração, pois se trata de uma tendência positiva.

d) Qual a importância das atas notariais?

As atas notariais têm importância desde 1994, quando editada a Lei 8.935/94, mas infelizmente o mundo jurídico não tem pleno conhecimento dos benefícios oferecidos pelas serventias notariais, notadamente na área de prevenção. Mais recentemente, a partir da vigência do novo Código de Processo Civil, que elencou a ata notarial expressamente como meio de prova, fato amplamente divulgado pelos meios de comunicação, houve maior conhecimento pela sociedade acerca dos seus benefícios, especialmente a fé pública, que autoriza sua presunção de veracidade, facilitando a comprovação de um fato ou ato.

e) De que maneira as atas notariais poderiam contribuir para a proteção dos direitos da personalidade violados pelo abuso do direito de informar, praticado por veículos de comunicação? O senhor já teve alguma experiência neste sentido, seja elaborando uma ata notarial, seja como vítima?

A meu ver, atualmente a imprensa noticia o que quer, de maneira indevida, muitas vezes sem respeitar os direitos da personalidade. A ata notarial permite que a vítima comprove eventual ofensa, o que poderia contribuir para que a imprensa seja mais responsável, mas como tal instrumento ainda é pouco utilizado, entendo que a imprensa ainda comete muitos abusos, sem observar aqueles direitos. A ata notarial também contribui efetivamente na proteção dos direitos das pessoas ofendidas pela internet, e a partir do momento em que o autor da ofensa passar a ser responsabilizado judicialmente, isso inibirá o abuso do direito de informar.

Eu nunca fui vítima de ofensas proferidas por veículos de comunicação, mas no dia a dia do Cartório nós já fomos procurados por diversas pessoas nessa situação, solicitando a elaboração de uma ata notarial para comprovar as ofensas. Ressalto, outrossim, que a ata notarial é lavrada de maneira objetiva, de modo que apenas os magistrados podem julgar o teor da notícia.

f) Qual sua opinião sobre os mecanismos legais destinados à proteção dos direitos violados pelo exercício da liberdade de imprensa?

Eu acredito que tais mecanismos deveriam ser melhorados, pois a resposta judicial é muito demorada, quando em comparação com a velocidade das ofensas.

g) A criação de mecanismos extrajudiciais alternativos poderia auxiliar a proteção desses direitos?

Sim, deveria ser pensado algo neste sentido, pois é muito fácil alguém manchar o nome de uma pessoa de forma extremamente rápida, mas sofrer a condenação de maneira demorada, sentido os efeitos daqui três ou cinco anos, ou até mais. São necessários mecanismos que ofereçam uma resposta mais rápida para o ofendido.

h) Qual sua opinião sobre a criação de uma plataforma virtual centralizada destinada ao exercício do direito de resposta?

Eu penso que seria muito bom, desde que ela não se transforme num local de discussões intermináveis entre as partes ou de acusações recíprocas, constituindo um círculo vicioso. Se a platafotma for utilizada de forma respeitosa, fornecendo à resposta a mesma velocidade da ofensa, seria muito positivo.

ANEXO VIII – TERMO DE AUTORIZAÇÃO PARA UTILIZAÇÃO DE NOME

Lucas Barelli Del Guércio, brasileiro, casado, tabelião, domiciliado na Rua Uberlândia, 240, Itaquaquecetuba/SP, autoriza o uso de seu nome na dissertação de Mestrado denominada "Plataforma virtual destinada ao exercício do direito de resposta: necessidade diante da ineficácia da prestação jurisdicional", elaborada por Thales Ferri Schoedl, sob a orientação do Dr. Deraldo Dias de Moraes Neto, como requisito parcial para a obtenção do título de Mestre em Desenvolvimento e Gestão Social, pela Escola de Administração da Universidade Federal da Bahia (UFBA).

São Paulo, 24 de abril de 2017.

LUCAS BARELLI DEL GUÉRCIO

ANEXO IX

NOTÍCIA SOBRE O CICLO DE PALESTRAS REALIZADO DURANTE A RESIDÊNCIA SOCIAL, VEICULADA NO JORNAL OI DE SUZANO

Ciclo de palestras com Del Guércio e Thales Ferri começa na quarta-feira

Profissionais e estudiosos de várias áreas do conhecimento podem participar de um ciclo de palestras que será aberto nesta quarta-feira, 26, em Itaquá. A atividade é relacionada ao Mestrado Interdisciplinar em Desenvolvimento e Gestão Social da Escola de Administração da Universidade Federal da Bahia (UFBA) e será coordenada pelos professores Arthur Del Guércio Neto e Thales Ferri Schoedl. Confira a programação.

1º Dia: 26 de abril de 2017, das 17:15 às 18:15 horas

Tema: Liberdade de imprensa, direitos da personalidade e as tutelas de proteção: uma abordagem interdisciplinar sob a ótica do Direito e do Jornalismo

Divulgação

As palestras acontecerão na sede do tabelião Del Guércio Neto

Thales Ferri Schoedl

2º Dia: 27 de abril de 2017, das 17:15 às 18:00 horas

Temas: Novo marco regulatório do direito de resposta (Lei 13.188/15) e a necessidade de mecanismos extrajudiciais para a proteção da vítima

Thales Ferri Schoedl

Os Tabelionatos de Notas na proteção dos direitos da personalidade: a importância das atas notarias e sua normatização pelo novo Código de Processo Civil

Arthur Del Guércio Neto

Público-alvo: estudantes e profissionais das áreas do Direito e Jornalismo, auxiliares e escreventes de Cartórios Extrajudiciais. As palestras acontecerão na sede do tabelião Del Guércio Neto que fica na rua Uberlândia, número 240, na Vila Virgínia, bairro da área central de Itaquá. O telefone para maiores informações é o 4732-9986.

> A atividade é relacionada ao Mestrado Interdisciplinar em Desenvolvimento e Gestão Social da UFBA

RELAÇÃO DE PUBLICAÇÕES DO AUTOR

1- Autor do livro "2243 Questões para Concursos Públicos". São Paulo: YK Editora, 2015;

2- Autor do livro "Responsabilidade Penal dos Notários e Registradores". São Paulo: YK Editora, 2017;

3- Coautor do livro "Questões Comentadas do Exame Oral: Concursos de Cartórios". Coordenação de Alberto Gentil de Almeida Pedroso. São Paulo: YK Editora, 2017, Capítulos de Direito Constitucional, Administrativo, Penal e Processual Penal;

4- Coautor do livro "Reflexiones sobre Derecho Latino-americano: Estudios en Homenaje al Profesor Ignacio Tedesco". Coordenadores Paulo Aragão, José Marco Tayah, Letícia Danielle Romano. Buenos Aires, São Paulo e Rio de Janeiro: Livre Expressão, 2013, v. 11, com o artigo "Controle de constitucionalidade dos tipos penais sob o aspecto material";

5- Coautor do livro "Reflexiones sobre Derecho Latinoamericano: Estudios en homenaje al Profesor Enrique Del Percio". Coordenadores Paulo Aragão, José Marco Tayah, Letícia Danielle Romano. Fortaleza: Gráfica LCR; Buenos Aires: Editorial Derecho Latino: UBA, 2014, v. 15, com o artigo "Do crime de tortura: características gerais e análise de caso";

6- Coautor do livro "Direitos Fundamentais e Relações Jurídicas". Organização Alexandre Coutinho Pagliarini, Zelma Tomaz Tolentino. 1 ed. Rio de Janeiro: LMJ Mundo Jurídico, 2015, com o artigo "A compensatória produção de danos morais por veículos de comunicação";

7- Coautor do livro "O Direito Notarial e Registral em Artigos". Coordenação de Arthur Del Guércio Neto e Lucas Barelli Del Guércio. São Paulo: YK Editora, 2016, com o artigo "Discriminação em razão de deficiência (art. 88 da Lei 13.146/15): análise da constitucionalidade do delito em face dos princípios da legalidade e lesividade, quando praticado por tabelião de notas no exercício da função";

8- Coautor do livro "O Direito Notarial e Registral em Artigos", v. II. Coordenação de Arthur Del Guércio Neto e Lucas Barelli Del Guércio. São Paulo: YK Editora, 2017, com o artigo "Tipos disciplinares da Lei dos Notários e Registradores (art. 31, incisos I a V, da Lei 8.935/94): uma abordagem interdisciplinar sob a ótica do Direito Penal e Administrativo";

9- Artigo "A normatização da tipicidade material no Projeto de Código Penal", publicado no *site* www.cartaforense.com.br, no dia 21 de janeiro de 2013;

10- Artigo "Projeto de Código Penal: a desequiparação entre o dolo direto e o dolo eventual", publicado no *site* www.cartaforense.com.br, no dia 12 de abril de 2013;

11- Artigo "PEC 37/2011: a blindagem do sistema penal subterrâneo", publicado no *site* www.cartaforense.com.br, no dia 11 de junho de 2013;

12- Artigo "A consumação do crime de roubo e a ação do terceiro que intervém em defesa da vítima", publicado no *site* www.cartaforense.com.br, no dia 07 de janeiro de 2014;

13- Artigo "A posse de droga para consumo pessoal no Projeto de Código Penal", publicado no *site* www.cartaforense.com.br, no dia 20 de março de 2014;

14- Artigo "Projeto do Código Penal: o início da execução do delito", publicado no *site* www.despertarjuridico.com.br, no dia 05 de setembro de 2014, e no *blog* www.blogdodg.com.br, no dia 10 de março de 2017;

15- Artigo "Particularidades sobre o interesse e a legitimidade recursal no processo penal", publicado no *site* www.despertarjuridico.com.br, no dia 05 de setembro de 2014, e no *blog* www.blogdodg.com.br, no dia 15 de março de 2017;

16- Coautor do artigo "O estranho caso do inimputável capaz - Parte I", com os Drs. Vitor Frederico Kümpel e Bruno de Ávila Borgarelli, publicado no *site* www.migalhas.com.br, no dia 20 de outubro de 2015, e no Portal do Registro de Imóveis, como destaque, no dia 27 de outubro de 2015;

17- Coautor do artigo "O estranho caso do inimputável capaz - Parte II", com os Drs. Vitor Frederico Kümpel e Bruno de Ávila Borgarelli, publicado no *site* www.migalhas.com.br, no dia 03 de novembro de 2015, e no Portal do Registro de Imóveis, no dia 06 de novembro de 2015;

18- Coautor do artigo "O estranho caso do inimputável capaz - Parte III", com os Drs. Vitor Frederico Kümpel e Bruno de Ávila Borgarelli, publicado no *site* www.migalhas.com.br, no dia 24 de novembro de 2015;

19- Coautor do Relatório elaborado pela Comissão de Combate à Lavagem de Dinheiro, do Colégio Notarial do Brasil (2016);

20- Coautor do artigo "O caso Eliza Samúdio e a revogação de certidão de óbito: uma abordagem interdisciplinar - Parte I", com os Drs. Vitor Frederico Kümpel e Bruno de Ávila Borgarelli, publicado no *site* www.migalhas.com.br, no dia 18 de outubro de 2016;

21- Coautor do artigo "O caso Eliza Samúdio e a revogação de certidão de óbito: uma abordagem interdisciplinar - Parte II", com os Drs. Vitor Frederico Kümpel e Bruno de Ávila Borgarelli, publicado no *site* www.migalhas.com.br, no dia 25 de outubro de 2016;

22- Coautor do artigo "O caso Eliza Samúdio e a revogação de certidão de óbito: uma abordagem interdisciplinar - Parte III", com os Drs. Vitor Frederico Kümpel e Bruno de Ávila Borgarelli, publicado no *site* www.migalhas.com.br, no dia 16 de novembro de 2016;

23- Artigo "Dr. Hannibal Lecter e a utilização da própria vítima, em estado de inimputabilidade, para o cometimento do delito: autoria mediata imprópria?", publicado no *site* www.migalhas.com.br, no dia 1º de dezembro de 2016;

24- Artigo "O problema do prazo para o exercício do direito de resposta judicial", publicado no *site* www.cartaforense.com.br, no dia 21 de fevereiro de 2018;

25- Artigo "Desafio da baleia azul (*blue whale*): repercussões penais e civis", publicado no *site* www.cartaforense.com.br, no dia 4 de junho de 2018;

26- Artigo "Repercussões extrapenais da absolvição proferida pelo Tribunal do Júri e a possibilidade de apelação do réu", publicado no *site* www.migalhas.com.br, no dia 14 de agosto de 2018;

27- Artigo "Métodos de estudo para concursos e exame de Ordem - Parte I" publicado no *blog* www.blogdodg.com.br, no dia 29 de agosto de 2018;

28- Artigo "Métodos de estudo para concursos e exame de Ordem - Parte II" publicado no *blog* www.blogdodg.com.br, no dia 16 de outubro de 2018